Society Must Be Defended

保卫社会

【全新修订版】

郑永年　著

浙江人民出版社

图书在版编目（CIP）数据

保卫社会 ：全新修订版 / 郑永年著. — 杭州 ：
浙江人民出版社，2022.1
ISBN 978-7-213-10383-4

Ⅰ. ①保… Ⅱ. ①郑… Ⅲ. ①社会问题-中国-文集
Ⅳ. ①D669-53

中国版本图书馆 CIP 数据核字(2021)第 228418 号

保卫社会(全新修订版)

郑永年 著

出版发行：浙江人民出版社(杭州市体育场路 347 号 邮编 310006)
市场部电话：(0571)85061682 85176516
责任编辑：吴玲霞 潘海林
责任校对：杨 帆
封面设计：王 芸
电脑制版：杭州大漠照排印刷有限公司
印 刷：杭州富春印务有限公司
开 本：680 毫米×980 毫米 1/16 印 张：25.25
字 数：279.3 千字 插 页：3
版 次：2022 年 1 月第 1 版
印 次：2022 年 1 月第 1 次印刷
书 号：ISBN 978-7-213-10383-4
定 价：88.00 元

再版自序

《保卫社会》最初出版于 2011 年,距今已经有 10 年了。其间,本书获得了众多读者的喜爱和支持,得以不断再版重印。

过去 10 年间,我们国家发生了巨大的变化。在诸多变化中,最为显著也是最具有社会意义的,莫过于政府在“保卫社会”方面所采取的政策和举措的不断升级与完善。改革开放以来的 40 多年间,我们不仅从一个贫穷经济体跃升成为世界第二大经济体,培养了 4 亿中产;人均国民所得从 20 世纪 80 年代初的不到 300 美元提升到 2020 年底的 11000 美元;更为重要的是,我们促成了 8 亿人口脱离绝对贫困状态,仅仅是 2012 年中国共产党第十八次代表大会以来,我们就促成了 1 亿多人口的脱贫。这些数据无论从哪个角度来说,都是世界经济史上的奇迹。

如果横向地比较,我们更可以为自己所取得的成就骄傲。在过去一轮的全球化中,美国等西方国家也同样取得了可观的经济成就,但是收入和财富差距越来越大,社会分化越来越严重。今天这些国家民粹主义崛起,社会处于不稳定状态,政府面临治理危机。也就是说,可持续的经济发展并没有带来可持续的社会稳定。

与之相比，我们不仅实现了可持续的经济增长，也实现了可持续的社会稳定。其背后原因就是这十年来，我们在“保卫社会”上做了很大努力，采取了有效的社会发展政策和举措，尤其是通过大规模的扶贫，保证了基本的社会公平。

今天，我们国家进入了新时代、发展进入了新阶段，“共同富裕”已经被提到了议事日程上来，浙江更是被确定为“共同富裕”示范区。从“保卫社会”到追求“共同富裕”是一个大的进步。在此背景下，浙江人民出版社总编辑王利波女士建议出版《保卫社会》的修订版，我很支持。

首先，这有助于我们认识清楚从哪里来、到哪里去的问题。本书聚焦当代中国社会问题，从 GDP 主义、中产阶层、社会公平正义、社会道德和思想等方面来解释当代社会问题的由来，也从房地产、教育、“三农”和土地等社会领域的制度和政策演变来看社会问题的深层次根源，在解释的基础上再探讨如何保卫和重建中国社会的问题。读者可以看到，这些在不同时间陆续写就的评论文章，某种程度上成为一种历史文献，反映出特定阶段中国社会问题的严峻性和“保卫社会”的紧迫性，也呈现了这些年来社会领域制度和政策的变迁和进步。如果把“共同富裕”置于“保卫社会”的背景里，我们就会对当下“共同富裕”议程的中国意义和世界意义有更深刻的理解。

其次，在过去的十年中，我们大力推进以改善民生为重点的社会建设，也取得了明显的成效，《保卫社会》一书最初所讨论的很多问题得到了解决，另有一些问题得到了有效缓解，但这并不是说“保卫社会”的历史任务已经结束。事实上，仍有不少问题根深蒂固地存在着，或者在新的形势下以不同的方式和形式呈现出来，但其本质并没有变化。如果不能清醒认识并着力解决，它们就会继续危害我们赖以生存的社会，阻碍“共同富裕”的实现。从另一个角度来说，存在的问题要通过继续的发展来得到解决。问题的存在并不难理解，只要有发展，这些问题便是发展过程中的问题，但如果发展出现问题，那么这些问题就会影响到其他方面。无论从哪个角度来说，“共同富裕”需要通过可持续的发展来实现。

再次，本书再版后的这些年来，笔者在继续观察和研究社会方面的问题，包括政府出台的一些政策的实际效果。对于我们今天面对的各种新老问题的新的思考和观点，陆续表达于其后的很多文章中。此次修订，考虑到篇幅，也删去了一些与今天的发展变得不那么密切相关的文章，新增了一些反映新近发展的文章。但即使是去掉的文章，也不是说其所讨论的问题已经彻底解决了，文章已经失去其价值了。

无论从哪个角度来讲，“保卫社会”的历史任务都远远还没有结束，社会问题是永恒的，“保卫社会”也是永恒的事业。当下在追求“共同富裕”目标下，我们更加需要把“保卫社会”放在重要位置，直视存在的问题，分析问题的深层次原因，找到解决问题的有效办法，尽最大努力进行社会政策的改革和创新，重建社会，为“共同富裕”目标的实现打下坚实基础。

此次修订，和初版时一样，笔者特意嘱托编辑保留每篇文章发表的日期和出处，一方面是为了方便读者查阅原文，另一方面也是为了客观地体现笔者对当时局势的看法，便于读者能联系其时的社会背景来准确认识问题。

郑永年

2021 年 11 月

目　录

CONTENTS

第三部分　收入分配和社会正义

第四部分　房地产与社会改革

第五部分　教育改革和中国人才培养困局

第六部分 土地、农村和农民工

第七部分 社会思想与道德危机

第八部分 社会矛盾、冲突与暴力

第九部分 如何保护和重建社会

第一部分

从GDP主义到保护社会

■ 好的发展还要求“共同致富”

发展，发展，再发展，这大概是中国改革开放以来唯一永恒不变的政策主题。当邓小平当年强调“发展就是硬道理”的时候，发展就注定成为中国领导层的主调子。邓小平所设想的当然是一种好的发展。他强调让一部分人、一部分地区先富起来，是为了打破当时计划经济下的平均主义体制，为中国的发展谋求一条出路。但先富还不够，好的发展还要求“共同致富”。如果把邓小平的话转换成现代学术语言，那么可以说，好的发展就是一种参与型发展。尽管发展要求一部分人先富裕起来，并且市场经济也不可避免地要产生财富分配的不均衡，但占人口绝大多数的普通百姓必须能够参与发展的过程并且分享发展的成果。这也就是邓小平一方面强调要利用市场经济和资本主义等生产手段来谋求发展，另一方面又坚持社会主义的根本原因，因为社会主义的价值就在于建立一个公平和谐的社会。

但越来越多的人发现，中国的发展经历了那么多年后，已经不知不觉地走上了坏的发展道路。在崇尚市场经济的神圣性数十年之后，人们突然发现原来市场经济有好坏之分。好的市场经济能够带来富裕和公平，而坏的市场经济则造就一个高度分化的社会。在高速发展和繁华富裕的表象下面隐藏着严重的社会危机。

之所以走上坏的发展道路，主要原因在于中国的发展已经不是一种参与型的发展，而是一种排他性的或者垄断性的发展。不过，这里的主要根源恐怕不在市场经济本身，政府的政策要负起一大部分责任。换句话说，市场经济的好坏取决于政府政策的好坏。为了让一部分人、一部分地区先富起来，政府从政策、资源等各个方面向一些人和一些地区倾斜。没有人会怀疑政府政策的有效性。在短短的时期里，中国的经济得到了快速的发展，改变了贫穷的局面。更为重要的是，这些政策导致了一大批企业家的产生，他们为中国的经济发展提供了莫大的动力。

本来，人们希望这些先富者能够充当进一步改革的动力，从而克服旧体制的弊端，造就一个新的公平体制，也就是邓小平所说的"共同富裕"的局面。但一旦这些人和地区先富起来，他们本身很快就成为既得利益者。他们不仅没有能够克服旧的既得利益者，反而和旧的既得利益者一起变成了进一步改革的阻力。他们垄断了重要的有利可图的经济活动，使得经济的发展具有了排他性和垄断性。

政府在这里做了些什么？政府本来应该扮演一个重要的角色，遏制发展走上排他性的方向。如果发展成了排他性的，政府就要通过各种立法和政策来纠正这种现象，努力造就参与型发展。但政府不仅没有这样做，反而对排他性经济推波助澜。这不仅是因为政府一直是经济发展的一个重要主体，而且也是因为官僚体系有能力参与发展过程，分享发展成果。也就是说，政府本身就是发展的既得利益者。

与社会少部分人和政府系统相比较，占中国社会大多数的人被排除在发展过程之外。这不是说，这些社会群体没有为国家的发展作出贡献，而是说，他们分享不到发展所带来的成果，或者说他们在发展中所得到的好处远远少于他们所作的贡献。这些社会群体从一开始就贡献于国家的发展。很难想象没有工人、农民和其他社会群体的参与，国家会取得如此快速的发展。一个简单的事实是，廉价劳动力迄今为止一直是发展的主要因素。

但作为劳动者，他们并没有能力分享发展的成果。政府本应是协调劳资关系的，但现实的情况是，政府要么本身就是资方，要么就是和资方站在一起。这些年来，保护资方利益的法律、法规和政策出台了不少，像私有财产合法化和私营企业家入党就是一个很好的例子。然而，政府迟迟没有把劳动保护提到议事日程。尽管现在已经是21世纪，但中国劳工工作状况的很多方面还是停留在18、19世纪马克思和狄更斯所描写的阶段。可以相信，不管中国经济如何发展，如果没有好的政府政策，这种情况很难得到改变。

坏的发展也正在导致社会道德的全面衰败。最近几年官方也承认中国的贫富分化已经到了极其危险的地步。但更为重要的是，社会对这种状况越来越不能忍受。少部分人在短时间内或者是依靠不当的方式，或者是利用不当的政府政策，积聚了大量的财富。很显然，那些不能分享发展成果的社会群体是不能接受这种状况的。这些社会阶层在不能得到政府的有效帮助，或者对政府产生失望情绪的情况下，就要用各种方式来争取得到他们认为应当得到的利益。这是当今中国社会各阶层之间关系紧张的根本原因。

如此看来，建立一个和谐公平的社会乃是当务之急。政府已经显现如此意愿，但并没有任何迹象表明，在众多的既得利益面前，政府能容易达到这个目标。

原刊于《信报》2005 年 8 月 2 日

不能任资本权力挑战中国社会

最近一段时间以来，中国的市场经济好像一匹脱缰的野马。一方面是房地产、农产品价格和股票市场的激荡变化，另一方面是政府似乎缺乏有效的举措来应对这些变化。这里释放出来的既有积极的信息，也有消极的信息。从积极面看，经过了30年的经济改革，中国已经从僵硬的计划经济体制转变到市场经济体制，政府不再能够像计划经济时代那样干预国家的经济活动；从消极面看，中国的市场力量不受一切约束，政府还没有发展出有效的方式来规范市场经济。

从世界各国尤其是西方发达国家的经验来看，任何一个国家经济的可持续发展、社会正义和政治稳定都在很大程度上依赖于三种权力，即经济或者资本权力、政治权力和社会权力处于一种均衡状态。这三种权力内部各自存在着巨大的变迁动力，都会随时打破现存的均衡状态。一旦均衡状态被打破，各种权力内部及其三种权力之间的关系就要重新加以调整，从而达到新的均衡状态。

资本时代，资本就是一切

改革开放以来的很长一段时间里，资本权力主导着中国，政治和社会权力处于从属地位。因为要摆脱计划经济时代的贫穷社会主义，经济发展被赋予了至高无上的地位。如果说从改革开放初到 20 世纪 80 年代末，中国还在努力探索经济改革和政治改革之间的关系，就是说希望在资本权力和政治权力（从而是社会权力）之间达到均衡，那么在苏联和东欧共产主义政权解体之后，中国则正式进入一个“资本的时代”，就是说资本的主导地位得到完全的确立。

在“资本的时代”，资本就是一切，一切都是为了资本。政治权力的最高目标是推动经济的发展，主要表现在几个方面：其一是政府本身兼任资本的角色，就是学界所说的公司类型政府的确立，在这里，政府本身就是企业，就是资本的主体；其二，政府为资本提供全方位的服务，最明显的就表现在“亲商”政府的确立，几乎是全国各地，引进外资成为各级政府官员的首要任务；其三，为资本提供有效服务成为衡量政府官员的最重要的政治指标，主要表现在 GDP 主义的形成，追求高速度的经济增长。

由于政治权力的全力支持，资本如虎添翼，所向披靡。在 1992 年中共十四大确立社会主义市场经济之后短短的 20 多年里，中国从一个资本奇缺的经济体急剧转型成为资本过剩的经济体。外资的大量倾入和本土资本的扩张是这一过程的主要动力。到今天，中国资本开始走出去，在推动世界经济发展的同时，不仅对发展中国家，也对发达国家构成竞争态势。不仅中国的经济发展是世界经济史上的一个奇迹，而且它在这么短时间里产生如此巨大的外在影响力，也为历史所少见。

社会权力成为牺牲品

那么社会权力呢？社会权力处于三种权力的最低端，成为事实上的牺牲品。因为政治权力站在资本这一边，农民的土地经常被剥夺，劳动权益得不到保障。廉价土地和劳动力对资本构成了巨大的吸引力。尽管这种吸引力有市场的因素（尤其在发展的早期），但这里更有政治的因素，是政治因素压低了地价和劳动力价格。在计划经济时代，国家主导工业化，农民成为被剥夺者。在这个资本主导的时代，农民再一次被剥夺，当然这一次是“自愿”被剥夺。数以亿计的农民工奔走于全国各地，为资本贡献着自己的一切，但他们常常连最基本的权益都毫无保障。在资本面前，他们是劳力；在城市居民面前，他们是二等公民。

当然，三种权力的失衡也破坏了任何一个社会可持续发展所需要的公共物品，环境就是其中之一。当资本和政治权力站在一起时，环境也显得软弱无力。尽管中国的环保问题已经异常严峻，但除了一些官员和社会群体微弱的呼唤，并没有出现有效的力量来制衡资本的力量。

不过，当资本过于霸道的时候，政治权力本身也必然成为牺牲品。在和资本的有机关系中，获得利益的与其说是总体政治，倒不如说是个体官员。个体官员显然是赢家，他们在和资本的密切合作过程中获得了巨大的利益，但国家的总体政治则不然。一个政权光有资本的支持是远远不够的，最重要的是得到社会的支持。政治和资本的密切关系甚至一体化已经导致了严重的腐败。一些学者已经看到，精英们（包括经济精英、政治精英、文化和知识精英等）一次又一次通过各种方法，结成各种不同形式的联盟来掠取无权状态的社会大多数人的利益，实现财富从多数人向少数人的转移。这就是发展越快，收入差异越大的根本原因。这些精英集团操控着经济发展的各个环节，能够容易地实现财富的转移。

必须规范资本行为

更值得担忧的是，在资本权力毫无节制的情况下，政治和社会权力已经失去驾驭和管制资本的能力。一方面是资本渗透政治权力，影响政治权力的运作，操纵政府政策的决定和实施；另一方面是因为政府官员和资本关系紧密，很难下大决心来节制资本。在这样的情况下，很容易形成资本主导下的寡头经济甚至寡头政治。这些年来，中央政府在宏观调控方面一直没有很大的进展，很大程度上就是这种情况的反映。每当中央政府出台宏观调控举措，就必然遭到资本权力的抵制甚至挑战。

资本霸道的情况甚至也并不符合资本的长远利益。无论是国际资本还是本土资本，试图依赖廉价土地和劳动力，以及通过政治权力而得到的垄断地位来维持高额利润，这是不可持续的。因为在这样的情况下，资本本身就不会有很大的动力来创新，通过创新提高竞争能力，这一点已经很清楚。近年来，中国和其他国家的贸易纠纷剧增，其中一个因素就是因为中国的企业往往依靠数量而非质量在国际市场上竞争。

和谐社会概念的提出，表明中国政府已经认识到社会的失衡。党内民主和社会民主意味着什么？在很大程度上，党内民主就是要节制政治权力；社会民主在提高社会权力的同时构成对政治权力的制约。但是，如何节制资本的权力呢？在这方面似乎还没有一个大思路。其实我们可从俄罗斯学到一些经验。俄罗斯在叶利钦时代形成了经济和政治寡头。到普京时代，通过大力整治经济寡头，不仅巩固了政府的政治权力，而且更使得俄罗斯走上了健康的经济发展道路。普京之所以能够整治寡头，政治权力和社会权力（民主）的结合是关键。

但同样重要的是，要对节制资本有个科学的理解。节制资本并非不要资本，消灭资本，这个沉痛的教训中国本身已经经历过。节制资本是要规范资本的行为。人们常说，市场经济是法治经济，就是说，法律制度和其他政府法规必须有能力来规范资本的行为。今天，中国的市场经济还处于一个比较低级的阶段，资本还是毫无节制。从资本时代转型到三种权力的均衡状态，中国还有很长的路要走。但如果发展要持续，社会要和谐，这条路不得不走。

原刊于《联合早报》2008 年 1 月 1 日

GDP 主义与社会道德体系的解体

当代中国两种显著的并存现象是:一方面,过去 30 年间取得了高速的经济发展,创造了世界经济史上的奇迹;另一方面,社会道德趋于解体。这两种现象都可以指向同一个根源,那就是盛行不止的 GDP 主义。

中国的经济发展和增长以 GDP 来衡量,GDP 主义也是中国经济发展和增长的最主要政策根源。很长时期以来,GDP 主义主导了中国政府刺激经济发展的一整套政策。政府确立一个量化了的发展目标,再把这个目标“科学地”分解,落实到各级官员。很自然,GDP 的增长成为官员升迁的最主要的指标。从这个角度来说,人们似乎很难指责各级官员,因为 GDP 指标是这些官员生活其中的政治体系运作的内在部分。当然,对各级官员来说,GDP 不仅有政治利益,而且也有经济利益。经济发展了,各级官员也就可以获得具有实质性的经济利益。GDP 主义盛行多年之后,到现在已经成为一种牢不可破的“意识形态”。在过去很多年里,中央政府力图扭转 GDP 主义的局面,提倡科学发展观,但都没有收到很好的效果。

GDP 主义的社会成本

GDP 主义产生的 GDP 可以估算，但没有任何办法来估算 GDP 主义的社会成本。很多人已经明白 GDP 主义所产生的一系列负面的社会效果，如收入分配不公平、社会分化、劳工权利得不到保障、环境恶化等。但最大的社会成本莫过于社会道德体系的全面解体。社会是一个共同体，社会之所以能够成为一个共同体，是因为存在着所有成员都能理解、接受的道德体系。每一个人不仅自己这样行为，而且预期其他共同体成员也会有同样的行为。但今天的中国社会显然并非如此，社会群体之间和人与人之间的信任几乎丧失殆尽，其核心的问题就是道德体系的解体。

那么，GDP 主义是如何导致社会道德体系的解体的呢？GDP 主义的核心就是促成所有事物的货币化，或者如马克思所说的“商品化”。中国在毛泽东时代是不讲商品化的，所有的东西都是政治化的，就是通过政治权力来加以分配。因为排斥市场机制，经济得不到有效发展，导致贫穷社会主义。改革开放之后，确立了市场经济（80 年代叫商品经济）。市场机制导致资源的有效配置，大大促进了经济的发展。没有市场机制的引入，很难想象中国经济的成功。

问题出在经济发展和社会发展的严重失衡，导致了从“以人为本”到“以钱为本”的转型，钱成了衡量人的价值的最重要标准。从经济学意义上，资本的最大功能就是要把一切社会关系转变成为商品和货币。政府或者其他社会组织（如宗教）就要扮演一个重要角色，阻止货币化，或减少货币化对社会道德的冲击。但中国的各级政府在这方面成为资本的有效助手，而在保护社会方面建树甚少。

这可以从两方面来看。首先是协助资本加速社会关系的货币化。在这方面，各级官员“发明了”很多的方式。在很多地方，政府千方百计地利用一切可能的方法（包括非道德或者对道德有非常负面影响的方法）来促进地方经济的发展，甚至鼓励和纵容老百姓发展“卖血经济”（这在河南造就了很多“艾滋病村”）。党政官员“包二奶”和其他种种形式的腐败，也是推动社会关系货币化的力量。更重要的是，为了促进经济，政治权力和资本结合在一起，拼命压低劳动者工资收入。在任何市场经济社会，人们必须商品化或者货币化的就是自己的劳动力，这是任何一个个人和整体社会、经济的结合点。这就表明，人们出卖的劳动力必须在最低限度上足以维持他们的生计、生存，并在此基础上有所发展。但在资本和权力的支配下，长期以来中国的劳动力变成了最不值钱的东西。例如，在发达国家的企业，工资在营运成本中一般占50%左右，但在中国的企业中，这一比例则不到10%。在发达国家，劳动者的劳动报酬在国民收入中所占的比重一般在55%，但在中国，这个比例不足42%。

这种情况一方面促成了收入的高度分化，使得财富集中在很少一部分人手中（财富过分集中本来就是社会道德衰落的一个重要根源）；另一方面，由于出卖劳动力不足以维持生计和生存，人们便不得不出卖其他一切可以出卖的东西，包括身体。当然，偷盗、抢劫、劫富济贫和种种为了生计而衍生出来的暴力行为，在当事者那里也具有了合理性（尽管是非法的）。

GDP主义恶劣的另一方面就是各级政府帮助资本摧毁了旧的社会保障机制，但没有建立起新的社会保障机制，使得社会成员全身赤裸裸地投入一个不确定的市场社会中，道德也无从谈起。从世界范围内看，任何社会的高速经济发展都会对这个社会的道德体系产生深远的影响，西方社会的早期发展也是一样。人们发现，不仅大规模的社会抗议运动是市场社会的产物，而且人对自身的暴力（如自杀）也和社会的市场化有关。正因为如此，政府必须提供社会保护机制。这是西方社会产生社会政策（包括社会保障、医疗、教育、劳动工资等）的背景。这里必须指出的是，政府提供社会保护机制并非是为了反对资本。恰恰相反，一方面是为了阻止和减少货币化和商品化对社会的冲击，另一方面也是为了资本更具人性的运作。从这个意义上说，在西方，是社会保障制度的产生，在拯救市场经济的同时也促成了市场经济的转型。

GDP 主义侵入和主宰了社会领域

在中国，政府在提供社会保障方面是失职的。实际上，在 GDP 主义的指导下，社会保障根本不是政府所考虑的主要议程，恰恰相反，社会领域的货币化成了各级政府 GDP 增长的主要来源。在西方，20 世纪 80 年代以后开始盛行的新自由主义主要表现在生产领域，即一些公共部门的私有化；在公共服务领域，私有化则遇到了来自民主力量的强有力抵制。但在中国，情况刚好相反，新自由主义在生产领域尤其是国有企业领域，遇到了既得利益的有效抵制；但在社会领域，则因为政府失责而大行其道。这表现在包括医疗、教育、住房（和与此相关的土地）等在内的几乎所有的社会领域。可以说，在 GDP 主义侵入和主宰了社会领域之后，所有的 GDP 都是带血的。很多人在为中国的高速经济发展感到骄傲的同时，往往忘记了这样一个事实：包括印度在内的很多经济发展水平和发展速度不如中国的发展中国家，其社会服务的水平要高于中国。

经济发展（钱）本来是服务于人的工具，但现在则成了最终的目标。在缺乏社会保护机制的情况下，对普通人来说，把包括自己身体在内的所有东西货币化，成了维持生计的唯一办法。但当所有东西都被货币化了之后，人也就成了一个没有灵魂的追求金钱的工具。当一切都被货币化了之后，人的灵魂将寄身于何处呢？显然，这个时候已经没有任何东西可以拯救人的灵魂了。但现实是，人毕竟是社会的产物，具有社会性，人不可能完全被货币化。货币化和反货币化体现了当代中国人内在的冲突。当这个冲突变得不可解决之时，各种暴力（包括对自身的暴力）就变得不可避免；不过，反货币化力量的存在也表明了社会道德重建的可能性。对中国而言，关键在于在大规模的社会抗议运动或者社会动荡出现之前，能否有足够的时间来重建社会道德体系，在这个过程中，政府又能扮演一个什么样的角色。很显然，如果不放弃 GDP 主义，无论政府作什么样的选择，除了加速道德的解体，在社会政策方面都只会背道而驰。

原刊于《联合早报》2009 年 12 月 29 日

■ 破除 GDP 主义迷思

尽管中央政府已经注意到单纯追求 GDP 的弊端，并且多年来努力追求改变这个发展思路，但现实的情形是，各级政府已经深陷 GDP 泥潭而不能自拔。2007 年，中共十七大已经提出“什么样的发展”的问题，开始质疑 GDP 主义。2011 年开始的第十二个五年规划，也努力淡化 GDP 主义，虽然还继续强调“发展是硬道理”，不过，这里所指的更多的是可持续的发展。各级政府官员，尤其是地方官员的想法则不是这样，他们仍然视 GDP 为重中之重，持所谓“光有 GDP 不行，但没有 GDP 万万不行”的说法。不管中国在纠正 GDP 主义方面有多么困难，有一点是非常清楚的：如果 GDP 主义继续下去，就会出现全面的经济、社会和政治危机。

在民众已经难以承受 GDP 主义所造成的负面效果的同时，无论从内部压力还是从外部压力来看，GDP 主义都不仅没有消退的趋势，而且呈现出越来越大的动力。在内部，对各级政府来说，仍然有太多的理由去追求 GDP 增长，堂而皇之的就是就业问题。多年来，从中央到地方，人们都相信，GDP 增长率和就业率之间有着正面关联。给人造成的一种认知是：如果 GDP 增长不达到某一个点，就会造成失业率剧增，从而带来社会的不稳定。

第二个相关但不言自明的理由是，GDP 和执政党的合法性之间存在着正面的关联。无论是政府还是学界，大家都认为执政党的合法性建立在以 GDP 主义为核心的经济发展之上。如果说西方民主政府的合法性来自选票，那么中国执政党的合法性就来自基于经济发展之上的、为社会提供的经济利益。一些人把这一认知推向了极端，认为如果经济发展，尤其是 GDP 增长出现问题，就会危及政权的生存。

赶超或免被赶超的外部压力

在很多人的意识中，中国所面临的外部压力，也促使政府继续聚焦于 GDP 的增长。首先是赶超美国的压力。经过那么多年的努力，中国现在的 GDP 总量已居世界第二，仅排在美国后面。现在人们开始喜欢讨论再过多少年能够赶超美国这一问题了。赶超发达国家是新中国成立以来中国人长期的心态，并且这种心态已具有民族主义或者爱国主义的迷思，很难把它去除。此外，中国也面临着被印度等新兴经济体赶超的压力。作为中国的邻居，印度的发展越来越为中国所重视。如果中国被印度赶超，领导层也必然面临来自社会的一定的压力。尤其是在国际社会，中国和印度的发展速度被普遍视为衡量制度好坏的度量衡之一。在这样的情况下，无论是社会成员还是党政干部，都不可避免地被赶超或者避免被赶超的心态所驱使，很难正确和理性地对待 GDP 的增长。

其实，这些在社会广为流传的认识，并没有与人们观察到的经验证据相一致。从内部来说，GDP 的高速增长既没有为社会的大多数人带来更大的利益和幸福，也没有增强执政党的合法性基础。

在很大程度上可以说，实际的效果刚好相反。这些年来，中国的GDP增长不可谓不快，即使是在受西方金融危机影响的年度，中国也取得了高速的增长，每年都有大量的富人产生。不过，除了富人和政府让外面的世界感到“嫉妒”之外，普通老百姓感觉到的是生活压力越来越大。GDP的增长已经和建立小康社会的目标背道而驰。很显然，社会不满情绪的增长和GDP的增长是成正比的，GDP增长越快，老百姓和社会的不满就越强。这很难说是在增强执政党的合法性基础。如果说GDP能够强化合法性基础，那么就很难解释为什么政府只有通过“维稳机制”来维持社会的稳定这样一个事实。

从外部来说，和其他国家竞争GDP增长也是误入歧途。前些年，美国依靠所谓的金融创新（实际上是金融投机）取得了高速的GDP增长，但为世界带来的是一场迄今为止还没有恢复过来的灾难。和印度之间的GDP竞争也毫无意义。各个大国，无论是西方老牌国家还是新兴国家，为GDP所展开的竞争最终都会物极必反。实际上，自冷战结束以来，各大国为了单纯的经济发展，不顾一切地推动全球化，已经造成了目前人们所看到的后果，即世界经济的大失衡。经济发展很快，但发展的好处流向了极少数社会群体，即那些控制全球化过程的经济群体，各个经济体之内，各社会阶层的收入差异越来越大，社会的不满已经通过各种不同的形式（如反全球化）体现出来。

负面指标驱动的增长

作为衡量经济发展的指标，GDP不是不重要，有发展就有GDP，关键是要看什么样的GDP。在经济领域通过技术创新、管理水平的提高而获得的 GDP，就是好的 GDP；通过破坏环境、掠夺人民、牺牲未来而取得的 GDP，就是坏的 GDP。就中国来说，在取得 GDP 增长的世界奇迹的同时，也在创造另外一方面的“奇迹”，例如生态环境、社会收入差异、老百姓的健康水平、社会公平等方面的指标趋于恶化。（实际上，这些方面才是中国应当和其他国家竞争的领域。）

在所有这些负面指标的背后，是中国 GDP 增长的来源。简单来说，高 GDP 增长是通过破坏社会得来的。尽管自改革开放以来，科学技术也获得了相应的发展，但各种研究表明，技术进步对中国经济的贡献并不是很大。在全球化时代，对中国经济增长贡献最大的还是廉价的劳动力和廉价的土地。而管理方式上，中国除了表现出市场经济（资本主义）中“适者生存”的恶劣面之外，创新很少。在剥削劳动者方面，只有技术高低之分，而没有性质之分。技术高超的企业（如富士康）采用的是先进的貌似人性化的“压力”机制，技术水平低下的企业，仍然停留在早期资本主义式的非人道管理方式上。

和其他经济体相比，除了这些比较普遍存在的现象之外，中国还表现出其特殊的增长模式，即通过政府动员的经济增长。在市场化国家，尽管政府也扮演重要的角色，但不是决定性的。在中国则相反，尽管市场也发挥作用，但真正起决定性作用的是政府。通过政府动员来发展经济，从毛泽东时代就开始，“大跃进”就是一个典型。在毛泽东时代，因为没有市场，政治和行政动员是主体。现在除了政治和行政之外，又加上了一个市场的力量，因此具有更强大的动员能力。更强大的动员能力表明更强大的发展动力。中国的经济改革尽管是以市场化为导向的，但如果没有各级政府的大力动员，很难想象中国的“经济奇迹”。

当然，强大的国家能力也是中国这些年能够有效抵御内生和外生的经济（金融）危机的主要因素，如 1997—1998 年的亚洲金融危机、2008 年开始的全球性金融危机。在这些危机中，正是政府的“国家能力”把中国和其他国家区别开来。

“国家能力”滥用的严重后果

但也应当看到，一旦过度使用，“国家能力”很容易造成非常负面的效果，破坏国家赖以生存的基础。例如，2008 年金融危机以来，政府就过度使用（甚至滥用）“国家能力”。过度使用经济杠杆，尤其是国有企业，导致了国有企业的大扩张，从而破坏了危机前国有企业和民营企业、大型企业和中小型企业相对平衡的格局。过度使用金融杠杆，尤其是过度发行货币，导致流动性过剩，从而加速了通货膨胀。过度使用财政杠杆，导致了许多毫无理性的所谓“基础设施”建设，不仅造成了巨大的浪费，也使得财政支持不能导向真正需要的领域，如社会改革。

很容易理解，政治和行政力量加上市场，也使得“国家能力”具有更大的破坏（社会）力。在西方市场国家，政府是市场有效的规制力量。在经济领域，政府要规制有效有序竞争，调解劳资关系；在社会领域，政府限制资本进入；在政治领域，政府禁止政治和资本的勾结；等等。但在中国，政府和资本经常合为一体，一方面无能规制资本有序运作（因为是左手规制右手），另一方面又协助资本冲破社会阻力，进入各个社会领域，包括医疗、教育和房地产等。

更为严重的是，在这一过程中，经济发展很大程度上已经演变成为一个封闭和排他的过程，就是经济发展的好处被少数社会群体所垄断。发展速度越快，财富转移（从多数人转移到少数人，从穷人转移到富人）的速度也越快。作为这一过程主体的国有企业，更促成了财富从民间转移到政府部门。又因为国有企业并非真正属于国家，而更多属于国有企业的代理人，这一过程也是一个变相的内部“私有化”过程。数以万计接受过高等教育的年轻人离开私营部门，甚至离开待遇丰厚的外资企业，争相在国有部门谋取一职，就是这种现状的写照。

结果就是，在高楼大厦、大桥公路、高铁机场等这些构成中国 GDP 载体的事物变得耀眼无比的时候，社会所赖以生存的制度基础甚至细胞，则不仅得不到生长，而且被破坏得一塌糊涂。

“皮之不存，毛将焉附”，一旦社会生存的基础遭到破坏，建立在此社会基础之上的政权也就自然失去根基。领导层无疑对中国当前的经济状况深感担忧，反复强调要对中国经济进行“结构性调整”，并且要有突破，但很显然，如果不能有效破除 GDP 主义的迷思，那么最终的结果将不仅不能使得经济结构有所好转，而且会继续恶化目前的经济结构，从而对社会和政权产生比较严重的影响。

原刊于《联合早报》2011 年 1 月 11 日

经济发展不能让老百姓有被掠夺感

中共中央总书记习近平近日在主持召开中央全面深化改革领导小组会议时强调，要通过改革给人民群众带来更多获得感，改革既要往有利于增添发展新动力方向前进，也要往有利于维护社会公平正义方向前进。这个表述直接指向了近年来中国改革进程中所存在的一个致命现象或者改革软肋，那就是，改革越多，老百姓越没有获得感，对改革越不满。可以说，这个现象存在于改革的各个领域，但在经济社会领域表现得尤其突出。

这些年来，经济政策最突出的一个特点，就是千方百计地要老百姓把口袋里的钱掏出来放到市场上去，"搞活经济"。仅举几个例子来说。去年政府大力刺激股票市场，希望把股市活跃起来，好让老百姓获得一些利益，但结果走向了反面，股市遭受重创，不仅老百姓没有获得利益，更是牺牲了一大批中产阶层。最近一段时间以来的房地产市场也有这个趋势，在一线城市，房地产价格又开始疯涨。无论是降低首付的比重，还是其他各种各样的筹资方式，都在推动着房地产市场；同时，尽管房地产产能已经大量过剩，但政府又开始加大对房地产的投资。可以预见，如果这个趋势不能得到有效遏制，最后牺牲的仍将是老百姓，尤其是中产阶层。

连发展农村互联网的目标也是为了开拓钱的市场。类似 P2P 那样的互联网金融开始进入农村，说是帮助农民提高消费，就是没有人仔细考虑过这样做的后果：连受过高等教育的人都搞不清楚这种金融方式，如何叫农民来弄清楚。如果说这种金融具有有效性，那只是因为它能够充分利用普通老百姓的“发财”本能，而不是帮助老百姓实现可持续的发展或者致富。一句话，无论是国家层面的经济政策还是受到政府鼓励的民营企业行为，大都具有同样的目标，那就是让老百姓掏钱。

没有脱离 GDP 主义逻辑

十八大以来，在国家政策层面，已经抛弃了以往单纯的 GDP 主义，因为人们已经意识到原来的方式不可持续。在经济进入新常态之后，人们希望真正能够通过经济结构的调整、通过供给侧体制改革，来寻找和激发新的增长点，在继续把大饼做大的同时分好大饼，也就是实现社会公平和正义。但是，现实怎样呢，真正的改革在哪里呢？为什么改革越多，老百姓越是不满呢？为什么很多改革的实际效果，与最终的预期是相反的呢？究其原因，尽管 GDP 主义不提了，但各级政府搞的仍然是 GDP 主义那一套，经济政策仍然没有脱离 GDP 主义的逻辑，对各级政府来说，GDP 主义的经济发展冲动依然强劲。这实际上有几方面的原因。

第一，经济发展的确还是硬道理。今天的中国社会面临很多问题，如果经济在发展，这些都是发展中的问题，可一旦经济发展出了问题或者停顿下来，很多问题就会变成真的问题，政府将难以应对。对国家的经济政策来说，在各种问题中，国家的税收收入和地方政府高昂的债务表现得尤其显著,没有经济交易活动,这两个问题会是致命性的。

第二,中国要在下一阶段避免中等收入陷阱。经过数十年的努力,中国已经成为一个中等收入社会。如果能够实现可持续的经济增长,就不仅可以在接下来的一个阶段("十三五"期间)建成全面小康社会,而且可以为在下一个阶段把国家提升为高收入社会奠定坚实的经济基础。

第三,这些年经济结构转型的其中一个目标,就是要从出口经济转型成为内部消费社会。在实际层面,国内老百姓的存款率很高,消费对经济增长的贡献较之发达国家仍然很低。因此,对政府官员来说,消费社会就是要老百姓把钱花掉。也就是说,经济政策更多地体现为实现政府目标的工具手段。政府的经济政策目标和社会目标不见得总是矛盾的,但无论是十八大之前的GDP主义还是近年的经济政策,与社会目标往往是背道而驰的。理想地说,国家的经济政策应当是为全社会创造财富,社会财富的扩张带来国家(政府)财富的增加,从而实现民富和国富的双赢局面。不过,很长时间以来,经济政策的趋势是要保证国富,而这个过程往往牺牲了民富,这也是今天中国社会的一个主要问题:社会对政府不太信任,没有信心。在担心民间财富不能得到有效的法律保障,甚至有可能被政府通过各种方式攫取的情况下,社会财富在加紧流出。

经济政策误入歧途

反思一下,国内的经济学和经济政策可以说出现了严重的问题,或者说已经误入歧途。1994年国家开始进行分税制改革,以提高国家(也就是中央政府)的财政能力。作为一个大的国家,中央政府理应提高其财政能力，否则很难统筹国家的全面发展，更不用说来进行国防建设和维持国家统一了。但是，这里出现了很多问题，有两个尤为显著。其一，提高“（中央）国家能力”似乎成为唯一的目标。从那个时候开始，财政“大中央”一直是经济改革（就中央与地方关系而言）的大思路。财政“大中央”保障了中央政府的能力，但一直在弱化各级地方政府的能力。迄今为止，地方政府并没有被赋予制度化和法律化的能力来治理地方，而是被支持采用各种政策来解决问题，如早些时候不同类型的收费政策、2008 年之后的房地产政策、各种筹资平台等。一旦地方政府“用足”这些中央给予的政策，极容易发生经济危机。

其二，经济政策并没有带来民富和社会公平。以提高“国家能力”为导向的经济改革，意在强化国家推动经济发展能力的同时，也有能力进行财富公平分配。但现实是，中国已经是世界上第二大经济体，通过 30 多年的努力创造了世界经济史上的奇迹，但社会也变得越来越不公平。实际上，财政上的“大中央”并没有导致责任上的“大中央”。财力和责任之间的不匹配，不仅是中央与地方关系矛盾之所在，也是国家和社会之间的矛盾所在。在很大程度上，经济学家从一开始就没有理解“国家能力”的意思。在西方，“国家能力”是福利社会发展的结果，福利社会要求政府具有更大的能力来保障社会公平；在我国，国家能力是提高了，但社会公平还是很遥远。

到现在为止，经济学还仍然是 GDP 数据经济学，重点仍然是 GDP 的增长或者增长的来源，没有多少人真正关心老百姓的实际生活如何。领导层很早以前就提出不仅要问经济增长，更要问是什么样的增长，但经济学还是聚焦在简单的国富经济学，而不是民富经济学。

更为严峻的是，因为经济学老是紧盯着老百姓的钱袋子，这么多年来伴随着高速经济增长的就是社会遭受严重的破坏。社会领域和经济领域不分，轻易地把以 GDP 增长为导向的经济政策扩展到社会领域。20 世纪 90 年代后期医疗领域市场化、1997 年至 1998 年亚洲金融危机之后教育领域市场化、2008 年全球金融危机之后房地产领域市场化，每一次经济危机来临，无论是内生的还是外生的，总是以牺牲社会（叫老百姓掏钱）来拯救危机。不仅如此，今天各种经济增长工具（例如金融衍生工具和互联网）层出不穷，无论是资本还是政府都在拼命用这些工具为自己筹钱，而普通老百姓的财富则越来越得不到保障。实际上，如果不能在这些社会领域建立起有效的社会政策，消费社会就很难建立起来。

另一方面，随着社会越来越不公平，越来越分化，老百姓的民粹主义也越来越强盛，官民之间、资本和老百姓之间的矛盾日见加深。一旦找到机会，民粹主义就会高涨起来，对社会政治稳定构成巨大的压力。当然，今天的世界各国民粹主义都很高涨，几乎没有一个国家没有民粹主义，所不同的只是一些国家有能力控制民粹主义，一些国家则没有能力控制并最终影响政治和社会的稳定。

亚当·斯密著 *The Wealth of Nations*，国内把它翻译成《国富论》。这里是有深刻误解的，这里的“nations”更多指的是人民和民族，而非“states”即政府，也就是国人所理解的“国家”。亚当·斯密的时代，经济更多的是市场问题，而与政府不相关，他所讨论的政府的经济功能寥寥无几，包括提供基础设施、维持法律和秩序等几项。但现在，即使在西方，政府的作用也已经今非昔比，政府要担起庞大的社会责任。近代以来，中国被西方帝国主义所打败，无论是精英还是老百姓都深知一个强大的国家的重要性，而这个强大的国家首先就要求有一个强大的政府。因此，政府本身承担起了经济发展的责任。久而久之，中国的经济学就成了国家经济学，而非关切老百姓的社会经济学。

再者，这和中国的传统也有关系。中国从汉代就开始争论国富和民富的问题，儒家强调民富，而法家强调国富。直到今天，这个问题仍然没有得到解决。实际上，国富和民富之间必须保持一种均衡状态。如果以牺牲民富为代价，国富也很难持续。国家的强大必然要建立在民强的基础之上，国富民穷最终会走向民穷国穷。

这已是今天中国改革的第一难题。任何改革要获得成功，不仅需要科学的顶层设计，更需要老百姓的支持；没有老百姓的支持，改革就缺少合法性；没有来自老百姓的合法性，改革必然会变得艰难，甚至失败。这也是这些年来中国改革经验的一部分。如何让老百姓支持和拥护改革呢？答案很简单，改革和发展要让老百姓具有获得感，而不是失去感，更不是被掠夺感。如何让老百姓具有获得感，是当前改革者所应当思考的第一问题。

原刊于《联合早报》2016 年 4 月 26 日

贫困国情与改革再出发

中国国务院总理李克强在2020年5月28日举行的“两会”记者会上说：“中国是一个人口众多的发展中国家，我们人均年收入是3万元人民币，但是有6亿人每个月的收入也就1000元，1000元在一个中等城市可能租房都困难，现在又碰到疫情。疫情过后民生为要。”

这一数据引起各界的热烈讨论，因为它简单明了地揭示了中国这个世界第二大经济体、人均GDP达到1万美元经济体的另一面。

李克强这里所说的年收入，指的是扣掉个人所得税、私人转移支付和各种社会保险费之后的收入；这里所讲的人均年收入是指包括劳动人口和老人、儿童等无收入人口在内的所有人口的每人平均年收入。李克强的数据既有统计的依据，也有抽样调查数据的支撑。

据中国国家统计局所公布的数据，2019年全国居民人均可支配收入是30733元。同年，城镇居民人均可支配收入是42359元，月均大概是3500元；农村居民人均可支配收入是16021元，月收入大概是 1300 元。因此，农村居民的月均收入状况，本身就已经接近“月收入 1000 元”，而贫困地区农民的收入更低。2019 年贫困地区农民人均可支配收入 11567 元，月收入大概为 966 元，低于“月收入 1000 元”。

北京师范大学中国收入分配研究院课题组，于 2019 年做了一项调查，中国有 39.1％的人口月收入低于 1000 元，换算成人口数为 5.47 亿人；而月收入在 1000 元至 1090 元的人口为 5250 万人，月收入 1090 元以下的总人口为 6 亿人，占全国人口比重的 42.85％。这与李克强所说月收入约 1000 元及以下的人口规模达到 6 亿人基本吻合。

北京师范大学的调查报告具体显示，在这 6 亿人中，有 546 万人收入为零，有 2.2 亿人月收入在 500 元以下，有 4.2 亿人月收入低于 800 元，有 5.5 亿人月收入低于 1000 元，有 6 亿人月收入低于 1090 元。若以月收入 1090 元至 2000 元作为中低收入者的标准，则该群体人数达到 3.64 亿人。也就是说，中国月收入低于 2000 元的人数达到 9.64 亿人。

调查发现，月收入低于 1090 元的 6 亿人中，来自农村的比率高达 75.6％，分布在中部和西部的比重分别为 36.2％和 34.8％；平均受教育年限为 9.05 年，处于完成义务教育的水平，其中小学及以下的比重为 43.7％，文盲的比率占 9.6％；非劳动力占比最高为 37.1％，自我雇佣者占比达到 18.0％，而工资就业者占比仅为 37.4％，明显低于其他收入群体。

概括地说，这 6 亿人的典型特征是，绝大部分在农村，主要分布在中西部地区，家庭人口规模庞大，老人和小孩多，人口负担重，小学和文盲文化程度的比例相当高，大部分是自雇就业、家庭就业或失业，或干脆退出了劳动力市场。

无论是统计数据还是北京师范大学的抽样调查，其实都是人们可以观察到的现象，也与人们的常识相一致。近来“地摊经济”发展起来，就说明了一个很大的问题。疫情对社会底层的冲击，只是“地摊经济”复苏的一个原因。“地摊经济”当然不是包治百病的良方，人们并非天生爱好摆地摊，而是为实际生活压力所迫。

中国中产阶层仍薄弱

改革开放以来，尽管中国促成了8亿多人口脱离贫困，创造了世界经济史上的奇迹，但人们必须意识到，这里所说的贫困仅仅是指绝对意义上的贫困。脱离了绝对贫困状态并不表明贫困消失了，很多人不仅仍会有一段时间处于相对贫困状态，而且可能还会有返回绝对贫困状态的危险。这也就解释了为何中共十八大以来，中国政府要把精准扶贫置于头等政策议程。

不用与欧美发达地区作比较，仅以东亚经济体为例，我们就不难发现中国贫困人口基数大这一国情。日本和亚洲“四小龙”(韩国、新加坡、中国香港和台湾地区)，在经济起飞之后的20多年时间里，不仅实现了经济高速增长，而且造就了一个庞大的中产阶层，使得中产阶层达到60%—70%；中国大陆则不同，尽管也实现了经济高速增长，但在改革开放40多年之后，中产阶层占比还是不到30%。

为什么很多人会对这一基本国情感到吃惊呢？至少有如下几个原因：

在社会层面，现在的中国是典型的商业社会，优胜劣汰，嫌贫爱富。尽管衡量一个国家是否伟大，要看这个国家有多少人摆脱了贫穷，而不是看这个国家培养了多少富人，但社会关注的还是富人。

在知识层面，学者多为资本经济学家或资本社会科学家，为财富说话。尽管经济学家为财富说话是普遍现象，但很少像中国的经济学家那样围绕着财富转。国务院前总理温家宝曾经抱怨中国没有穷人经济学家。原因大概在于为穷人说话无利可图。同时，尽管中国有 8 亿人口脱离贫困，但没有经济学家或社会科学家能够把此现象解释清楚。

在政治层面，最近这些年的民族主义，和改革开放之后的民族主义有了不同的性质。中国因为落后而改革开放，通过向发达国家学习来追求富强。进入 21 世纪以来，民族主义开始转变为建立在对国家崛起的自豪感上，这种情绪在年轻一代中更为强烈。尽管这种民族主义或爱国主义是自发的，但走过头了就容易引发一个负面的后果，只能说国家“好”的一面，而不能说“坏”的一面，只能显富，不能说穷。“基尼系数”“收入差异”和“社会分化”等经常成为敏感的概念。很多学者也迎合这股“民意”，过度吹捧国家的成就，避而不谈甚至掩盖社会所存在的问题。

实际上，显富摆富也造成国际社会对中国产生错误认知。因为民族主义随着财富的增长而高涨，西方强硬派便把此作为“中国威胁论”的依据。

中国相对贫困人口多这一国情的长期存在，可以从中国经济增长方式上来寻找原因。与东亚经济体比较，中国的经济增长有几个显著的特点：

第一，不公平增长。日本和亚洲“四小龙”的增长显现为相对公平增长，这些经济体所体现的公平性，是世界经济史上少有的。

这也是这些社会中产阶层比较庞大的原因。不同经济体通过不同的方法培养了中产阶层，例如日本的终身雇佣制和收入倍增计划，中国台湾和香港发达的中小型企业，新加坡的公共住房政策等。这些经济体在2008年世界金融危机之后，才开始出现比较严重的收入差异现象。

中国则不然。早期农村改革和城市改革，呈现公平增长。加入世界贸易组织后，中国经济高速发展，但收入差异越来越大。全球化导致贫富分化加剧，这是世界普遍现象，中国也不例外。这一波全球化创造了巨量的财富，但财富的大部分转移到了少数人手中。在西方，中产社会演变成富豪社会。中国尽管没有产生西方那样的富豪社会，但情况也异常严峻。

第二，无论是中产阶层的地位，还是脱离贫困的人口，其社会制度的稳定基础都不足。在任何社会，社会制度稳定的基础建立在医疗（公共卫生）、教育和公共住房等社会公共品的供给上。在这些社会公共品领域，中国制度建设不充分，而且不断遭到破坏。20世纪90年代末开始医疗领域的产业化和商业化；1998年亚洲金融危机之后，教育产业化；2008年世界金融危机后，房地产产业化。结果，形成了一些人所说的新“三座大山”。如果中产阶层的标准主要体现在经济上，保障中产地位的便是这些社会公共产品。对于穷人也一样，如果没有这些社会公共品，脱贫永远没有制度保障。

第三，技术创造动能足，但实际能力不足。科学和技术创新基本上是一个中产阶层现象，因为一方面，在满足了基本生活所需后，人们才有精力去从事创新；另一方面，创新具有风险，中产阶层以上的群体才能负担创新的风险。中国的创新基本体现在管理经营模式和技术应用方面，原创的技术创新少之又少。

中国改革开放的历史，可说是一部悲壮的脱离贫困、追求富强的历史，这也是近代以来的历史主题。中国最终选择了社会主义道路，因为人们相信较之资本主义，社会主义能更有效地达成多数人的富裕。有鉴于改革开放之前"贫穷社会主义"的局面，邓小平提出了"致富光荣""让一部分人先富起来，先富带动后富，最终实现共同富裕"。邓小平已经确立日后中国改革开放的两个主题——发展和公平。

从计划经济向市场经济转型，不可避免地会造成贫富分化。在新千禧年的头十年，中国经济因为此前的市场化导向的改革，以及加入世界贸易组织等因素而实现了高速增长，但社会的分化及后果也不断显现出来。中国政府开始转向社会建设。中共十六大就提出了"和谐社会"和"科学发展观"的理念。尽管经济增长是硬道理，但人们必须理解何种类型的增长才是有益的增长。不是所有形式的增长都有利于社会，中国要追求的是公平的增长。

中共十八大以来，中国政府把社会公平的问题提到了最高议事日程上。在过去很多年里，政府动员和投入大量人力、物力、财力，大力推进精准扶贫，促成每年 1000 万人口脱离贫困。

中国的领导层对国情的认识是高度清醒的，历届领导人都坚持两个基本判断：在内部，中国会长期处于"社会主义初级阶段"；在外部，中国会长期属于"发展中国家"。

在世界范围内，今天社会底层所面临的严峻局势，怎么都不会被高估。疫情对社会各个阶层都造成了冲击，但受冲击最大的还是社会底层。美国在 5 月底因黑人弗洛伊德之死引发的全国暴力，尽管表面上反映的是种族问题，但本质上折射的是阶层或阶级的问题。黑人如果不能改变其阶层或阶级上的位置，种族问题还是会不断爆发。

中国必须引以为戒。如前所述，中国社会的底层依然庞大，社会依然脆弱，经不起危机折腾；而中产阶层发展本来就并不壮大，又缺失足够的制度基础。

中共十九大前后通过制度改革，巩固了执政党的领导地位，现在再次转向改革开放。2020 年 4 月 19 日，中共中央国务院颁发《关于构建更加完善的要素市场化配置体制机制的意见》，5 月 11 日颁发《关于新时代加快完善社会主义市场经济体制的意见》。这些都是深化市场化改革的信号，是继中共十八届三中全会制定的《关于全面深化改革若干重大问题的决定》之后的纲领性改革文件。

在法律层面，全国人大刚刚通过了人们期待已久的《民法典》，这是十八届四中全会提出建设法治国家之后最重要的法律成果。在开放方面，继早先的一系列开放政策之后，2020 年两会期间通过了《海南自由贸易港总体方案》，并且开始了《海南自由贸易港法》立法相关工作。这些比开放政策又进了一大步，即要用法律的形式来保障开放政策，使得国家的开放性不以政治意志为转移。

在当代，无论是西方的发展经验还是亚洲经济体的发展经验都表明，中产阶层在社会中的占比没有达到 60％至 70％之前，社会稳定就没有坚实的经济基础，就像古人所说的，“有恒产者有恒心”。不过，即使在达到 60％至 70％之后，改革仍然不能止步。美国（及西方其他国家）今天所面临的民粹主义崛起，就是中产阶层不断缩小带来的后果。

外部是否强大也取决于内部是否有一个强大的中产阶层。所有发达国家的强大，根源在于其中产阶层的庞大，因为中产阶层是消费社会的代名词。

如果邓小平还在世的话，他肯定会谦虚地说，中国还没有解决好“发展”和“公平”这两个主要问题，既没有解决好做大蛋糕的问题，也没有解决好分配蛋糕的问题。

现在，改革已经再出发，但通向一个富裕公平社会的路途依然遥远。基于贫穷人口依然占多数这一国情，人们只能诉诸行动，而没有任何骄傲懈怠的空间。

原刊于《联合早报》2020年6月19日

中国建设内需社会需要做什么

在走出了金融危机的阴影之后，中国政府开始加大经济结构调整的力度，希望通过结构性调整来达到可持续发展的目标。尽管结构调整是多方面的，例如突出环保和低碳经济导向，但其最高的目标应该是建立一个内需社会。没有这样一个目标，结构调整最终会不了了之。中国已经成为世界上最大的出口国，出口的努力还是会继续，但如果国内市场不能得到建立，内需社会就很难出现。不管其他方面做得怎样好，没有内需社会，可持续发展的局面很难维持。更为重要的是，如果内需社会建设不好，中国社会内部各种社会问题就会恶化，从而影响政治和社会的稳定。

在建设内需社会方面，中国面临三大问题和三大任务。首要的问题是经济结构的合理性和经济发展的可持续性。中国现在面临很多的经济和社会问题，但大多数问题唯有通过进一步的发展来解决。没有发展，问题会恶化得更厉害。但同时也要回答一个“什么样的发展”的问题。一些发展是有助于问题的解决，但也有一些发展不仅解决不了老问题，而且还会导致新问题的产生。作为当今公认的经济增长的衡量方法，GDP 本身是中性的，但 GDP

所衡量的经济增长本身对社会经济发展可能会产生负面或正面的影响。如果 GDP 来自技术、管理方式的创新和劳动生产率的提高，那就是积极的发展；但如果 GDP 来自于对社会的破坏，如教育、医疗和房地产的高度产业化，那么就是负面的发展。很显然，中国要追求积极面的发展，避免负面的发展。

攻克市场化不足的障碍

有很多举措可以促进积极面的发展。在经济领域，要继续推进以深化市场化为目标的改革。中国面临的问题是经济领域的市场化不足，而社会方面的市场化过度。人们所说的“权贵经济”就是导致市场化不足的一个主要障碍。这尤其表现在国有企业领域。20 世纪 90 年代中期开始的国有企业“法人化”或“公司化”非常有效，但因为缺乏后续的改革，大型国企逐渐成为既享受某种垄断地位，又有独立行动能力，还能够调动强大政治、经济资源的利益个体。在缺失有效的公司治理改革的情况下，国有企业实际上被国家“代理人”层层掌控。在国家层次上，垄断央企很大程度上脱离了国家的有效监督和管制。国有企业的作为本来应当和公共利益相一致，但现在的国有企业并不代表公共利益和国家的整体利益。相反，在很多方面，与公共利益和国家整体利益背道而驰。在很大程度上，国有企业已经被变相地“私有化”，即国有企业的代理人运作国有企业仅仅是为了其私人的利益，并且是以国家利益的名义来追求私人利益。

很多国有企业劳动生产率低下，其积累财富依靠的一是行政垄断，二是利用国家权力和财力优势向其他部门和领域扩张，造成了今天财富从民间转移到国家（国富民穷）、从多数人转移到少数人(富者愈富和穷者愈穷)、从地方转移到中央(地方穷和中央富)的局面。

如何改变这种恶性循环的局面?首先,必须给国有企业设定边界。没有边界,国有企业必然滥用权力。民间资本能够做、也能做好的领域,尽量让民间资本来做,国有企业可以退出。同样重要的是要引入国有部门之间、国有部门和非国有部门之间的竞争。只有竞争才能提高劳动生产力。要竞争,就要开放。现在由国有企业垄断的领域必须开放给民间资本。中国现在是个资本过剩的国家,大量的民间资本处于盲目流动状态。如果不开放新的投资领域给民间资本,它们就会进入社会领域,如具有重大政治社会意义的房地产领域,对正常的社会秩序产生负面影响。即使是一些有必要保留一定国有垄断的部门,如能源、电力、交通与通信,也可实现参与型发展,如容许一定比例的民间资本进入。目前国有企业开放的局面非常不合理,国有企业的大门向国际投资公司敞开,但不容许或者限制国内民间资本进入。这就相当于国际公司也在利用中国的国家权力来获取在中国的利益,而牺牲了中国本身的利益。为了获取技术和管理经验,国有企业向国际资本开放有其理性的一面,但并不可以向中国自己的民间资本关闭大门。

解决分配不公的问题

第二个大问题是经济发展成果的分享。如果不能保证全体人民参与经济增长成果的分享,那么收入差异就会越来越大,社会两极化成为必然。一个高度分化的社会不仅不能成为内需社会,而且还会成为非常不稳定的社会。这两个特点的存在本身也是可持续经济成长的结构性障碍。从历史经验来看,任何一个消费社会都必须具备最低限度的社会公平；从经济层面来说，最低限度的社会公平源自社会对经济发展成果的分享。

在经济成果的分享方面，中国面临两大挑战。一是一次分配的不公平。中国长期以来的指导思想是一次分配讲效率，二次分配讲公平，这是大错特错的。一次分配是结构性问题，一次分配不能做到基本的公平，那么二次分配再努力也会无济于事。在一次分配问题上，中国经济显然是问题重重。首先是大型企业尤其是国有企业和中小型企业发展不均衡。中小型企业的发展是达到收入分配公平的最有效的方法，但中国的中小型企业尤其是民营部门一直被国家的政策和法规所歧视。国家各方面的优势资源和扶持政策大多流向大型国有企业。例如，对付 2008 年金融危机的四万亿大多就流向了央企和地方政府，并没有惠及中小企业。

其次，国有部门的灰色收入过多，国有企业犹如独立王国。很多国有企业尽管名义上是国有的，享受国家赋予的行政垄断和融资优势，但企业老总具有高度的自由来支配国企收入。即使是在平均收入较高的大型垄断国企内部，管理人员的高薪高福利和一线工人的低薪低福利也形成了鲜明对比。这一方面造成整个社会的分配不均，另一方面也不利于大型国有企业本身的发展。

更为重要的是，劳动者劳动所得过少。政府亲商有余，亲民不足。尤其是为 GDP 增长服务的地方政府，为了招商引资，过度压低各种资源价格。许多地方政府和资本的关系过于紧密，往往站在资方一边，拼命压低劳动者工资和福利水平，而对保护普通劳动者的尊严和合法利益的要求则置若罔闻。这样做从短期看似乎在帮助企业，但从长远看则是害了企业，因为企业可以充分压低劳动成本，从而没有动力来提高技术和劳动生产率，结果政府实际上帮助企业维持在低技术水平。珠江三角洲在这方面可说是典型，30年前使用低技术的农民工，30 年后仍然如此，劳动者收入提高远远落后于 GDP 产值。因为没有技术的进步，今天珠三角已经感到力不从心，后继乏力，不可持续。

二次分配在分享成果上也很重要。中国目前的税制很大程度上还是递减而不是递增的。增值税和营业税作为现在的主税，对于调节收入作用有限。而对于直接税而言，现在的局面是，针对普通劳动者的“个人所得税”起征点过低，而对富人的税收，如各种财富和财产税，不是尚未建立，就是收不上来。这就造成了富人消费过度而穷人消费不足的情况。比起收入的不平等，中国财富集中的程度更是已经超越美国。民间财富集中在少数人手中，而私人资本的投资领域又很有限，于是形成了私人投资盲流，大肆炒作房地产或者任何一种可以炒作的基本日常消费品，破坏市场秩序。最后，这里还有一个税收“私人化”问题。征税本来是政府的事情，但很多地方官员利用手中的权力欺压民间投资者，甚至不惜使用种种不法手段来牟取私利。税收的“私人化”不仅影响了国家的税收，而且也遏制着民营企业的发展。

确立保护社会的政策

建立内需社会的第三个大问题是要确立社会政策。在 GDP 主义思想指导下，各级政府长期以来不分经济领域和社会领域，造成了社会领域的过度市场化。社会领域市场化的这十几年，中国社会从根基上遭到破坏，派生出无穷无尽的社会问题。没有有效的社会保护机制，就很难造就中产阶级的成长。现实的情形是，中产阶级在高房价的压迫下正在“无产阶级化”。没有中产阶级，又怎么会有社会消费和“内需经济”？很显然，要确立内需社会，首先必须建立能够保障社会存在的社会政策。

尽管有关部门对所有这些问题也有认识，并且开始实施一些政策，但从目前的情况看，大多数政策仍然具有头痛医头、脚痛医脚的特征。针对中国经济和社会的协调发展还是没有明确的政策思路，更没有切实有效的政策。只有把经济结构调整放在中国社会发展的总体背景下，中国才会有思想的解放，才会有有效的政策，才会形成足够的政策动力。

原刊于《联合早报》2010 年 6 月 15 日

中国必须进行一场社会改革的攻坚战

21 世纪初以来，在“以人为本”的亲民政策构架中，中国领导层逐渐把社会改革摆在了改革的头等议程。社会改革的目标是建立一系列或一整套社会制度。这场改革的意义并不亚于 20 世纪 70 年代末期以后的经济改革。在很多方面，社会改革远较经济改革困难。对这场改革的意义，人们至少可以从三个方面来认识。

从三个方面认识社会改革的意义

首先，社会改革是为了应付和解决经济改革所带来的负面结果。在前 30 年，经济主义可以说是中国发展的主题，经济发展就是一切。中国在短短时间里，创造了世界经济史上的奇迹。此前，没有任何国家能够在这样短的时间里帮助数以亿计的人民脱离贫困状态，帮助这样大规模的社会群体提高生活水平。但经济主义在促进经济繁荣的同时也带来了一系列问题。各级政府 GDP 主义盛行，非经济方面的发展大多被严重忽视，导致环保恶化，资源大量浪费，贫富差异扩大和社会分化严重。这些由经济发展导致的后果，加上党政官员的大面积的深度腐败，反映到社会层面就是政府在人民眼中的合法性越来越低，群体事件越来越频繁，多数表现为各级政府和社会的对立。很显然，经济主义的后果不加以纠正，经济发展就不可持续，这一点无须再多说。这些年来领导层努力加以确定的“科学发展观”就是对这种单向面发展反思的产物，而社会改革是科学发展观的重要主题。

其次，社会改革要为未来经济增长奠定新的制度基础。前面 30 年的经济增长总体上来说来源于经济制度的改革和创新。但迄今，经济改革的很多方面已经很难深入下去，说明过去的增长模式已经达到了顶点。进行社会改革和建设社会制度的目标是推动中国从一个非消费型社会向消费型社会转型。笔者已经多次论述消费型社会是中国未来长期经济增长的最主要来源。很简单，经济增长有两大来源，即投资和消费，而投资的最终目的也是消费。中国在过去 30 年里建立了一个外向型经济。增长来自投资，但投资是为外部市场，主要是西方市场服务，或者说中国的经济体基本上是为外国人服务的。这就是中国制造、西方消费的模式。随着全球经济危机的发生，来自西方的需求遽然下降，中国这种发展模式的局限性一下子就显现出来了。中国要向消费社会转型，就必须建立一整套有助于消费社会发展的社会制度，例如医疗保险、社会保障、教育和环保等。没有这样一套制度，就不可能出现消费社会。

金融危机不仅表明中国增长模式已经缺失新增长动力，更表明这种模式下发展出来的经济体是脆弱的。人们一般认为中国是个大陆型经济体，就是说对外来危机应当具有很强的抵御能力。但实际上并不是这样，中国大陆型经济体的优势根本体现不出来，西方一发生危机，马上就会影响到中国。这说明，中国的经济体尽管从量上说非常庞大，但还是非常脆弱，没有消化西方危机的能力。根本原因就在于中国还没有建成大陆型经济体。中国只有沿海一带通过和西方市场的整合发展起来了，成为经济增长源，而中部和西部没有发展起来；城市发展起来了，而乡村没有发展起来。内陆和农村消费不足的根本原因在于经济发展不够。要发展，就必须把眼光从国外市场转向国内市场。社会改革和社会制度的建立既有助于减少区域间和社会群体间的收入分配差异，也有助于在促进发展的同时鼓励消费。

其三，更为重要的是社会改革要为中国未来的政治改革做制度准备。中国的改革进程大致可以分为经济改革，再社会改革，再政治改革这三个阶段。从改革开放开始到 21 世纪初，一直是以经济改革为主。21 世纪初以来也就是中共十六大以来，社会改革提到议事日程上来。从历史的角度看，中国的政治发展进程应当是基本国家制度建设在先，民主化随后。民主制度的有效运作不仅需要社会经济发展到一定的水平，更需要诸多基本国家制度成为其基础结构。从世界范围内来看，凡是基本国家制度建设得好的国家，民主化过程就比较和平，新建立的民主制度也能够有效运作。反之，在缺乏基本国家制度的情况下，如果发生民主化，就会出现无政府状态、社会不稳定和政治的恶斗。现在，亚洲很多国家所经历的民主危机就说明了这个问题。在过去 30 年中，中国已经建立了一套基本的国家经济制度，但社会制度则远远没有建立。如果在基本国家制度中缺失社会制度这一块的情况下发生政治民主化，那么必定出现动乱频繁发生的政治局面。

社会改革闯关如何突围?

这些年来，中国的社会改革往往是雷声大、雨点小。医疗卫生改革已经争论了很多年，但还是没有一个让各方都能普遍接受的好方案；社会保障制度有了一些进展，但远离社会的客观需求；教育改革也缺失一个好的方向；环保恶化到了不可忍受的程度；尽管国家税收能力大大提高，但收入分配和社会分化继续恶化。另一方面，社会群体事件的频繁发生，加上国际经济环境的恶化，表明社会的不稳定因素还会遽然增加。无论从哪个方面来看，社会改革和社会制度的建设已经刻不容缓。但是，各方面的利益集团一直在这些问题上争论不休。在很多领域，一会儿集权，一会儿分权。尽管谁都说改革很重要，但就是解决不了谁来改革的问题。这背后无非是既得利益在抵制改革。

在任何国家，社会改革和建立社会制度都是一场攻坚战。在当今发达国家，社会制度的建立往往是和持久的充满暴力的工人阶级运动甚至革命联系在一起的。不难看到，从原始市场经济或者资本主义转型到现代福利型资本主义并非一个自然的过程，而是社会改革的结果。一些国家的政治精英能够实行“铁血”政策，超越既得利益，进行自觉的改革；但另一些国家的政治精英则受制于既得利益，没有能力进行改革，从而导致暴力式社会运动和革命发生。有一点很明确，到现在为止，所有实行市场经济的国家，一个良好的社会制度都是保障其市场运作和社会稳定的制度基础。

中国的社会改革如果继续流于形式，深入不下去，后果不堪设想。如上面所说，不仅应对不了已经出现的由单向面经济发展所导致的一系列社会问题，而且经济增长也将没有新的、持续的动力。更为重要的是，中国的民主化可能会提前到来。改革开放已经造就了一个庞大的工人阶级队伍，一支比较独立的队伍，而农民工（工人阶级的变种）则更为独立。不管有关部门的管制功能如何健全，一旦造就了全国性的工人阶级运动或者其他任何形式的社会运动，管制功能很难行使。同时，在全球化的今天，中国高度依赖于国际市场的事实表明，国际力量很容易找到影响中国内部发展的途径和方式。多种力量结合在一起，释放出来的能量谁也阻挡不了。

2008 年爆发的金融危机本应成为进行社会改革和建立社会制度的好机会，但结果，政府推出的各种拯救经济的举措，其重点还是在原来意义上的经济增长模式上。例如，还是通过各种途径来促进外贸，但谁都知道，这种方式已经无效。大量的资金因为背后存在着庞大的既得利益而流向基础设施的投资。中央政府尽管也强调民生经济，但因为其背后没有“既得利益”，资金很难流向民生经济。

要进行社会改革和建立社会制度，一要好的思路，二要坚定的政治信心，更为重要的是要确定中央政府在改革中的主体地位。社会制度属于基本国家制度，其建立不可能自下而上，也就是说，中央政府负有不可推卸的责任，不可以把责任推给各级地方政府。实际上，中央政府已经集中了足够的财力，现在也是时候把社会改革这份责任集中起来了。基本社会制度的确立既是执政党长期执政的社会基础，更是国家真正崛起的制度基础。这一关必须闯过去；否则，不仅中国社会会变得越来越难以治理，国家难以长治久安，执政党的执政危机都随时会发生。

原刊于《联合早报》2009 年 1 月 7 日

第二部分

中产阶级与中国社会秩序

“小康社会”和中共的“中产阶级”观

中共十六大报告使用“小康社会”的概念，其政治含义是非常深远的。这并非仅仅是对邓小平理论遗产的继承，而是执政党对未来中国整体社会发展理想及其治国方式的一种表达。在很大程度上可以说，这个概念比执政党在强调的“三个代表”还要重要。为什么这样说？

“小康社会”比任何概念更能表达中国共产党一直在追求的具有中国特色的社会主义道路。首先，它不仅是对西方“中产阶级”概念的刻意拒绝，而且也是对西方式民主的拒绝。在西方，人们一般习惯使用“中产阶级”的概念，“小康社会”实际上也就是共产党的“中产阶级”观。“中产阶级”的概念尽管早已经为大陆知识界所接受，但是官方语言中从来就没有使用过这一概念。更重要的是，“中产阶级”是西方民主话语的一个有机部分，中产阶级无论从理论上还是在实践上都和西方代议民主相关联。十六大报告既然否定了西方式的民主，也就必须拒绝使用“中产阶级”的概念。

其次，“小康社会”和中国根深蒂固的传统相关联。在邓小平之前，康有为早就使用过“小康”的概念。中国具有数千年的平均主义传统，“小康”是整体社会的理想，而巨大的贫富差异的出现则是社会动乱的前兆。执政党使用“小康社会”的概念是其对中国特色的一种特别的表达，其中隐含着的平均主义理想也是可以为中国社会下层所能接受的。

再次，“小康社会”的概念表明中国共产党的目标就是要无产阶级“中产阶级化”。改革开放前的老左派似乎要把中国社会的无产阶级永久化。尽管老左派还有些市场，但改革开放已经使得这种状况不可能。虽然社会上还有相当一部分的真正的无产阶级分子，但是谁也不想回到那个无产阶级的时代。全面进行小康社会建设就是要使得中产阶级普遍化。

第四，提“小康社会”既是对党内左派的回应，也是对新生资产者阶层的前奏性限制。2001 年江泽民“七一讲话”容许私营企业家入党以后，在党内引起了很大的反响，不同意见普遍存在，有些甚至公开表示反对。尽管之后发动的学习教育运动遏制了不同意见，但是高层不能忽视它们的存在。中共十六大提“全面建设小康社会”，也算是对反对派的一种正式回应。因为说到底，这是邓小平提出的走“共同富裕”道路的另外一种说法。

但是，很显然，这也是对新生资产者的限制甚至警告。十六大期间，大多数人的焦点都放在了私营企业家入党方面，私营企业家也成了此次会议的重头戏。但是，不能由此断言这个新生阶级已经真正成为中国共产党的依靠力量了。“小康”的概念表明私营企业家所主导的经济发展必须服从于中国社会的整体发展。在社会的大多数还是很贫穷的时候，不可以出现大资产者或传统意义上的“大户”，否则就会出现革命性的不稳定因素。实际上，高层很难忽视近年来中国社会上左派力量的兴起，以及社会存在着的大量的驱使社会向“左”

转的因素，如“三农”问题、失业下岗情况的恶化等。

“小康社会”尽管包含有诸多的理性，但它给执政党的“三个代表”理论带来了很大的挑战。从表面上看，如很多人所解读的，两者是一致的，认为中共通过全面建设小康社会，代表社会上大多数的利益。但实际上并非如此。

如果把“小康社会”和“三个代表”两个概念放在一起，就是说，一要发展，二要公平分配发展的成果。要发展，就要依靠私营企业家和其他非国有的部分，这就表明，政策必须向私营企业家倾斜；但是，要公平发展，就要对私营企业家加以诸多的限制，政策向社会下层倾斜。理论上说，两者可以同时做到，但中国目前并不存在这样的机制。

如果各个社会阶级都能表达自己的利益并能表达于国家的政策过程中，那么他们的利益可以被代表。但中国没有这样的自下而上的利益表达和聚合机制。一些社会阶层如官僚阶层、红色资本家和私营企业家可以通过非正式的途径影响决策，但另外一些阶级如工人和农民则没有这样的途径。没有利益的表达，利益的代表也就成为一个疑问。所以，“三个代表”更多是党自上而下地用自己的方式来“规定”和“代表”各个阶级的利益。

“小康社会”是中国共产党“中产阶级”的特殊话语，但党需要的是一个能够支撑并提高其统治合法性的中产阶级，而不是挑战其权威和导向民主化的中产阶级。在西方，中产阶级和民主政治相关联，那么，在中国，“小康社会”是否表示西方式民主政治的不可能呢？提出这个问题具有理论和实践两方面的意义。

原刊于《信报》2002 年 11 月 19 日

社会稳定需要大力扶持中间力量

为什么需要大力扶持社会中间力量？道理很简单，中国目前的社会中间力量过小、过弱，社会发展长期以来处于一种失衡状态，社会稳定缺少社会基础。培植和扶持中间力量就是要追求社会的平衡发展，为社会创造一个自主稳定的基础。这一点也已经为越来越多的人所认识到，包括决策者。这表现在人们对中国的包容性发展模式和建设橄榄型社会的诸多讨论中。

把建设社会中间力量放置于中国的"维稳"困局中会显得更有意义。因为社会出现越来越多的不稳定因素，政府的"维稳"任务显得格外重要。但无论政府的"维稳"努力有多大，技术手段有多高超，这些都是"外科手术"，只能产生一种机械的外在稳定。并且，正如人们在现实中观察到的，"维稳"很有可能走到自己的反面，即"维稳"的努力越大、投入越大，社会越不稳定。这并不难理解。对政府来说，不管"维稳"的内涵如何，其主要表现为经济和暴力两种形式。

用经济力量来"维稳"，比较具有软性，但不可持续。"维稳"的经济学逻辑就是会鼓励和激发越来越多的社会力量，通过"不稳定”状态来获得经济利益。政府作为掌握国家暴力的唯一合法组织，暴力在“维稳”过程中也始终扮演着不可或缺的作用。当经济手段不能发挥作用时，暴力就会变得不可避免。但历史经验说明，使用暴力会导致更多的暴力。当今中国社会存在着的形形色色的、针对政府的社会暴力行为，已经说明了这个问题。

“维稳”的这个困局对维稳者本身也是一样的。对中央政府来说，稳定当然具有至高无上的意义，但对维稳者或者维稳政策的执行者就不见得了。从中央到地方基层的维稳体系，被赋予了超出想象的政治重要性和与之相适应的公权力使用权，但是人们看不到这套体系本身如何可能被监督。这套体系本身就有可能滥用权力，从而导致更多的不稳定因素。再者，这套体系本身的利益就是社会的“不稳定”状态，一旦社会趋于一种稳定状态，那么这套体系的利益就要受到影响，甚至威胁。也就是说，对这套体系来说，“不稳定”状态是符合本身利益的。“维稳”因此有可能演变成维持不稳定状态。

在任何社会，“维稳”或者说人们常说的“法律和秩序”(law and order)是政府的重要职责。但是这里必须明确在“法律和秩序”过程中，社会能够做什么，政府能够做什么的问题。社会本身秩序的存在是稳定的基础，因为这是一种内在的稳定。政府的“维稳”如果破坏了社会的内在稳定，那么就会导致社会更大的不稳定。政府在“法律和秩序”过程中主要扮演两种角色，一是为社会的自主稳定提供社会基础，二是防止社会内部的极端因素破坏社会的自主稳定。

在任何社会，都不能过分夸大政治在社会稳定过程中的作用。如果社会本身不能产生一种基于自身的秩序，那么政治往往是分化社会的力量，从而也是社会不稳定的力量。无论在民主社会还是在非民主社会，这都是一样的。西方民主，尽管也不时会有极端的力量出现，但总体上是稳定的。西方社会的稳定主要并不是因为民主政治，而是因为存在着庞大的中产阶级。因为中产阶级庞大，无论哪一个政党执政，或左或右，都要照顾到中产阶级的力量。中产阶级之所以是稳定的基础，不仅仅是因为财产问题需要稳定，更是因为在遇到新的局面和问题时，中产阶级会理性地思考，不走极端路线。这也是中国传统上所说的"有恒产者有恒心"的道理之所在。

外部力量无法持续稳定社会

相反，在中间力量弱小的社会，无论是民主政体还是权威政体，社会稳定就缺乏坚实基础。在中间力量弱小的社会，一般的情形是，各社会群体，经济上（收入和财富）高度分化，思想意识上高度对立，少有妥协的空间。如果存在民主政体，那么各派政治力量往往不仅没有能力整合社会，反而使得社会更为分化，它们各自动员自己的支持力量与其他反对自身的社会力量进行斗争。无政府而非秩序往往是这些社会的常态。如果存在权威政体，那么社会秩序往往是通过强权甚至暴力来维系的，就是说，社会秩序依赖的不是社会自身，而是外在于社会的政治权力。这样一个社会秩序的可持续性随时都可以成为问题。

目前中国社会的表现形式比较特殊。改革开放以来，如果从收入和财富来看，中间力量在成长，但还没有成为主流社会；更为重要的是，这个成长中的中间阶层在思想意识上没有能够确立自身的话语权。同时，中国社会的富裕阶层和贫穷阶层在收入和财富方面高度分化，在思想意识方面表现为高度的对立。在这样的情况下，社会稳定就是一个大问题。社会本身没有整合自身的能力，只有依靠政治力量。这样就出现了上面所说的“维稳”局面。

如果这样的“维稳”局面不可持续，那么就要寻找另外的方法。怎么办？从长远来说，最有效的方法就是政府扮演一个积极的角色来建设中间力量，从而为社会的自觉秩序创造条件。一旦社会出现自觉秩序的条件，那么政府维稳的任务就只是“法律和秩序”的问题，而不会遭遇现在这样的“维稳”困局了。在这方面，过去30多年的改革开放历程实际上已经为人们提供了不少宝贵的经验。

改革开放之初，邓小平提出“让一部分人先富起来，走共同富裕道路”的政策目标。之后，很快就形成了“小康社会”的概念。20世纪90年代以来，在一部分人首先进入小康之后，执政党又提出了“全面建设小康社会”的概念和政策。“全面小康社会”从其本质上来说，就是执政党的中产阶级观。人们目前所看到的中间力量的成长就是这些连续政策目标的产物。

尽管政策方向很明确，但诸多原因使得目前离一个“全面小康社会”还很远。其中最主要的原因是社会政策改革进步缓慢，缺少有效的社会保护机制。改革开放政策培养出了一个中产阶层，也使得数亿人口脱离贫穷，但很显然，国家既缺乏保护中产阶级的有效机制，也不存在防止已经脱贫人口重返贫穷的有效机制。

市场经济是人类社会迄今为止创造财富最有效的机制。市场机制可以产生一个中产阶级，但市场机制不能保护这个自己培养出来的中产阶级。在欧洲社会，保护中产阶级是社会主义的任务，社会保障、医疗服务、教育、公共住房等公共政策是欧洲社会主义的产物。从马克思分析的原始资本主义过渡到现在人们所看到的比较符合人性的资本主义，不是资本本身的逻辑，而是社会主义运动的结果。从这个意义上说，是社会主义保护了资本主义。不难发现，在西方，一个比较理想的社会，往往是市场经济和社会主义结合得好的社会。市场经济为社会创造财富，而社会主义保护社会。

一句话，一个被保护的中产阶级的存在，是发达国家社会稳定的基础。实际上，保护中产阶级始终是市场经济社会政府的一件具有重大意义的政治任务。如上所说，由于选举政治的存在，所有政府也必须采取有效的举措来保护中产阶级。同样重要的是，资本者也认同这一点，因为一旦社会失衡，社会秩序遭破坏，资本的正常活动就会成为问题。

谁来保护“中产阶级”？

中国的情况怎样呢？没有市场经济的引入，很难想象现在人们所看到的财富。一些人现在看到了众多的社会问题，就开始怀疑市场经济，这并不公平。中国的问题并不出在市场机制的引入，而是在于缺乏社会保护机制。市场经济发展了，但诸多社会政策包括医疗服务、社会保障、教育、房地产等要么建设力度不够，要么没有建立起来。更为严重的是，因为 GDP 主义的盛行，各级政府往往和资本结合，通过破坏社会来完成 GDP 增长的任务或牟取暴利。诸多社会领域，例如医疗、教育和房地产等，本需要政府大量投入，但在中国这些往往成为暴富领域。

因为缺少社会保护，中间力量不仅不能像经济增长本身那样得到成长，而且缺乏基本生存和发展的制度保障。任何一个因素的变动，都会轻易使今天的中产阶层在明天就演变成为贫穷阶层，同样，已经脱贫的阶层也容易重新沦落为贫穷。实际上，除了体系内部占据重要战略地位的少数阶层之外，任何阶层都随时可以演变为贫穷阶层。正是因为对自己前途的不确定性，中产阶级的中上层中不少人开始选择“退出”，即移民海外寻求保护。不过，可以确定地说，无论是基于知识的中产阶层还是基于财富的中产阶层，他们的“退出”会深刻影响中国未来的社会稳定。在全球化时代，如果他们在内部不能得到保护机制，不能得到确定感和安全感，其“退出”很难阻止。

如果认识到中间力量是社会稳定的基础，那么中国的改革也就有了明确的方向，也不难回答诸如改革什么、为什么而改革、怎样改革等问题。要培养中间力量就必须继续创造财富；要创造财富就必须深化市场化改革。但同时必须加快社会改革，确立社会政策，保护社会。只有这样，中国社会才会进步，发展出一个可以持续的自主社会秩序，为政府的“法律和秩序”创造一个有机的社会基础。当然，这样一个自主的社会秩序，也是执政党长治久安的社会基础。

原刊于《联合早报》2010 年 11 月 3 日

中国财富去哪儿了

“贫穷社会主义”

改革开放之后，中国社会很快找到了促进经济发展的有效手段——引入市场机制。在很短的时间里，市场机制为中国社会创造了巨额财富。中国从20世纪70年代末的贫穷国家（或者“贫穷社会主义”），一跃成为仅次于美国的世界第二大经济体和世界最大的贸易国；即使从人均GDP而言，也从当时人均不到300美元提升到当前的近9000美元，大部分家庭拥有包括住房那样的资产。这样的成就在世界经济史上罕见，因此被称为世界经济奇迹。

不过，从总体社会结构上看，中国的中产阶层规模还很小，社会底层占比仍然巨大，也就是说，中国还没有形成“两头小、中间大”的橄榄型社会，即学术界所说的“中产社会”。更为突出的是，中国还没有建立一个需要大量财富支撑的社会保障制度。这也是近年来人们争论中国会不会陷入“中等收入陷阱”的原因。

中产社会还没有形成的主要原因，在于国家的收入分配机制出了问题，即财富集中在绝少数人手中。因为中国社会人口规模巨大，这部分“绝少数人”的绝对数量也不少。不难理解，为什么海外会认为中国已是一个富裕社会。这种印象当然是虚假的，因为中国社会内部收入差异巨大。

日本和亚洲“四小龙”的社会奇迹，是由这些经济体的有效收入分配机制造就的，即这些经济体都实现了公平的经济增长，在经济高速增长过程中，没有出现巨大的收入差异。不过，20 世纪 90 年代以来，受新自由主义经济学的影响，这些经济体也开始出现很大的收入分配差异。

财富去哪了

直到今天，中国社会大部分人还是处于低收入甚至贫穷状态。近年来进行的“精准扶贫”运动，就是为了改善这一问题。20 世纪 80 年代开始的改革，曾经使数亿人脱离了贫穷，但今天仍有很大规模的贫困人口；除了原来没有脱贫的人口之外，新的贫困人口也在出现。

在任何社会，中产阶层是财富的载体。中产阶层没有壮大，表明财富没有积累起来，而是流失了。国家财富去了哪里呢？实际上，研究财富的去向（或者流向），甚至比研究财富的获得更为重要。创造财富固然重要，但保护财富更为重要。如果没有有效的财富保护机制，所创造的财富就会流失。中国的财富流向至少可以从如下几个方面来考量。

第一，财富向海外流出。财富流向海外的现象已经持续很多年，至今没有明显减缓的迹象。在政府控制外汇的时候情况好一些，一旦控制放松就会恢复常态。无论是对外投资、购置不动产，还是存入外国银行或以其他形态，归根结底，都是财富离开中国而长驻海外。

第二，财富不断流转和折腾。财富在海内外倒来倒去，换一个名称，内资变外资。很多中国企业一旦做大了，就到海外注册成为海外企业，但实际上海外并没有多少赚钱的机会，于是再回到国内投资赚钱。这种身份转换尽管可能并没有转换主人，但财富已经不属于中国。

第三，财富的浪费。浪费的现象是惊人的。很多企业因为种种原因到海外投资，但并不能找到理想的投资环境，结果造成损失，甚至是彻底的失败。这里既有国有企业，也有民营企业。其中，国企在海外的亏损尤其引人注目。国企“走出去”有其必要性，但往往低估了当地社会的政治经济风险，甚至仅考虑政治需要，而忽视了经济要素。

不少国企在俄罗斯、白俄罗斯、委内瑞拉、斯里兰卡、缅甸等国的大额投资，往往因为政治或经济形势的变化而遭受严重亏损。在“一带一路”倡议的推动下，国企更是获得了走向国际的巨大“动力”，但如果不能有效控制风险，财富浪费会是惊人的。

在国内，许多国企也一直在消耗着大量的国家财富。很多国企尤其是地方国企，尽管有大量的亏损，但没有倒闭。无论用财政手段还是金融方法来弥补亏损，都是在消耗财富，因为政府的钱不管用什么方式获取，最终还是来自老百姓。

第四，各种类型的腐败。正如中共十八大以来的反腐运动所揭示的，中国腐败的深度、广度和额度都是惊人的。腐败不仅干扰正常的经济生活，影响财富的创造，更造成财富的巨大浪费。对腐败得来的财富，很大一部分贪官既不敢用于消费，也不敢存入银行，而往往是将之“东躲西藏”。

财富需要法律保障

如何理解中国的财富流失现象呢？这里的因素很多，但以下几个方面是可以考量的。

第一，没有有效的法治保障，财富缺少安全感。尽管改革开放以来，中国在建设法制和法治方面作了不少努力，但离建立一个完善的法治体系仍需要很长时间。再者，即使执政党在理论上一直强调法治，但落实到具体实践中时，很多党政官员因缺乏法治观念，对财富或财富的拥有者“乱作为”。

更为严重的是，近年来，这方面舆论导向出现偏差，更让人们感到财富不安全。无论是投资者还是上层中产，只要有机会，就千方百计往海外转移资产。李嘉诚就是一个典型的例子，像李嘉诚那样的商人还绝非少数。

第二，缺少社会公平。收入差距过大，社会过于分化。改革开放以来，中国所引入的可以说是原始市场机制，需要政府确立的社会保护机制不足，甚至还不到位。在这种情况下，市场创造的大量财富流向少数人，而大部分人没有获得应得的财富，少部分人甚至成为牺牲品。

尽管这种情况并非中国独有，世界各国均是如此，但中国贫穷人口过多，部分人仇富心理很重，导致资本和财富对“均贫富”和“劫富济贫”的历史传统产生恐惧心理。

从 20 世纪 80 年代到现在，政府进行了大规模的扶贫运动，不能说不重视社会政策建设，但没有从根本上改变社会不公平的现象。只要这种现象继续，社会的激进思潮就不会消失。而激进思潮的存在对财富是一种威胁，世界各国都是如此。

第三，公权力没有约束或不作为。法治不健全就决定了公权力没有约束。在公权力面前，再多的财富也无济于事。尽管改革开放以来，政府总体上“亲商”，但某些“亲商”以腐败为前提，即官员和商人的关系表现为“吃了你的、喝了你的、拿了你的，就得为你办事”。在不少地方，政商关系一直没有走出传统的“一朝天子一朝商”的恶性循环，地方官员一变动，会导致一批商人的“死亡”。

除了权力对财富的掠夺，公权力的不作为也影响财富的创造和积累。在法治不健全的情况下，财富需要寻求政治权力的保护，一旦掌权者失去提供保护的动机，财富很快就会感到不安全。例如，在反腐败的高压下，一些官员的态度变成“不吃你的、不喝你的、不拿你的，为什么要为你办事”。再者，反腐败运动以来，几乎每一个腐败官员都可以牵连一大批商人，商人感到不安全，就连带其财富出走国外。

第四，没有有效的监管。这也是政府失责的后果。至少有两个后果：第一，没有有效的监管，市场经济盛行“大鱼吃小鱼”的现象，金融业和互联网企业大肆收购实体企业，导致金融、互联网、房地产业和实体经济之间的失衡。也就是说，实体经济所创造的财富被不当收购。第二，政府为了鼓励发展新兴产业，往往简单地通过不监管的办法任其发展。这种无政府状态下的发展最终必然出现大问题。一旦出了大问题，不少地方政府又简单地运用粗暴的方式，采用以行政手段关停企业、“抓人”等办法来整顿，造成财富的巨大浪费。

第五，财富本身失去方向。资本的本质是自我积累和扩张。在中国，这种简单的积累和扩张行不通。企业发展到一定程度，容易产生不正当的政商关系，因为政府不放心企业财富的“政治化”，企业又需要政府的支持进行再扩张。

在西方，企业可以向慈善发展。但中国的慈善文化还没有发展起来。慈善的不发达不仅仅是由于企业家层面的问题，更是由于政府层面的问题，如有关慈善的税收体制不完善等。

多管道留住财富

如何留住财富呢？明白了上述财富流失的根源，这个问题也就不难回答，可以从如下几个方面来考虑。

第一，加紧建设法制与法治。这是根本，因为市场经济的本质就是法治经济。市场与法治的关系人们已经讨论很多，在此不再赘言。

第二，追求公正社会。政府不仅要推进社会政策建设，而且要尽快推行房地产税、遗产税等有利于社会公平的政策。一个高度分化的社会难以安全，法治也缺乏任何社会保障。

第三，建立新型政商关系。原来扭曲的政商关系不可行，现在已经提出要建立“亲清”的政商关系。如何把这个目标落实到制度层面呢？显然需要认真周密的思考。

第四，建立有效的监管制度。政府放任企业在无政府状态中发展并不是“亲商”，因为最终当企业出现问题，有关部门必将简单粗暴地对待，甚至加害于企业。财富的创造和积累有待有效的监管。

第五，通过实行“基金制度”等方法来解决“富不过三代”的问题。引入基金制度等可以实现财富的“所有权”和“管理权”分离，让专业人员管理财富，避免财富处于纯消费状态。发达国家在这方面已积累很丰富的经验，可以借鉴。

一个穷人占多数的社会永远是不稳定的，所以古人言，“有恒产者有恒心”。“有恒产者”即中产者。无论是穷人的减少，还是中产阶层的壮大，都关乎财富。没有有效的财富保护机制和财富创造机制，很难保证国家能跳出“中等收入陷阱”，更不用说进入高收入社会了。在找到财富创造机制后，人们更要找到有效的财富保护机制。实际上，只有同时拥有两者，一个国家的经济才可能实现可持续发展。

原刊于《联合早报》2017 年 8 月 8 日

谁“偷”走了中国的中产阶级

改革开放30多年来，中国的经济高速发展，创造了世界经济史上的奇迹，现在已经取代日本成为世界第二大经济体；但从社会结构来说，也导致了任何一个国家都竭力想逃避的现状，那就是社会的高度分化。当前社会的特点是：中产阶级产生并且也有成长，但其规模还是非常小，并且其制度基础极其脆弱；除了少数可以和任何国家（包括西方发达国家）相媲美的富人外，社会的大多数仍然是穷人。当然对中产阶级规模的估算，使用不同的标准会得出不同的结论。但无论采用哪一种标准，人们的结论是一致的，那就是，中国还没有产生一个“两头小、中间大”的橄榄型社会，即中产阶级社会。

缺失中产阶级导致种种后果

如果把这个现象放置于东亚经济社会发展史中看，中国社会结构的畸形性就会表现得十分显著。日本是东亚第一个现代化的经济体，而后是亚洲“四小龙”（韩国、新加坡、中国台湾地区和香港地区）。这些经济体的发展轨迹大体相当，都在大约20年的时间里，不仅创造了经济奇迹，而且也创造出了一个庞大的中产阶级。当然，各个经济体内，中产阶级产生和成长的来源和路径不同，但他们不仅是推动社会进一步发展和改革的动力，也是社会稳定的基础。

尽管很多人认为，中国的经济发展路径也类似于所谓的“东亚模式”，但从社会结构来说，显然区别于东亚其他经济体，而更类似于拉丁美洲的一些国家。近年来，社会上一直在讨论中国是否会“拉美化”、是否已经进入“中等收入陷阱”等问题，这不是没有一点道理的。

社会缺失中产阶级，已经在各方面导致了层出不穷的问题。不难理解，这些问题在其他东亚社会并不普遍，而在拉美国家则比较普遍。消费社会难以建立，可持续经济增长缺乏基础。多年来，内生型技术进步不显著，经济增长高度依赖于外在资源（出口、资源进口），在一定程度上呈现出依附性的发展模式。因为中产阶级过小，社会稳定就没有基础。社会高度分化，整体道德和信仰缺失，社会信任问题越来越严重。社会价值和理想面上激进化现象严重，在中产阶级缺失的情况下，社会往往被“极左”或者“极右”思潮所主导，互相折腾撕裂，造成整体社会的不确定性。

在任何社会，中产阶级是爱国主义的主流和基础，他们在其生存的社会致富，为这个社会感到骄傲；但在中国，情况似乎刚好相反。他们本来就很小，处于这样一种环境更是深感不安，不断寻找机会出走，在全世界到处寻求安全的落脚点。

问题在于，本来应当与经济奇迹共生的中产阶级去了哪里，是谁“偷”走了本来应当属于中国的中产阶级？

中产阶级为何发育不良

从改革开放以来的政策层面来看，培植中产阶级实际上一直是执政党的一个目标。在改革开放初期，邓小平提出“让一部分人先富裕起来，走共同富裕的道路”，这里，“让一部分人先富裕起来”是手段，“共同富裕”才是目标。因此，邓小平也提出要建设“小康社会”。20世纪90年代以来，执政党一直提出要“全面建设小康社会”，近年来更是直接提出要建设“橄榄型”社会。

可是，为什么没能实现这个政策目标呢？这里的原因很复杂。在任何社会，培植中产阶级都是一件困难的事情，但政策无疑是一个重要因素。从政策的角度来透视中国中产阶级弱小的现实，很容易发现，政策失误和执行不力是两个重要的根源。在一些领域，不当的政策阻碍了中产阶级的成长；而在另一些领域，尽管政策正确，但没有能够有效执行下去，同样没有能够帮助中产阶级成长。

尽管可以用不同的方法来界定中产阶级，但不外乎两个主要的方面，即以经济收入、财富具有为核心的硬性指标和以价值、文化等为核心的软性指标。从历史经验看，前者是衡量一个社会中产阶级早期发展的最重要的指标。没有经济和财富这些硬性条件的出现，中产阶级难以发展出其特有的价值和文化，中国古典文献中“有恒产者有恒心”的说法，指的就是这个道理。

中国社会群体中收入分配的巨大差异，既是中产阶级发育不良的现实写照，也是中产阶级成长的阻碍。收入分配的巨大差异主要是经济结构所致，即一次分配问题。首先是国有企业和民营企业的失衡。在计划经济时期，城市居民大多数生活在国有企业或者政府部门，大家都有着“贫穷社会主义”的低生活标准。但后来的改革开放很快就改变了这种状况，从 20 世纪 80 年代的农村改革和容许私有企业的发展，到 90 年代“放小”的民营化过程，中国基本上实现了国有企业和民营企业的大致平衡。这段时期，中产阶级成长最快。但是这些年来，尤其是 2008 年全球性金融危机发生以来，部分国有企业大扩张，民营企业的空间大受挤压。国有企业脱离其原本仅占据具有国家战略地位的产业空间的格局，向原本属于民营企业的空间扩展，很快就打破了原来大致平衡的局面。这里央企扮演了一个负面的角色。近年来，“央企化”成为中国经济结构的一个新特色，即无论是地方国有企业还是民营企业，都纷纷投靠央企，和央企结盟。央企的大扩张造成了社会称之为“国富民穷”的局面。央企凭借其行政和政治权力，依靠垄断而获得巨额利益。这不仅深刻影响着中国生产力的总体水平，更影响着收入分配，加剧社会的不公正。一个个央企都是相对独立的行政组织，其中不少与其说是财富创造者，不如说是财富转移者，把财富从民间转移到国家，从地方转移到中央，从多数人手中转移到少数人手中。很多年里，央企具有不受国家和社会控制与监督的“自行分配”机制：盈利了，分配给自己；亏损了，就向国家伸手要钱。

与之相关的就是大型企业和中小型企业的失衡。在任何社会，尤其在东亚，中小型企业是一个社会实现收入公平分配最主要的力量。在中国，在国企越做越大的同时，中小企业的生存和发展空间变得非常有限。尽管中央政府三令五申地强调中小企业发展的重要性，但控制庞大资源的国有部门（包括银行）并没有动力去执行有利于中小企业的政策。只要这样的经济结构不加以改变，一次分配就不可能实现基本的社会公平和正义。

在一次分配没有达到其基本使命之后，中国的二次分配面临更为巨大的困难，这主要表现在两方面。一是社会改革迟缓。在过去的十多年里，尽管在社会政策的各个领域，包括社会保障、医疗、教育等方面取得了一些成就，但没有找到突破口，社会政策建设还处于非常早期阶段。实际上，社会政策建设对收入分配所产生的正面效应，还远远抵消不了这些领域（还包括房地产）被"产业化"所带来的负面效应。二是劳动者工资水平的低下。除了有效的社会政策，中产阶级的形成需要劳动者工资的提高。但国内劳动者的低工资现在已经尽人皆知了。劳动工资过低的一个主要因素，就是各级政府总是站在资方这一边，帮助资方人为压低工资。先发展国家中产阶级成长过程中，工会在劳资力量平衡方面扮演了一个关键的角色，但在国内，工会往往更多代表资方和政府的利益。只要劳、资、政府三方的力量不能达成平衡，劳动者还会继续处于极其弱势的地位，劳动者进入中产阶层就会遥遥无期。

有利于中产阶级成长的政策执行不力的另一个结构性因素，就是特权阶层的存在。在社会保障、医疗、教育和住房等方面，特权阶层都享受着特殊的待遇。无论是西方国家，还是东亚的日本和"四小龙"社会，在现代化过程中，社会特权都经历了一个社会化的过程，一些原本只有权势人物享受的权力，通过社会政策建设而被社会化。无论是权势人物还是一般社会成员，都能享受最基本的社会权利。但在国内，这个社会化过程几乎还没有开始，相反，权势阶层的特权化因为种种原因（如政治改革的缺失、国有企业的扩张等）还牢固存在。特权的存在，使得很多方面有利于中产阶级成长的政策执行无力。道理很简单，如果权势阶层可以在政府内部得到特权,那么就没有任何动力去推动社会改革了。

中产阶级的缺失导致中国失去了社会稳定的基础,现在只有依靠高强度的维稳机制来谋求稳定,但即便是权势和财富阶层,也认识到了这种稳定的不可靠性。在一个缺失中产阶级的社会,各方力量的博弈终究是一场"零和"游戏。所以,社会要真正稳定,必须培植中产阶级,同时要放权社会,还权力和财富于社会。只有当中产阶级成长壮大了,社会才会进入良性的发展进程。

原刊于《联合早报》2011 年 5 月 2 日

■知识和财富的"退出"潮说明了什么

最近中国的两则互为关联的新闻尽管并不轰动，但却引人深思。一则是香港高校今年招收了1400多名内地高考尖子，另一则是关于所谓的"第三波移民潮"的。据报道，越来越多的中国富商（富有的中产阶级），通过技术或投资移民等方式，前往欧洲、北美和澳大利亚、新西兰、新加坡等发达国家和地区居住。这两则新闻都是关于移民的，前者属于知识移民，后者属于财富移民。无论是出国或到香港留学还是移民国外，都没有什么令人惊讶的地方。近代以来，为了向先进国家学习，中国留学生前仆后继。移民更不必说，向往美好生活的或者被生活所迫的中国人，从来就没有放弃过移民国外（境外）的希望。改革开放之后，这两大趋势仍然在继续。一些研究表明，中国已经成为当今世界上最大的移民输出国。

这两则很平常的新闻很容易使人想起当代政治经济学家赫希曼（Albert O. Hirschman）的一篇文章。赫希曼1933年离开德国，移民到美国居住。他本人是"退出"者。1989年柏林墙被推倒、两德统一之后，他从民主德国移民史的角度写了一篇题为《退出、声音和民主德国的命运》的文章，发表在1993年《世界政治》1月号上。1970年，赫希曼发表了一部题为《退出、声音和忠诚：回应公司、组织和国家的衰落》的著作。在其中，赫希曼讨论了公司、组织和国家是如何衰落以及如何防止衰落的几种途径。根据他的研究，组织衰落的主要原因在于失去了成员的“忠诚”，即如果组织成员“退出”了组织，那么组织必然衰落。所以，如果要防止组织衰落，就要维持组织成员对组织的“忠诚”。如何保持组织成员的忠诚呢？有两种途径：一是组织为其成员提供令人满意的服务；二是容许组织成员发出“声音”，批评组织的不足，从而令组织改进其服务。如果组织不能为其成员提供满意的服务，或者在组织成员不满的情况下不容许其发出“声音”，或者在组织成员发出“声音”后依然不改善其服务，那么如果存在“退出”机制的话，组织成员就会选择“退出”。一旦选择了“退出”，那么组织的衰落将变得不可避免。

无法出声就用脚投票

在这篇文章中，赫希曼把“退出”和“声音”的概念用于解释民主德国的消亡。经验材料显示，民主德国早期逃亡（“退出”）到联邦德国的人数众多。起初，民主德国政府容许这种“退出”，因为“退出”者多半出自“阶级敌人”的群体。“阶级敌人”的“退出”表明内部的稳定。但不久，民主德国政府发现越来越多的技术工人和知识分子也成为逃亡（“退出”）者，就开始阻止“退出”。1961年修建柏林墙也有阻止移民潮、阻止“退出”的意思。在接下来的一段时间里，柏林墙的确控制了移民潮。但民主德国政府发现这种方法很快就失去了效用，依旧有人在寻找各种渠道离开民主德国。于是，对于那些历经千难万险“退出”成功的人，政府采用了强制性

"退出"方法，即如果阻止不了人们出走到联邦德国的话，政府就会吊销出走者的护照，使得他们永远没有机会回到民主德国。但是无论政府怎么做，依然无法阻止人们的"退出"；同时，吊销出走联邦德国者的护照也引起了联邦德国社会的高度不满。在柏林墙内外不满的结合下，1989 年，这堵墙很轻易地被推翻了。

笔者不想对中国目前的移民、留学潮作过分的解读，因为中国目前的移民方式和当时的民主德国非常不同。正如有关部门所指出的，迁徙的自由是人权的内在组成部分，移民自由反映出中国政治的巨大进步。不过，人们的确可以从当今知识和财富的"退出"潮中，看出国家存在的诸多制度弊端，可以反思制度，并作制度的改进。

简单地说，目前出现的知识和财富的"退出"潮反映出一个很重要的信号，就是人们对"声音"机制的效用已经失去了信心，对一些体制性的东西失去了信心，开始选择"退出"机制，也就是日常人们所说的"用脚投票"。

愚昧的权力主导迫使知识退出

高考尖子生到国外和中国香港等地接受高等教育是非常正常的事情，但是最近几年教育移民的发展表明，越来越多的高考尖子生毫不犹疑地选择"退出"中国高教体系，到海外寻找他们认为名副其实的高等教育。国内的一流大学已经竞争不过海外的一般大学，对国内的高考尖子生没有很大的吸引力。这里还应当考虑的是，这些年每年都有数万人"退出"高考，即不参加高考。这两方面的情形清楚表明，人们对国内教育体系高度失望，因此作了"退出"的选择。

对国内教育制度的不满，这些年社会上的“声音”不可说不大，但是，这些“声音”显然没有产生任何作用。不满者发“声音”，教育管理者还是我行我素。尽管也有些教改出现，但总体上是改善不大。每次改革总是被既得利益者所操纵，成为他们追求私利的机会，从而恶化教育体系。在“声音”不发生效用的情况下，人们很自然作“退出”的选择。

中国的高校和研究机构对人才的竞争（无论是从海外吸引人才还是吸引高考尖子生）越来越激烈，对人才所提供的物质条件好像也越来越好。但现存高教和研究体制却越来越显得力不从心，没有迹象表明它可以培养好人才、使用好人才和留住人才。这几年人们对钱学森的“中国为何培养不出大师”这一问题作了很多讨论，但对教育制度的反省依然很肤浅。就拿钱学森的事例来说，新中国成立之初，尽管国家“一穷二白”，钱学森毅然“退出”美国，毫无条件地回到祖国，并且为国家的建设作出了巨大的贡献。实际上，没有建国初期大批科学家和知识分子回到祖国，就不会有今天中国的现代化。为什么新中国成立初期贫穷的中国吸引了那么多游子回来报效祖国，而经济高速成长的今天，知识精英却纷纷移民海外？再回到钱学森的问题，为什么在改革开放之后，尽管有高速的经济发展和物质生活的提高，中国却培养不出大师？“钱学森之问”也是很多人想要问的问题。在钱学森去世后不久，中国所发生的与钱学森相关的一个悲剧，明白并直接地回答了这个问题：2010年7月17日，钱学森创办的中科院力学研究所实验室遭暴力强拆，被夷为平地。这个事件表明，在愚昧的权力主导下，知识、创新、大师等对中国人来说，将可能仍然是一个不可企及的梦。

财富的退出表明对体制的不信任

财富的“退出”也有几乎同样的背景。历史上，移民的大多数是社会的底层，是贫穷得生活不下去的社会群体。但这一波移民的主体则是（上层）中产阶级。中产阶级作“退出”的选择，同样说明了这个群体对有关现存制度体系正在失去信任。

中产阶级是改革开放的产物。这个群体的“退出”很难理解，因为中国是当今世界上少数几个经济发展强劲的国家。从发财致富的角度看，他们没有任何理由作“退出”的选择。实际上，很多作了“退出”选择的人仍然离不开中国。他们把在国内积累起来的财富和家庭成员安置到海外之后，继续在国内发财致富，只不过是今天赚了钱，明天就存到海外。这表明什么？表明他们对有关的体制信心不够。

实际的情形也是这样。改革开放培养出来一大批民营企业家，造就了这个中产阶级群体。之后，中国修改宪法和法律来保障私人财产权利，执政党也随之向这个群体敞开大门，接纳他们参与政治。这是中国体制转型非常成功之处。但在执行层面，宪法和法律在很大程度上仍然是一纸空文。私营企业仍然受种种政策的限制，发展空间有限。更值得注意的是，一旦发了财，就会被各级权力者盯上。一旦被权力者盯上，再多的财富也是无力抵抗的。在另外一些情形中，权力者不作为，过度“亲商”，和资本一体，导致群体之间收入差异过高，社会高度分化，结果仇富心理流行于一些社会阶层，有产者感觉到不安全。在这样的情况下，财富自然作“退出”的选择。中国的中产阶级规模本来就不大，随着中产群体选择“退出”，中国社会的底层群体必然扩大。这也是当前社会的一个趋势。

根据赫希曼的研究，如果人们选择“退出”，那么结果就是“声音”的消失，而“声音”消失的结果，就是体制改革压力的消失，这样一个体制就会走上衰落的不归路。简单地说，随着知识和财富的“退出”，中国的内部体制改革就会变得越来越困难。和其他社会一样，知识者和财富者是中国社会上最有能力发出“声音”的两个群体，一旦这两个群体选择“退出”，改革必然缺乏动力。

再者，人们还可以继续问，在知识和财富“退出”之后，社会还能留下什么？这个问题似乎很简单，那就是：愚昧的权力和持续的贫穷。这两者是因果关系，持续的贫穷是愚昧的权力的结果。权力具有建设和摧毁的两面性，它可以创造世界史上的经济奇迹，可以在短时期内造就千万富人，可以建设巨大无比的大学城，但只要权力的目的是为了更大的权力，那么权力就可以毁灭一个经济奇迹，迫害财富和知识，摧毁一个教育系统，结果社会总体还是继续贫穷。在很长时间里，人们把权力的创造功能发挥到了极致，而忽视了如何通过改革制度来遏制权力的毁灭特性的问题。如果权力的存在是不可避免的，那么改造和改革权力体系，很显然是中国目前和今后长期所面临的最棘手的挑战。

原刊于《联合早报》2010 年 7 月 28 日

政府官员为何缺乏社会改革动力

单相面的以 GDP 为衡量标准的经济发展既为中国带来了数十年的高速经济增长，也造成了无穷的社会负面效应。越来越大的收入差异、社会分化、公平和正义的缺失、社会抗议甚至暴力行为，这些都是中国社会中互相关联的现象。中国社会对社会政策的改革（包括社会保障、医疗卫生、教育、住房等）呼声已久，而社会政策的改革多年来也是政府的主要议程。社会政策改革的主要内容就是公共物品的提供，这正是这些年一直在提倡的服务性政府的主要内容。再者，在任何社会，社会政策的改革都需要很大的财力，而这在中国似乎也不是大问题，因为经过数十年的经济发展，国家已经积累了大量的财富，各级政府有丰厚的财政收入。就是说，中国不缺钱。当很多国家（包括发达的美国）为社会政策的改革（如医疗改革）而为钱发愁时，中国的问题则是有钱但用不到社会政策上去。

政府为何缺少改革动力

很显然，对社会问题严重性的认识、新政策取向的确立、国家财富的丰足，无论从哪一个角度来看，中国都具备了社会政策改革的动力，但是，现实的情况却是改革阻力重重，停滞不前。从发展型政府向服务型政府的转型缺少动力，已经确立起来的社会政策改革议程在很大程度上还仅仅是纸面文章。

为什么社会改革那么困难？改革的动力在哪里？任何改革都必须有改革者。虽然存在着巨大的社会动力，但社会动力本身不是改革的主体。就是说，社会（或者其所造就的社会运动）能够对改革构成巨大的压力，但任何社会政策的改革都必须通过改革者。在中国，现实地说，政府就是改革者。但政府并不是一个抽象的存在物，而是由众多具有具体利益的个人构成的，也就是学界经常所说的政府代理人。要回答政府缺少改革动力的问题，考量政府的代理人或者改革的推行者的动力机制不失为一个切入点。如果这些人具备改革的动力，那么就会去推进改革；如果这些人缺少改革动力，那么他们就不会去推进改革；而当改革有悖于他们的利益的时候，他们就会阻碍改革的推进。

从改革者和市场之间的关系来看，人们就可以看到中国是如何缺失社会政策改革的动力的。和其他市场社会一样，当今中国社会的一切现象都和市场分不开。发展和增长是市场的产物，发展和增长带来的社会问题自然也和市场有关。再者，社会政策改革的目标就是要纠正市场给社会所带来的负面效应。我们可以从三个层面来讨论政府官员和市场之间的关系，即"市场进入""市场豁免"和"市场退出"。

市场进入、豁免与退出

"市场进入"非常重要，大多数财富都在市场产生，进入市场会给个人带来巨大的物质利益。市场在理论上是一个平面，但其组织具有非常强的等级性。所有人都生活在市场社会里，但只有很少数是市场的组织者，而这些组织者往往操控着市场的运作。在中国，政府的代理人往往扮演了市场的组织者和操控者。因为拥有国家权力，权力就是“市场进入”的门票。政府组织市场可以有不同的形式。首先可以作为一个集团组织市场，例如庞大的国有企业（从中央到地方）。国有企业所获取的巨大利益是尽人皆知的，国有企业内部的高工资已经成为社会收入差异的一个主要根源。政府官员个人可以通过“寻租”方式和商界发生关联，成为共同的市场组织者而获取或者分享利益。政府官员也可以通过“转业”到商界，成为商人后“借用”原来的政府关系而获取利益。不管怎么说，政府官员是中国社会中从市场改制获取利益最大的一个群体。

在获得市场巨大利益的同时，政府官员也享受着市场“豁免权”。所谓的“豁免权”，就是说政府官员用不着承担市场的风险和其所产生的一系列负面效应。这大多是因为官员所处的是一个独立于市场的体制，有各种制度包括住房制度、社会保障和医疗保险等来保护其免受市场的影响。资本家和商人须面临市场竞争的压力，但是他们可以依靠在市场所取得的财富再通过市场购买各种安全保障，就是说，他们有能力承担市场化体系所提供的服务。相比之下，在市场上打拼和求得生存的大多数社会成员必须承担市场所带来的各种负面效应，同时又没有能力来承担市场化了的服务。实际上，在先发达国家，社会政策的产生和发展就是用来保护社会的大多数的。实际上，保护社会的大多数也是“社会主义”的本来意义。

和豁免权相关但不同的另外一个关系就是“市场退出”。“市场退出”是说尽管身处一个市场体系，但可以“退出”这个市场体系，寻找其他更适合生存和发展的体系。这在教育方面表现得特别明显。谁都知道中国教育体制的弊端，而很多人（主要是有钱有势者）可以通过“退出”机制不接受这个体制弊端的影响。这表现在大量的官员和富人把其子女送到海外留学。“市场退出”当然还可以表现在其他各个方面。例如，也可以有环境（医疗、住房）方面的“退出”机制，即在中国积累了财富之后移民到其他环保、医疗和住房条件更好的国家。

从这个角度说，无论较之富人还是穷人，官员最具有优势，他们既可以获得市场的好处，又可以免受市场的影响。这就很容易回答目前中国社会存在的一系列问题，例如，为什么那么多的人争先恐后地要当公务员？为什么那么多的富人积累了那么多的财富还不满足？为什么社会的大多数得不到有效的保护？

正是因为有这些机制的存在，要成为改革主体的政府（人民和国家的）代理人很难有动力来思考和推进改革。改革必须有压力，尤其是和自己切身利益相关的压力。一方面能够享受市场带来的好处，另一方面又可以“豁免”市场带来的负面效果，或者“退出”这个市场，这样就不可能对官员构成压力。例如，需要真正在市场上买房子，才能体验和了解房地产市场，才能知道这个市场出了什么毛病，才会有改革房地产市场的思想、决心和能力。同样，也只有在没有“退出”机制的情况下，才能了解中国的教育体系所存在的问题。在任何社会，社会群体进入市场的权力是不一致的，一些人总比另外一些人拥有优越的条件，但是应该做到的是：市场面前人人平等。

这些年来，中国各级官员尽管一直在谈论社会政策的改革，但其实大都无动于衷，或者是作秀给人看。实际上，他们本身也不会有谈论社会政策改革的动力的。之所以谈论，是因为来自中央的压力。他们没有改革的行动更容易理解，因为不管怎样，他们自己的切身利益是受各种机制保障的。

改变认识并改变机制

那么，如何才能产生改革的动力呢？一方面是要改变官员的认识，要使他们认识到，改革并非一定要剥夺官员的利益，追求利益可以有其他的方法，一种既利己也利人的方法会更有效，也更能持久。比如说，社会政策改革既是改革，又是发展，而这种发展是可以保障他们的长远利益的。如果有效的社会政策得到确立和实施，就能有效地保障可持续的发展。中国现存的经济发展模式已经走到了顶点，就要寻找下一波经济增长的动力源，继续“杀鸡取卵”不符合任何人的利益。再者，也必须看到，中国的社会稳定正在因为社会政策的缺失而失去坚实的基础，一旦出现大规模的社会不稳定，现存官员和富人的利益也很难得到保障。

但是光强调改变认识并不够。最有效的方法就是逐步控制这些现存的机制的效用，使得官员不能光“进入”市场，享受市场的利益，而又可以“豁免”和“退出”市场。这方面，前几年有个很好的提法，即“三个贴近”（贴近实际、贴近生活、贴近群众）。不过，“贴近”还不够有效，必须使党政官员成为实际、生活和群众的内在因子。只有这样，才能趋向于市场面前人人平等的原则，党政官员才能感受到市场社会的压力，才能懂得为什么要进行社会改革和如何进行社会改革，才能有真正的动力来实施改革。

从更高的一个层次来说，也只有这样，才能促成执政党的全面转型。也只有这样，才能真正实行执政党已经确立的“新三民主义”，即权为民所用、情为民所系、利为民所谋。或者说，这样做是执政党长治久安所必须的。

原刊于《联合早报》2010 年 1 月 19 日

■ 中国改革政策的困局

自改革开放以来，改革、发展和稳定一直是中国三个互相关联的政策领域。通过改革而得到发展，通过发展而达致稳定，而稳定本身又反过来有助于再改革和再发展，这是一个良性的循环。但中国总体局势的发展表明，这三者之间似乎已经开始进入一个恶性循环，即改革停滞不前，发展速度加快，社会则变得越来越不稳定，而社会的不稳定反过来又制约着改革和发展。

就改革而言，方方面面似乎已经遇到了瓶颈或者既得利益的强大阻力。经济改革开始得最早，无论是 20 世纪 80 年代还是 90 年代，方向很明确，那就是市场经济。当时的改革力度也不小，尤其在 90 年代，政府出台了“抓大放小”的改革战略，成效显著。国有企业得以重组成为大型的企业集团，意在加强中国企业在国际上的竞争力；而以民营化为主题的“放小”政策则大大强化了中国非国有部门的力量。此外，中国也加入了世界贸易组织，和国际接轨。内部的改革和外部开放给中国的经济发展注入了莫大的动力。在很长时间里，中国经济取得的两位数的增长就是前面所进行的改革开放的“红利”。

垄断型国企成为改革阻力

不过，近年来，经济改革方面已经举步维艰。20 世纪 90 年代开始的国有企业公司化、公司治理和规制等方面的改革得不到深化。国企越做越大，越来越多企业从规模讲已经排到世界前列。但无论从劳动生产力的提高还是从技术创新来说，中国的国企都无法和先进国家的相比，原来所设想的通过重组国企来增强国际竞争力的目标显然没有达到。相反，随着扩张，国企越来越没有边界，日益挤占非国有部门的发展空间。尤其是近年来，随着央企和地方国企大肆挺进房地产等领域，国企很快改变着原来的国有企业和非国有企业保持相对平衡的格局，对中国国民经济的结构产生着负面的影响。实际上，国企常常是通过垄断和行政权力来聚集财富的，很大程度上，国企已经演变成一种有效的财富转移机制，把财富从非国有部门转移到国有部门，从地方转移到中央，从大多数人转移到少数人。如果通过垄断和行政权力就能获利，国有企业就没有动力从提高生产力和技术方面求进步了。也很显然，垄断型国有企业已经成为中国经济进一步市场化的阻力。

相比之下，非国有部门的情况就很不相同。尽管无论在意识形态上还是在宪法和法律上，非国有部门已经合法化，但这个部门仍然遇到很多的实际政策的歧视，意识形态和法律上的平等性只是一纸空文而已。缺少资本的民间企业得不到国家控制的银行和金融系统的支持，而已经聚集了相当金融实力的民间资本则缺少投资的空间。同样令人遗憾的是，国家对民间融资要么不容许，要么加以过多的控制。如果容许民间融资，非国有部门的投资是可持续的，因为资本过剩部门会流向资本短缺部门。在民间融资得不到发展而国家银行又不给予有效支持的情况下，需要资金的非国有部门无从发展；而资本过剩的部门没有投资空间，因而到处盲流，大肆炒作一切可以炒作的物品，包括房地产。

社会改革方面的情况更不容乐观。21 世纪初，随着社会问题的凸显，政府开始把社会改革和社会政策提高到改革的议事日程上来。社会保障、医疗卫生和教育等方面都是政府要改革的。社会改革方面的政策话语早已经在台面上，包括“全面小康社会”与“和谐社会”。那么，事实上怎样呢？不能说政府不作为，在所有这些方面，政府已经尽力；但是从社会的满意度来说，到目前为止的改革是远远不够的。既得利益要么阻碍改革，要么改变改革的方向，要么挟改革以图私利。因此，改革所取得的成效远远弥补不了经济发展对这些社会领域的破坏程度。

“权力资本”驱动经济发展

令人费解的是，既然经济和社会等方面没有实质性的改革，那么中国这些年的发展为什么反而是在加速呢？无论是 1997 年亚洲金融危机还是 2008 年席卷全球的金融危机，并没有对中国的经济产生很大的负面影响，相反，中国似乎从危机中找到了发展的动力。的确，为了应付危机，中国政府出台了很多非常有效的政策举措，但应当说明的是，这些政策举措并不是改革。或者说，近年来，中国的高度经济发展并非通过实质性的经济改革而达成。概括地说，高速的经济发展是 GDP 主义指导下，依靠由国家经济和金融部门来发动的“开放式的经济动员”取得的。这是一种完完全全的利益驱动的发展，依靠的是官员和企业家的逐利本能（basic instinct）。单纯以经济增长为目的的发展策略，使得权力与资本结成实际联盟，形成一种不可抗拒的“权力资本”。不分领域，不管是经济领域还是社会领域，哪里能够赢利且没有强大的抵抗，权力资本就流向哪里。

除了促成经济的飞速增长，权力资本还直接主导了“社会改革”，导致了严重的社会后果。即使在资本主义国家，像医疗、社会保障、教育和房地产等具有高度社会性的领域，不仅国家对投资具有非常严格的控制和限制，而且这些领域也是国家投入最多的领域。很可惜，在中国，这些领域都在不同时期成为国家代理人和投资者分享利益的暴富领域。

首先，这些领域“改革”的动力，很大程度上来自于国家应付危机的“强制市场化”。一旦经济出现困难或者遇到危机，国家都是以牺牲这些社会领域来保 GDP 增长的。

其次，各级政府尤其是地方政府，为了保 GDP，不仅不阻止资本在社会领域到处乱闯（资本无限制地进入社会领域），而且自身也加入这个行列并经常成为主角。如在住房领域，地方政府只有扩张房地产市场的动力，而对于改革的另一面，保障性住房制度，明显缺乏兴趣。

最后，正如垄断央企在国企改革中坚如磐石的垄断地位，国家工作人员的福利体系也俨然成为“市场化”的社会领域改革的禁脔。最有权势的阶层不需要承受市场化之痛，反对市场化的声音当然也就有限。当前的中国，在经济领域市场化不足的同时，社会领域已经过度市场化。虽然价格“双轨制”已然消失，但以行政垄断和福利特权为标志的另类“双轨制”，在社会、经济两个领域仍然并行无碍。

经济发展以社会断裂为代价

正是在这样一种发展模式的主导下，中国在经济取得高速发展的同时，社会的解体也在加速。高速的经济发展是以社会的解体为代价的。社会解体表现在各个方面，但最显著的表现是近十年来增长的社会暴力，尤其是个体化的社会暴力。暴力发生在社会和政府之间、社会和资本之间、社会与社会之间。这些角色之间的暴力已经充斥媒体。这里有两点特别值得注意。

第一，分散化的地方资本或者政府的暴力已经导致了社会个体化的暴力。中央政府政令与地方政府各个方面行为的冲突与脱节现象越来越严重。在中央三令五申地强调和谐社会的同时，地方政府制造着无穷的矛盾和冲突。当地方政府和资本结合在一起的时候，要么导致地方权力的极权，要么就导致资本的极权。同时，以稳定为名义的社会控制，导致社会集体行为在很多场合变得不可能，社会个体就诉诸个体暴力来对抗地方权力或者资本。

第二，更为严重的是，在暴力背后隐藏着社会对政府和资本的深度的不信任。政府部门生活在权力的城堡里面免受市场力量的冲击，资本有赖于自身财富或者“权力资本”，可以从容应付市场，而普通老百姓面对无情的市场力量则无可逃遁。这种分配格局有悖于基本的公平正义原则。社会和政府、资本之间的不信任度加剧，社会的暴力程度也随之加剧。当社会失去对政府的信任的时候，政府治理失效也就很容易理解了。无论政府做什么，都不能赢得社会的认同。当然，社会的不信任也是政府的政策失效的其中一个主要原因。值得注意的是，当社会暴力足以威胁公共安全和社会稳定的时候，中产阶级（其中很大一部分是民营企业家）已经开始逃离本土，用各种方式移民到被认为比较安全的社会。更令人担忧的是，当政府不能减少或者消解产生暴力的深层次问题时，只能强化暴力工具来强行控制暴力。这就很容易走上以暴制暴的道路。

很显然，发展并非一定要通过改革，但只有通过改革而获得的发展，才是积极的发展，才是既有利于社会稳定，又在经济上也是可持续的发展。西方的发展经验也是这样。早期马克思和狄更斯所描述的资本主义发展也是非常高速的，但其对社会的破坏导致了长久不息的工人阶级运动。只有后来通过政治和社会改革，西方才实现了有利于社会稳定的发展。从原始资本主义（市场经济）到后来的福利或者人性化资本主义（市场经济），不是资本和市场本身逻辑发展的结果，而是政治和社会改革的结果。改革的结果就是社会得以保护，市场得以进一步深化，社会发展与经济增长实现双赢。

很显然，如果不能脱离这种恶性循环，中国各方面的局势就会变得越来越严峻。好几年前，政府已经提出了“什么样的发展”的问题。这个问题提得很好，没有人会怀疑进一步改革的重要性。中国目前的局势就是因为不改革或者改革不足造成的。没有改革，既得利益集团就会继续凭借其本能以破坏社会的方式来求得经济的增长；没有改革，社会也会继续感到无力和无助，继续其各种具有破坏性的抗争。这种局势表明，在改革开放30多年后的今天，改革已经变得越来越迫切。不改革，没有任何出路。

原刊于《联合早报》2010年8月3日

第三部分

收入分配和社会正义

收入不平等是革命的前奏

全球化和技术进步加速着世界的变化，而变化总是给社会带来巨大的不确定性。如果一个社会既能获取变动所带来的红利，又能消化变动所带来的负面效应，那变动便是进步的；如果一个社会有能力获取变动所带来的红利，却不能消化变动所带来的负面效应，那这个社会就会充满风险；如果一个社会既不能获取变动所带来的红利，又不能规避变动所带来的负面影响，那这个社会就处于险境中了。

从当今世界各国的现状来看，大部分国家似乎都面临着后两种情形。在极端的收入分配差异和社会分化方面，情况尤为突出。尽管一个社会很难实现完全平等，但如果缺失基本的社会平等和公平，那这个社会就会很难治理。历史上，高度分化的社会往往会引发生动荡甚至革命。无怪乎，今天为数不少的人越来越担心是否革命将再次来临。

这种担忧并非杞人忧天。最近，专注于收集收入和财富分配数据、分析世界不平等现象趋势的世界不平等实验室（The World Inequality Lab）发布了一份题为《世界不平等报告 2018》的报告。

包括法国学者皮凯蒂(Thomas Piketty)等诸多著名学者在内的研究团队发现,1980 年至 2016 年间,收入前 1%的人掌握了北美(美国和加拿大)和西欧实际收入总额的 28%,而收入后 50%的人只得到其中的 9%。

北美比西欧的不平等情况更为严重,更为糟糕。在西欧,收入前 1%的人掌握的收入增量与收入后 51%的人相当;而在北美,收入前 1%的人掌握的收入增量与收入后 88%的人相当。

报告还发现,尽管收入差异扩大是一个世界性大趋势,但各地区和国家之间有差异。自 20 世纪 80 年代以来,收入不平等程度在北美和亚洲迅速攀升,在欧洲适度上升,在中东、撒哈拉以南非洲地区和巴西则稳定在极高水平。二战前,西方各国收入前 1%人群的收入占比相对较低,但二战以来,收入前 1%人群的收入占比在英语国家开始大大增加,尤其是在美国;而在法国、德国和意大利等西欧国家,几乎没有什么变化。

不难看出,收入差异恶化最严重的,是那些实行新自由主义经济政策的国家。东亚经济体早期在取得经济高速增长的同时,也实现了收入差异的最小化,成为实现社会公平的世界典范。但 20 世纪 90 年代末以来,这些经济体也以不同形式引入新自由主义经济政策,收入差异快速扩大。

联合国的一份关于美国的考察报告也带来了同样糟糕的消息。该组织的赤贫和人权问题报告员到美国各州考察,发现平均每八个美国人中就至少有一个人生活处于贫困,而处于贫困中的近半数深陷赤贫,绝大部分无法摆脱困境。美国官方数据显示,14%的美国人生活在贫困中,而这份考察报告则认为 20%更接近现实情况。

这里还有一个就业“假象”问题。尽管美国的失业率不高，但就业并不意味着脱离贫穷。以沃尔玛超市员工为例，一般工人单靠一份全职工作无法生存，还必须依赖政府发放的票证来维持生活。今天的美国，出生于贫困家庭的孩子，几乎没有任何机会摆脱贫困，穷人家的孩子缺乏或根本就无法吃上有助发育的营养食品，难以获得基本的卫生保障和教育机会。

政策恶化不平等

同样严峻的是，尽管不平等是由诸多历史和现实的因素造成的，但很多国家采取的政策不仅没有缓解、反而恶化了不平等。以美国为例，奥巴马当选总统之后开始采取具有社会主义性质的政策，在医疗改革等方面向穷人倾斜，但特朗普上台之后，马上中止了奥巴马的政策。不仅如此，特朗普推出新的税收改革，大幅度削减企业税率。普遍估计，这一税改会导致社会福利和医疗津贴等政策的削减，结果会使得贫困与不平等问题变得更加尖锐。

实际上，很多年来，不平等问题一直是西方社会讨论的热点。从这些年围绕着皮凯蒂所著的《21世纪资本论》(*Capital in the Twenty-First Century*)一书所展开的激烈争论，就可见一斑。西方学者普遍认为，巨大的收入差异和社会分化，已经开始威胁到西方民主政治。因为贫困使得穷人越来越边缘化，他们的声音没有机会让人听到，因而无法影响公共政策。

西方传统上是少数人的精英民主，民主意味着少数人的政治参与。但在大众民主时代，所有民众都可以参与政治。不过，前提是需要普及大众教育，人们能够理性地获取信息，理性地分析信息，理性地做出选择。贫困者不见得不能参与，但贫困的确影响人们理性地参与政治。贫困状态下的参与，经常导致人们不想看到的结局。这种情况已经发生，最典型的例子就是英国举行脱欧公投，公投的结果既不是反对公投的中产阶层所想看到的，也不是很多支持公投的人所想看到的。

西方发达国家如此，广大的发展中国家也是如此。以中国为例，收入分配差异问题实际上已经非常严峻，以至于对这个问题的讨论越来越具有敏感性。仅如此之小的中产阶层规模，就可以从侧面反映出巨大的收入差异。

在东亚，日本和亚洲"四小龙"经济体（韩国、新加坡、中国香港和台湾）在经济起飞后的20多年间，培养出一个庞大的中产阶层。中国的经济增长在过去近40年里甚至高于这些经济体，但中产阶层规模仍然非常小。在西方看来，中国正在变成一个消费社会，但这只是基于中国中产阶层的绝对人数多这一事实而得出的结论。在中国社会内部，高消费社会群体占人口的比率非常小。

和西方一样，经济结构和技术的变化也使得收入差异急剧拉大。尽管服务业的快速发展缓解了就业压力，但服务业的很多从业人员至多维持在基本的生存水平。快递、出租车、保安、房地产建筑和其他服务业领域的大量从业人员，能维持生存就已属不易了，根本不会有条件跻身中产阶级。以快递业为例，几乎所有快递公司都是以拼命压低快递人员的工资来获取高额利润。资本方的获利水平和普通快递人员的工资差异巨大。

面对既得利益集团的挑战

为什么收入差异问题很难得到有效的改善？一般认为，这主要是因为既得利益集团的形成。在既得利益集团牢不可破的情况下，富者越富，贫者越贫。这其实是美国经济学家奥尔逊（Mancur Olson）的命题。奥尔逊在《国家的兴衰》（*The Rise and Decline of Nations*）一书中，深入探讨了既得利益集团和经济增长之间的关系。尽管奥尔逊探讨的是经济增长问题，但他的理论对解释收入差异扩大问题也是有效的。

奥尔逊认为，一个长期稳定的社会必然形成既得利益集团，而既得利益集团是分利集团，他们会置其他群体的利益于不顾，追求自身利益的最大化。每一个既得利益集团都会致力于分到最大的一块经济“大饼”，把发展转变为分配，从而阻碍经济增长。奥尔逊进一步观察到，一个社会经历战争或动乱后，经济增长会比较快，因为战争和动乱会削弱既得利益集团。

收入分配方面何尝不是这样呢？既得利益集团往往就是“自我服务”集团。无论是在经济发展还是在二次分配政策上，既得利益群体制定政策都是以自我利益最大化为目标。他们的政策尽管也会在一定程度上使穷人受惠，但大部分利益会流向既得利益群体自身，从而加大收入差异。

从历史角度来看，似乎并不存在有效解决巨大收入差异问题的方法。不过，一个高度分化的社会是很难维持下去的，也就是说，这个问题必须解决。历史上有效地解决收入差异问题的方法往往是灾难，包括战争、革命、瘟疫和饥荒，虽然这是人们不希望看到的。

瘟疫和饥荒是自然灾害，而战争与革命则是人为的。其实，战争和革命往往是一个事物的两面。统治者往往为了转嫁内部矛盾而引发国家间的战争。例如，一战和二战都与西方国家内部矛盾有关。尽管当今时代不同了，但战争的风险仍然存在。

这些年来，地缘政治在快速变动，并且与各国（尤其是大国）内部经济形势密切相关。全球化在西方遇到了前所未有的挑战，各国开始搞贸易保护主义。尤其在美国，民粹主义、贸易保护主义、经济民族主义急剧上升，并把责任推到其他国家（尤其是中国）身上。不排除在内部矛盾尖锐时，一些国家会选择军事方面的冒险。

减缓收入差异和社会分化的方法

就革命来说，历史上出现过三种，对缩小收入差异、增进社会公平发生过重大作用。

第一种，西欧式的社会主义革命。这是一种从原始资本主义过渡到福利资本主义的“革命”。原始资本主义制度下的高度剥削，引发了社会主义运动的兴起。为了资本主义的正常运作，西方国家进行了“自我革命”，通过税收政策进行二次分配，建立了福利社会。从原始资本主义到福利社会，可以说是人类历史上迄今为止的一次最伟大的转型。如果这种福利社会是可持续的，那么社会就能稳定下去。今天欧洲福利社会所面临的最严峻的挑战在于其不可持续性。

第二种，苏联式的暴力革命。暴力革命用最直接的方法消灭了既得利益，实现所有人财物的重新分配，从而大大减少了社会的不平等。不过，很显然，暴力革命会付出巨大的生命代价。

第三种，日本和亚洲“四小龙”经济体的社会革命。这些经济体一方面接受了资本主义来促进经济发展，另一方面接受前面两种革命的教训，政府主动进行社会建设，既避免了苏联式的暴力革命，也避免了欧洲式的社会主义运动。它们都在经济起飞后的30年时间内，培养了一个庞大的中产阶层，实现了社会公平的目的。

今天，很多国家再次面临极端的收入差异和社会分化，都在寻找解决问题的方法。前面所说的美国特朗普政府的减税方法，尽管其意图是为了刺激经济发展，但就解决收入差异问题来说，并不被看好。欧洲也在寻找方法，在一些北欧国家，不管人们工作与否，都能得到一份工资。这种方法可以说是传统福利方法的延伸版。中国则在通过精准扶贫，消灭农村和城市的绝对贫困人口。不管使用何种方法，如果不能守住穷人生活最低线，那“革命”就会出现。

不过，也很容易看出，美国和欧洲的所有这些改革都不是系统性的社会变革，不足以防止社会主义革命的爆发。既得利益者主导下的所有改革，其核心仍然是使既得利益者获益，而非普罗大众。无论是美国还是欧洲，只要既得利益者依然是在巩固自己的城堡，那穷人增加的趋势就不可逆转。

此外，今天的穷人也往往是受过教育的群体，并且拥有包括社交媒体在内的有效武器。任何内外部的因素都很容易触发革命的发生。以前西方国家在非西方国家推行“颜色革命”，但现在“颜色革命”已经引向西方自身。可以确定的是，如果各国的既得利益集团没有“自我革命”的勇气，那不同形式的革命可能就会不可避免。

原刊于《联合早报》2018年1月2日

中国的公平经济学

贫穷会导致社会政治的不稳甚至大动荡，这大概是古今中外经济发展的一个定律。尽管世界历史已经发展到 21 世纪，但贫穷问题还一直困扰着多数发展中社会，不管是民主社会还是威权主义社会，都在不同程度上存在着贫穷问题。在一些地区，贫穷不仅导致政局不稳，而且也给很多恐怖组织的政治动员提供了社会基础。当社会的多数处于贫穷状态的时候，社会成员很容易被激进力量所动员，参加暴力性集体行为。恐怖主义只是一种极端罢了。这也是多年来联合国等国际组织大力呼吁各国政府加大力度消除贫困的其中一个原因。

在中国历史上，因为贫穷而导致社会动荡和政权更替的例子比比皆是。历次农民起义不管起因有多么复杂，大多和贫穷有关。贫穷导致农民揭竿而起，杀富济贫。而农民起义后建立的新政权又不能消除贫穷，一旦贫穷积累到一定程度，又走向另一次起义。一部中国史是一部农民起义史，更是一部与贫穷斗争的历史。

中国面临收入极端不均的挑战

中国现在所面临的问题也和贫穷分不开。当然问题不再是社会的全面贫穷，而是收入分配的严重不平等和不公平。不管如何计算，中国是当今世界上少数几个基尼系数最高的国家之一。解决收入分配不公平，自20世纪90年代后期以来，已经倡导很多年，但情况并不见好转。虽然政府花费了大量的精力来扶贫，但旧的贫穷人口消除了，又出现了大量新的贫穷人口。点点滴滴的扶贫方法看来已经不能有效对付社会贫穷问题了。社会上“杀富济贫”的口号也开始呼之欲出。如果再不能有效解决社会贫穷问题，社会的稳定性就会成为一个政治大问题。实际上，近年来针对富人的社会暴力事件的增多，从一个侧面说明了问题的严重性。

如何解决贫穷及随之而来的社会不稳定问题，这是历来领导人所面临的头等大事。在改革开放前，中国实行的是人人贫穷加之全能主义式的政治控制。中国历史有“不患寡而患不均”的传统，人人处于一种贫穷状态，也就保证了政治社会的基本稳定。

今天因为收入分配的极端不均，有些人开始怀念毛泽东时代。可以确信地说，很少有人真的怀念一个人人贫穷的社会，人们怀念的只是毛泽东要建立一个公平社会的理想。经过30多年改革开放的中国人，既不想回到一个人人贫穷的社会，也不想重复穷人对富人的革命。很自然，问题就在于如何保持已经取得的经济成果并继续进步的同时，又能保证恶性革命不发生。

政府的政策就变成了决定性的因素。邓小平当年为了摆脱中国人人贫穷的社会状态，毅然制定了“让一部分人、一部分地区先富裕起来”的政策，并且在政治上采取不争论的方法，克服重重政治阻力，成功地把市场经济引入中国的经济制度，并且实行开放政策，从制度层面为中国的经济创造了增长的动力。

但是随着时间的推移，人们发现市场制度在推动经济发展的同时并不能解决所有问题。在一些人变成市场原教旨主义、市场万能主义者的时候，更多的人看到了毫无约束的市场制度在加速分化着中国社会，摧毁着中国社会赖以生存的一些基本组织细胞。

协调的发展才可持续

在此情况下，中共十六大提出了全面建设“小康社会”的理念，这也是邓小平“共同富裕”思想的体现，就是说，不仅要讲经济发展，而且要讲公平。为了扭转盲目追求经济增长的局面，中共十六大也提出了科学发展观，期望各个方面比较平衡和协调地发展。因为只有协调的发展才是可持续的发展。其后通过的五年规划可以说是科学发展观在政策层面的进一步细化，在强调继承邓小平“发展是硬道理”的同时，帮助多数人民摆脱贫穷状态。公平经济学的基本原理在于：平均主义固然阻碍经济的发展，但巨大的贫富差异导致社会的分化和政治的不稳定，同样也阻碍经济的发展；经济的可持续发展就取决于公平与效率能否达到均衡状态。

新的科学发展观、新的人本主义的发展意识形态已经确立，政策也已经逐渐明朗，并得到全社会的高度认同。但如何切实落实这些政策则是个相当大的政治问题。很清楚，所有这些政策动议都是自上而下制定的，要真正落实到中国社会的各个层面，还有很长的一段距离。可以预见，与“让一部分人、一部分地区先富起来”的政策相比，建立公平社会的政策会遇到巨大的社会既得利益的阻碍。如何从制度改革入手，把这些理念的东西转化成为制度性因素，还需要更多更大的努力。一句话，如何把一个“以钱为本”的资本社会转化到“以人为本”的人本社会，并非一朝一夕所能成就的。

原刊于《信报》2005 年 10 月 18 日

为什么中国的收入分配得不到有效改善

收入分配的不公平已经成为中国社会所面临的最严峻的问题。从各国的发展经验来看，经济高速发展过程中的早期收入分配差异的拉大不可避免，但像中国这样的情形却较为少见。尽管缩小收入差异一直是近年来中国政府所努力的，但没有迹象表明情况有所改善，相反，越来越多的证据指向收入分配状况在持续恶化。也有经济学家认为，进一步的经济发展会改善收入分配的情况。但没有任何理由相信，在没有有效的政府政策实施的情况下，经济发展会导向收入分配状况的自动改善。

收入分配不公导致社会高度分化，如果不能加以有效纠正，社会政治的稳定就会成为大问题。实际上，由收入分配不公所导致的一系列社会政治问题近年来一直困扰着政府。这一问题已经超越其他所有一切因素，成为中国社会、政治和经济之间矛盾之最主要的源头。从中国政府近来所实施的一些改革举措来看，解决收入分配不公问题也已经成为各项改革的核心。

一次分配出了大问题

改革不可避免，但有效的改革并非容易。这些年来，不能说政府没有作足够的努力，为了改变收入差异，政府已经推出了很多政策。但各项政策往往是期望高，实际效果不佳。这至少说明了必须对以往的改革思路加以反思。

从20世纪90年代以来，改变收入分配差异的重点一直放在二次收入分配上。中央政府进行了以分税制为主体的税制改革，有效集中国家税收资源，以便把更多的资源分配到经济发展落后地区，或者分配到社会弱势群体。从90年代末期以来的西部大开发、振兴东北，到后来的中部崛起和建设社会主义新农村，都可以说是这一政策的体现。这一政策也体现在诸如扶贫和建立社会低保政策等举措中。

没有人会否认二次分配的重要性。问题不仅在于二次分配政策的力度尤其是执行力度不够，而且还在于光是二次分配不足以有效解决收入分配问题。从现实情况看，至少有两大因素在严重制约着中国政府改变收入分配的努力。

首先是一次分配制度的缺陷。如果一次分配出了大问题，那么二次分配再怎样努力也会无济于事。要有效实现分配的公正性，首先必须从一次分配入手。在这方面，至少有两大不利因素。一是一次分配制度没有法制上的保障。中国尽管有最低工资制度，但这一制度名存实亡，并且最低工资制度在多数情况下只针对城市居民。要意识到，几乎在所有的中国城市，低收入的工作大多是由从农村转移到城市的农民工从事的。中国有一亿多流动人口，表明至少这部分人口的最低工资是没有得到任何法律保障的。尽管中央政府三令五申地呼吁要保护农民工的利益，但在各级政府和资本利益（无论是外资还是民族资本都一样）一体的情况下，法律和政策形同虚设。

二是结构性的经济垄断。经济垄断对城市不同社会群体的收入分配差异影响最大。在“抓大放小”中的“抓大”策略影响下，中国形成了一些巨大无比的国有企业。这些国有企业也往往是垄断企业，如电力、铁路、电信、银行、证券、保险、烟草和石油等。尽管不同行业的收入不可能平等，但收入差异过大现象主要是通过垄断行业造成的。例如，一个只受过初等教育的抄电表工的收入可以大大超过一个在另一行业工作的、接受过高等教育的专业人士。越是垄断性的企业，工资管理越是失控。这是一个结构性的问题，只要这个结构存在，不仅改善收入分配情况没有任何希望，而且也将导致国有资产的严重流失。

公共服务没有改变分配不公

另一个有效制约收入分配状况得到改善的重要因素是政府提供公共服务的方式。提供公共服务应当说是有效改善收入分配情况的手段之一，也是政府二次分配的主要内容。一般来说，穷人对公共服务的要求甚于富人，或者说富人较之穷人往往不依赖于公共服务，因为富人可以用钱购买这种公共服务的替代服务，甚至是更好的服务。公共交通、基本教育和医疗是公共服务的主要表现形式。

这些年来，政府在提供公共服务方面作了不少努力，从发展型政府向服务型政府转型更是近年来政府改革的目标。但现有的公共服务显然没有对改变收入分配不公产生举足轻重的影响。为什么？首先是公共服务的不足，甚至缺失。提供公共服务对中国各级政府来说还是一个新的概念，一种新的实践。公共服务的核心就是“以人为本”。政府如果“以钱为本”，那么就难以提供真正的公共服务。更为严重的是，现在所提供的公共服务大多是向有钱人群倾斜的。无论是教育、医疗还是公共交通，都为富人提供了方便，而给穷人设置了种种障碍。尽管所有这些领域的各项基础设施已有大大发展，但不少穷人却到了不敢出门、不敢看病、上不起学的地步。教育的产业化把无数穷人的孩子排挤出校门之外；医疗改革导致很多人选择死亡；城市交通改革为个人汽车提供方便，公交服务难以得到改善。公共服务的提供向富人倾斜，主要是因为富人有各种渠道去影响甚至收买政府的政策，而穷人则没有任何方式把自己的利益表达于政策之中。

很显然，任何头痛医头、脚痛医脚的政策举措都已经证明不能有效改变收入不公的状况。要达到收入分配正义，所需要的不仅是一个能够保证基本社会正义的政治体系，而且还要有一个能够提供基本社会正义的经济体系。而在这两方面，中国目前的制度都还有很大的差距。如何深化经济和政治的改革并通过深化改革来达致分配正义，乃是政府今后相当长时期里的要务。

原刊于《联合早报》2006 年 8 月 29 日

中国社会的利益博弈要求社会正义

毫无疑问，中国已经成为一个典型的利益分化社会。中国的改革从改革利益分配开始。这典型地体现在邓小平当时所说的“让一部分人先富起来”的政策导向上。以利益驱动改革，以改革来推进利益，这个改革策略非常成功。在不长的历史时间里，中国社会完全变了样。

但是现在的社会显然并不是人们早先所期望的一个“共同富裕”的“小康”或者“全面小康”社会，更不是“和谐社会”。方方面面的利益分化到了一个极端，社会进入了一些学者所说的“利益博弈”社会。但严格说来，中国社会更似“利益瓜分”，而非“利益博弈”。如果是利益博弈的话，那么就要有规则，而规则必须具有一定的公平性。没有一定的公平性，没有人会参与博弈。相比之下，当下的社会带有强烈的弱肉强食的味道，缺乏规则。如果说有博弈，也只有在强者之间进行，在财富、资本和权力之间进行，大多数人被排除在外。所谓的博弈只是对多数人利益的瓜分，权势者之间博弈竞争越激烈，人民的利益越是受到侵害。

政府制定博弈规则的功能衰退

为什么会产生这种谁也不想看到的情形？用学术的语言来说，这是中国改革的路径决定的。一句话，利益驱动的改革下产生了诸多既得利益，这些既得利益既是改革的主体，也是利益竞争规则制定的主体。

这就为人们提出了一个政府角色的问题。在任何现代国家，利益博弈都会有众多的参与者，但政府始终是利益博弈规则的最主要的制定者。在民主国家，政府作为利益博弈规则的制定者的角色越来越重要。尽管这个角色并不代表政府可以忽视各种社会利益，尤其是主要利益集团的利益，但政府并非一些利益集团的代言人。如果政府不能代表大多数人的利益，就会缺少合法性。

相比之下，中国政府在制定利益博弈规则方面的功能，很长时间以来一直有衰退下降之势。中国的改革从计划经济而来，在计划经济时代，政府既是政治角色，又是经济角色。改革以来，各级政府又担负着推动发展经济的角色。这就使得政府的经济和政治角色之间的关系复杂化。经济改革产生了众多的既得利益者，而各级政府又往往和既得利益有着千丝万缕的联系。一些官员纷纷参与现有既得利益集团利益分配的过程。在这样的情况下，政府要么是在制定规则上不力，要么就是放弃了对规则的制定。

近些年社会所讨论的“特殊利益集团”就是其中一种情况。所谓的“特殊利益”不光是指社会经济利益，而且也包括政治利益。这些利益集团自行制定规则，瓜分社会利益。它们之间互相竞争利益已经司空见惯，令人担忧的是，这些集团开始不理会国家权力，甚至挑战国家权力。

这些利益集团之间的利益之争本来就毫无公平的含义，它们更对政府和人民之间的“契约关系”产生了非常负面的影响。中国不是一个契约社会，但政府和人民之间有一种隐性的契约关系：政府保障基本社会正义和公平，而人民则接受政府的管治。但现在这些利益集团既破坏社会公平，又瓜分政府制定规则的权力。正是在这个意义上，利益集团对执政党的执政能力构成了严重的挑战。

整治“寡头”与社会正义

如果政府不能重构其规则制定权来协调利益分配，那么社会不公的恶化是不难预见的。俄罗斯的经验应当得到重视。俄罗斯的恶性私有化导致了国家的“寡头政治”和“寡头经济”。各方面的“寡头”或者挟持政府，或者置政府于一边，自行制定利益瓜分规则，以“民主”或者“市场”的名义向社会掠夺利益，损害人民和国家的利益。这种情况使得普京政权痛下决心，下大力气整治这些“寡头”。尽管很难说普京政权已经取得了完全的成功，但普京政权能够得到人民广泛的支持，与其整治“寡头”是分不开的。对大多数人来说，整治“寡头”是实现社会正义的重要一步。实际上，这种情况在民国时期的中国也发生过，蒋介石并非不想整治当时威胁政权的利益集团，但是政权深陷其中，整治无力，以失败告终。

中国的特殊利益集团既害怕民主，又要以市场的名义来论证其利益瓜分的合理性。害怕民主，是因为他们不想让人民来制约他们的行为，分享他们的利益；以市场的名义，是因为他们要抵御政府来干预。每当政府有些动作，总会有代言人出来替市场辩护。

毋庸置疑，各种利益集团也是和谐社会建设的一个主要阻力源。如果利益集团继续制定博弈规则，瓜分社会，和谐社会从何而来？和谐社会并不是说社会没有特定利益，而是说政府拥有利益博弈规则。任何利益集团所代表的只是很少一部分人的利益，只有政府才能超越特定利益，代表多数人的利益，从而提供社会公平。

在任何现代国家，政治的、经济的和社会的体制，如果要稳定和持续发展，都必须表达基本社会正义。在中国社会，利益的博弈不可避免，也是社会发展的必然结果。但利益博弈必须包含有社会公平和正义原则。如何重新建构政府的规则制定能力？制定什么样的博弈规则？如何来制定？这些问题考验着中国社会，因为这些问题的答案决定了中国社会和政治的发展方向。

原刊于《联合早报》2006 年 12 月 5 日

必须限制特权

特权阶层存在于每一个社会和每一种政治制度。受其历史文化和现实政治的影响，每一个社会对特权阶层都有不同的定义和看法。在中国，特权阶层往往指那些能够通过公权力（政治权力和行政权力），个体地或者集体地，为自己、自己的家庭以及和自己相关的人，获得与其所掌握的权力不相配的利益的那些人。掌握公权力的社会群体包括高级公务员、现任政治人物、离退休政治人物，及其他可以用各种方式享受权力资源的群体。

改革开放以来，因为市场经济的引入，特权阶层又要加上掌握巨大资本的群体，无论是国有企业的还是非国有企业的。在市场经济条件下，资本本来不是特权，但在中国的政治环境中，资本要么属于国家（公权力），要么和公权力密切相关。也就是说，无论是资本的获得还是运作，都和公权力相关。在这样的条件下，掌握资本的群体，在很大程度上可以掌握被资本影响的社会群体的命运。资本特权群体很重要，但不在这里讨论的范围。这里聚焦于前一个群体。

在中国，并不难发现，掌握公权力的群体可以获得超越其权力职位的好处。因为他们是掌权者，他们可以自行决定从国家获取哪些好处，获得多少好处。公务员系统比较复杂，有区域差别（东西部的差别、发达和不发达地区的差别），也有等级差别（中央、省、地区和县市等）。但不管如何，级别是最重要的。不管在哪里，只要到了一定的级别，拥有了权力资源，他们便可以追求特权。

尽管较之其他同等经济发展水平的国家，中国高级公务员的名义薪水并不高，但这个群体在众多的领域享受着种种好处。他们有方方面面的福利，包括政府住房、政府部门特殊的社会保障、医疗卫生、公车等。即使在薪水增加方面，这个群体也几乎可以自主决定。正因为这个群体所享受的特权，这些年来，公务员已经成为社会精英最向往的职业。实际上，没有一个国家像中国那样，有那么多的人争当公务员。

另外一个群体，即领导群体或者高级干部（包括离退休老干部），则享受着更难以说清楚的特权。他们甚至包括他们的家庭，基本上无须通过市场交易来维持生活，因为他们所掌握的公权力，可以保证他们生活的各种所需。钞票对他们来说几乎没有意义。因为对这个群体所享受的特权暂时没有制度规定，他们能够与时俱进，随着社会经济的发展，享受各种新生的特权。

特权制度的负面影响

特权制度对中国社会的方方面面产生着非常负面的影响，至少可以从如下几个方面来讨论。

第一，特权政治已经形成了“城堡政治”，使得执政党及其政府官员和社会严重脱节。尽管中国的市场经济已经发展30多年了，但公务员领域俨然实行计划经济模式，一定层级以上的官员仍然生活在计划经济的城堡里面。这使得他们很难了解城堡之外(即生活在市场领域)民众的实际生活。中国在社会政策领域包括医疗卫生、房地产、食品药品监管等方面改革不力,和这种城堡政治密切相关。很显然,如果掌权者也必须在市场上购买住房、医疗服务、食品药物等,他们必然尽最大的努力去改革,因为他们可以从改革中获得好处。现在的情形是,因为他们无须通过市场而生存,因而不仅没有动力去做改革的努力,反而成为改革的阻力,因为改革会负面地影响到他们所享受的特权。城堡政治使得执政党的合法性快速流失。这是特权的政治代价。

第二,特权具有巨大的财政代价。特权阶层毫不吝啬地消耗甚至浪费着有限的社会财政资源。在维持特权阶层的供给方面,政府财政面临着越来越沉重的负担,主要有几个原因。首先是公务员队伍越来越大。尽管改革开放以来,中国已经进行了数次行政体制改革,但政府规模不仅没有减少,反而一直在扩大。随着向服务型政府转型,政府规模的扩大不可避免。其次,离退休干部的规模在急剧扩大。中国领导体制改革,确立了限任制和年龄限制等一些新制度,有效加速了领导层的更新,但同时也在增加着国家的财政负担。离退休高级干部尤其是领导层的群体在急剧增加,而且因为医疗卫生等条件的改善,他们的寿命也在增加。再次,特权制度从来没有明显改革过,特权的种类一直在增加。显然,如果不再加以改革,特权最终必然会成为加深财政危机的一个重要根源。

第三,特权也包含着巨大的社会代价,即造就了社会的越来越不公平。人们可以从三个层面来看这个问题。首先,这些特权群体实际上是有钱的阶层,但现在的制度并不要求他们掏自己的腰包来向市场购买服务。进而，很多特权者即使不需要某种服务（如药品），也往往会根据规定变相地享受这种服务（如把感冒药换成其他的营养药品），从而造成严重的浪费。而真正需要这些服务的公众，尤其是穷人阶层，所得到的资源越来越少。其次，特权造成了社会机会的不公平。在所有国家，社会服务均等化的其中一个社会目标，就是要保障给予社会成员差不多的起点。如果特权阶层享受和消耗掉了大部分公共服务，不仅面对社会大众的公共服务水平很难提高，而且社会机会会变得更不公平。实际上，一些研究已经表明，中国每一年新投入的公共服务费用（主要是社会保障和医疗卫生）的绝大部分，被政府内部的特权阶层所消耗掉了。其三，社会代价也表现在特权所导致的社会高度封闭性，就是前面所说的城堡政治。城堡政治使得中国社会的流动性越来越小，呈现出固态趋势。

财政和政治的双重危机

怎么办？特权制度必须得到改革。中国可以学习其他国家的很多有效经验，因为大多数国家也经历过类似的阶段。那么如何改革？

首先必须对特权有一个现实的认识。从经验上看，特权可以加以限制，但很难甚至不可能被彻底消灭。把特权限制到一个合理的水平应当是改革目标。共产主义从理论上是要彻底消灭特权的，但在实际中却创造出明显的特权阶层。这不仅仅发生在中国，也发生在苏联和东欧所有前社会主义国家。即使到今天，在中国的文化环境中，虽人人痛恨特权，但又都向往特权。试图彻底废除特权的革命性和理想化的反特权方式，不会有任何积极的效果，搞不好还会走向反面。

从制度层面来说，有很多制度可以限制特权。首先是社会服务和福利的货币化。无论是对普通公务员还是对领导干部，在大幅减少非货币化的收入或者服务的同时，实行合理的高工资。其次，逐渐拆掉城堡政治。在实行高工资制度的情况下，党政官员必须向市场购买服务，就是说去医院看病要付钱，也要花钱到市场上购房、买食物等。这些制度对执政党来说会有巨大的政治红利，即长期执政。类似的制度可以使得党政官员不脱离社会，了解社会现实；它们也有助于社会对党政官员进行监督，从而可以减少和控制他们的腐败程度。

政府也可以通过开征遗产税、地产税等方式，确立一系列新的制度，以有利于社会的健康发展和长远利益，有利于长远的政治利益。中国的“官二代”“富二代”常常丑态百出，在很短的历史时间里已经出现了“纨绔子弟”的现象。这种现象在清王朝晚期出现过，在欧洲贵族统治时代也出现过。欧洲特权政治最后导致了统治阶级“政治基因”的衰落。因此，现代民族国家产生之后，尤其是民主化来临之后，各国都出现了诸如遗产税那样的制度，其目的就是为了防止特权的代代相传，延续特权群体的长远利益。也就是说，不能这代人是富人，其后很多代人都是富人。富人家族后代仍然有机会变为穷人，重新创业。同时，这样做也改善了社会公平，通过保持社会的流动性，为社会成员创造平等的机会。在亚洲，日本和韩国等也有类似的制度。中国到现在为止还没有类似的制度，如果社会整体不想衰落的话，就必须确立类似的制度。这些制度对社会整体有利，也符合既得利益者的长远利益。

更为重要的是特权的社会化。这是西方社会改革的一项主要内容。为什么一些社会群体需要特权，主要是因为社会资源稀缺，因此需要通过公权力来获取特权。但随着社会经济的发展，有可能建设一个覆盖全社会的社会政策体系，包括社会保障、医疗卫生、公共教育和住房等领域。如果这些领域的社会政策建立起来了，特权就会变得不再那么需要了，因为无论是特权阶层还是社会，都可以依靠社会政策获取公共服务。这是大部分西方社会的经验，尤其在北欧社会，因为有强健的社会政策，即使公务员和政治官员工资不高，政府仍然能够维持非常清廉的水平。在社会政策强健的情况下，谁还需要搞权力寻租呢？这是一场政府和社会的双赢游戏。

中国的情况又如何呢？一方面，特权阶层大量消耗甚至浪费着宝贵的公共资源，使得社会政策的确立非常困难。尽管近十年来，政府在社会政策上做了不少努力，但制度水平仍然极其低下，主要的原因在于没有充足的资源，其中特权阶层又占用了绝大部分。另一方面，由于社会政策不能得到确立，特权阶层仍然需要继续用公权力来获取额外的服务，社会各个非特权阶层所面临的实际困难也越来越大，他们对政府的不满情绪在增强。

很显然，特权制度再不改革，政府和社会之间的关系将会演变成一场双输游戏。一旦财政危机来临，这个制度最终不得不改，但早改要比晚改好。早改不仅可以避免财政危机，也可以避免政治危机；晚改则有可能导致财政和政治的双重危机。

原刊于《联合早报》2013 年 5 月 22 日

社会如何才能变得更公平一些

社会的不公正、不公平已经变成了中国的毒瘤，是所有一切问题的根源。改革开放以来，中国取得了巨大的经济成就，但付出的社会代价也是极其沉重的。海内外已经对中国社会有很多的判断，悲观的人甚至使用社会“断裂”“解体”或者“崩溃”来形容。社会已经发展到哪个地步，不同的人从不同的角度会有不同的判断，但可以确定地说，社会的不公正、不公平已经严重威胁到国人赖以生存的社会秩序的稳定。

那么，一个基本的社会秩序需要什么样的条件呢？最基本的就是，一要有一定的经济发展水平，二要有基本的经济公平。如果没有一定的经济发展水平，人们不能处于温饱的状态，那么社会成员之间就会为了最基本的生存权而互相冲突。而到了温饱以上的水平，经济公平就变得非常重要。在传统中国，法家强调“养民”，而儒家则强调社会公平。法家相信“仓廪实而知礼节”，就是说，必须为社会成员提供一定的经济基础；没有这个经济基础，就不会有稳定的社会秩序及其道德基础。而儒家则相信“不患寡而患不均”，就是说，贫穷并不可怕，可怕的是不均，就是经济公平的缺失。

从历史经验看，法家和儒家的看法都有偏颇，只有把两者结合起来才能反映事物的真实面貌。法家强调经济发展，这是对的，没有经济发展，社会成员处于极度贫穷状态，那么社会就很难成其为社会。大量的经验证据表明，在极度贫穷下，社会产生不了良好的秩序，更不用说良好的道德了。但是仅有经济发展也不行，要看什么性质的经济发展，如果经济发展造成了极度的社会不公平，那么同样会产生社会秩序问题。对此，儒家是对的，没有社会公平的经济发展，就不能造就一个有序的社会。

收入差异在扩大

改革开放以来，尽管中国用短短的30多年时间从一个贫穷国家上升成为世界第二大经济体，但从社会发展的角度来看，也已经并且正在导致严重的社会不公正、不公平。

第一，社会群体之间和不同地区之间的收入高度分化。中国的改革开始于普遍贫穷的社会主义。为了促进社会成员和地方的积极性，改革者的策略是让一部分人、一部分地区先富裕起来。这个策略应当说非常符合人性，它为人们提供了强大的动机来追求财富。可问题在于，一部分人、一部分地区先富裕起来之后，并没有带动其他社会成员和地区也跟着富裕起来。虽然从整体上看，改革开放后大多数人的生活都有了很大的改善，但因为收入差异过大，社会成员并没有因为生活的改善而感到满意。相反，今天出现很多社会问题的根源在于富人和穷人之间的收入差异。中国的基尼系数是世界上最高的少数几个国家之一，并且这种差异还在继续扩大。

第二，中国社会阶层开始由开放向固化转型，就是说从改革早期阶段尤其是20世纪80年代的开放状态转型到封闭状态，或者从包容性发展转型到排他性发展。为什么先富者越来越富，其他人要么富裕不起来，要么趋于贫穷？主要的原因就是社会阶层的固化，人们用很多词来形容这一情况，例如“官二代”和“富二代”。新型的基于经济权力和政治权力之上的“出身论”开始发生作用，就是说，“官”和“富”都可以继承和延续下去。当然，这种延续并非不正常，其他社会也在不同程度上存在这一现象，但如果“官”与“富”这两个领域都被各自的阶层所垄断，不再向其他社会阶层开放，那么就会出现“世袭”性质，体制就会呈现封闭性。实际上，从社会阶层流动性来说，中国已经出现“城堡”现象，也就是社会阶层的固化。为官者、为富者，处在“城堡”之内，而无权、无势者则处在“城堡”之外。“城堡”内外的社会群体之间城墙林立。无论是社会道德的滑坡还是社会群体之间的不信任，都与林立于社会群体间的城墙有很大的关联。

第三，缺少保护社会的机制或者这种机制还不健全。在任何社会，政府最重要的责任就是要建立一整套社会制度，包括社会保障、医疗、教育和住房等，保护每一个社会成员，保障其不至于饿死、病死和冻死的最低水平的同时，给予他们基本的公民权利。今天中国的问题并不在于一部分人、一部分地区先富裕起来了，而在于政府没有保护好另一部分没有富裕起来的人和地区，尤其是社会的弱势群体。

经济结构的失衡是根源

那么如何才能使社会变得公平、公正一些呢？除了继续改革，别无他法。同样重要的问题是，什么样的改革能够促进社会的公平和公正。很多年来，为了促进社会公平，各方面的改革也在进行，但问题常常是越改革，社会越不公正。

一般来说，大多数人都会关注二次分配，希望通过二次分配来达到基本社会公平。这种思路其实非常简单，那就是，只要将以前没有分好的蛋糕分好了，社会就公平了。从各国实践来看，这种简单思路尽管对民众有吸引力，但并不能在很大程度上实现社会公平和公正。这方面，最重要的还是要在一次分配上进行，二次分配只是一个补充，并且，二次分配的方式也极其重要。

一次分配要实现社会公平就要进行经济结构上的改革。在当前，主要是要达成如下几个方面的平衡，即国有企业和民营企业之间的平衡，大型企业和中小型企业之间的平衡，更为重要的是政府与市场之间的平衡。中国的国有企业往往是大型企业，而民营企业是中小型企业。在任何国家，中小型企业的发展都是实现社会公平的最重要的经济手段。凡是中小型企业发达的社会，社会就比较公平；而凡是中小型企业得不到发展的社会，社会就高度分化。

在一次分配方面，中国的经济制度依然存在着严重的缺陷。第一，国有企业和民营企业之间，也就是大型企业和中小型企业之间存在严重的结构性失衡。民营和中小型企业受到国有企业的各种挤压，没有足够的发展空间。第二，劳动者收入占 GPD 的份额还是过低。社会成员的主要收入来自其劳动所得，劳动所得占 GDP 份额过低，表明在分蛋糕时，资方（无论是私人资本还是国家资本，无论是内资还是外资）占据了过多的份额，而劳动者得到的份额过低，因此产生巨大的收入差异。第三，国有企业的封闭性。国有企业往往依赖政治和行政权力来获取资源和财富，也很容易形成“城堡”，不对外开放，也就是说，国企内的职位不通过市场进行分配，而是演变成为内部分配或者通过权力关系而分配，不难理解国有企业是如何加剧社会的不公平、不公正的。

农村的土地问题也属于经济结构问题。城乡差异可以说是中国社会不公平、不公正的最主要体现形式。无论从国际的经验还是从中国自身的经验来看，土地是农民脱离贫穷、实现基本社会公平的最主要的经济要素。但在集体土地所有制下，土地已经变成了人人都想吃的“唐僧肉”，包括地方政府、地方掌权者、资本等，一方面维护着“集体所有制”，另一方面一直在瓜分着这块“唐僧肉”。唯独名义上是土地的主人的农民往往得不到好处。从这个角度看，中国需要第三次土地改革。很多社会尤其是台湾地区的经验表明，土地改革是农村穷人转变成为中产阶层的最有效也是唯一的办法。实际上，土地问题已经不仅仅是社会公平问题，更是政权的基础问题。很显然，由土地引出的社会冲突已经成为当今中国社会冲突的主要根源。

名校农村背景的学生越来越少

在解决了诸多经济结构上的问题之后，再来谈论公共服务的均等化才有意义。公共服务主要包括社会保障、医疗、教育和公共住房等。这些都属于二次收入分配。不过，也不能简单地把二次分配理解成为分蛋糕。在任何社会，这些社会政策的确立是消费社会的基础。中国经济要实现可持续发展，内需社会建设是关键，而社会政策又是内需社会的制度基础。

社会政策对社会公平的意义很明显，例如教育。因为教育资源在社会各个群体之间的分配高度不均，国内高校领域呈现出封闭性。在著名高校，具有农村背景的学生越来越少，即使他们学业优秀，也往往因缺少经济资源而不能进入理想的大学。而保持社会的流动性是实现社会公平最重要的手段。这种分配不均不仅仅表现在教育领域，其他领域也如此，包括国有企业、政府机构等。

更为严峻的挑战在于如何打破公共服务领域的特权阶层。政府官员（或者“小社会”）一直在享受着特殊的社会保障、医疗、教育和住房待遇。这个“小社会”内部的公共服务产生着巨大的弊端。第一，这些特权使得政府部门缺乏进行社会改革的强大动力。第二，这个“小社会”的内部交易严重制约着经济发展，因为内部交易不产生 GDP，或者其所产生的 GDP 远远小于市场价格。第三，更为重要的是，这个“小社会”一直在大量消耗甚至浪费着本应让全民共享的资源。现在所增加的资源如养老保险的一部分都流向了这个“小社会”，造成了“大社会”补贴“小社会”，或者穷人补贴政府官员的局面。不取消这个“小社会”，不管如何强调公共服务，一个公平公正的社会只能是空中楼阁。

今天的社会弥漫着不公平感，这显然是非常危险的现象。对普通人来说，无论是政府官员还是有钱人，他们所拥有的许多都缺少合法性。中外历史经验表明，社会公平正义的缺失是革命最强大的驱动力。无论从哪个角度来看，执政党需要把实现基本社会公平正义提高到最高议事日程上来。

原刊于《联合早报》2012 年 10 月 31 日

提高劳动者收入与中国的未来

改革开放之初，邓小平用最普通、简单的语言表达了改革的目标，就是"让一部分人先富裕起来，走共同富裕的道路"。对改革开放之前的贫穷社会主义实践感到幻灭之后，中国社会开始走上了"致富"的道路。邓小平的这句话使得人们对社会主义的理想有了新的理解。社会主义不是要人贫穷的，而是要人富裕的。毫无疑问，"致富"是中国过去30多年改革和变迁的主要动力。

30多年之后，现在的情况怎样了呢？很显然，我们已经走了一半。一部分人的确先富裕起来了，但并没有走向"共同富裕"。不仅如此，多年的经验表明，我们似乎已经进入了一个"富者愈富、贫者愈贫"的局面。这是这些年来很多人开始关注中国的"拉美化"现象的原因。一旦进入"拉美化"，不仅邓小平所设定的目标不能达到，而且会走上与改革开放目标相悖的道路。领导层显然没有放弃当初的目标，早期提建设"小康社会"，现在提全面建设"小康社会"，就是要实现既定目标。

要实现全面小康社会，就必须跳出目前的困境。目前的困境是什么？这个困境是如何造成的？只有回答了这两个问题，才有可能找到解决问题的方式和出路。

部分先富的综合病症

可以把中国目前所面临的困境，称为“一部分人先富裕起来”的“综合病症”。这种“综合病症”有多方面的体现，最显著的就是收入差距急剧扩大，导致社会高度分化。国家的经济发展越快，收入的分化就越大，也就是说，所产生的财富被导向少数群体。这种趋势似乎毫无办法阻止。进而，收入的巨大差距导致基本的社会公平和正义缺失，社会很不稳定，依靠高强度的暴力机器来维持稳定。少数社会群体染上“过度富裕病”，拥有巨大财富，但心里日益深感不安，在全世界寻找“安全”的落脚点。而社会的贫穷者很自然产生正当的“仇富”心态，各种对财富阶层不利的因素在快速产生和发展。可以说，富者和穷者已经演变成两个敌视的阶层，双方似乎都在等待“历史的那一刻”。

不仅如此，从长远发展的角度，越来越多的人开始担心中国的未来陷入“中等收入陷阱”，“拉美化”，“未富先老”。20 世纪 90 年代经济改革所产生的发展动力渐趋消失。现在除了国家（尤其是地方政府）力量的动员式经济发展外，来自市场的经济发展严重缺乏动力。尽管已经意识到消费社会是未来经济发展和增长的主要资源，但在收入高度分化的条件下，消费社会根本就建立不起来。

如何医治这个“综合症”？劫富济贫显然不是选择，这是中国传统社会的选择。在数千年的历史中，尽管这是一种迫不得已的选择，但反复的选择始终没有走出这种选择本身。贫穷社会主义已经证明失败，也不是选择。唯一的选择就是邓小平的后半句，走“共同富裕”的道路。如何走？很简单，就是提高劳动者工资。劫富济贫是通过革命夺取财富,不是创造财富。贫穷社会主义也只是对现在的富裕者的剥夺,对贫穷者本身也没有利益。通过劳动来致富是整个社会所能接受的,也是基本社会正义的来源。从收入分配的角度看,中国目前所面临的困境,只是这样一个事实的结果:少部分人得到了与其劳动不对称的过高收入,大部分人没有得到与其劳动相对称的收入。

改革开放之后,中国劳动者的廉价劳动力成为中国经济发展的优势。正是这种廉价劳动力优势促成了中国过去 30 多年的高速发展。但是,在这种优势发挥到极致而不能及时实现优势转型的今天,它反而成为中国最大的劣势,严重地阻碍着经济进一步的发展。

廉价劳动力导致劳动者收入过低,中产阶级难以形成。少数人,主要是廉价劳动力的组织者和使用者,包括资方(无论是境内资金还是境外资金,无论是民间资本还是国家资本)获取了过度的利润,暴富而成为消费过度群体。而廉价劳动者本身收入过低,消费不足,甚至严重不足。在大多数人没有致富的情况下,建立消费社会自然非常困难。建立消费社会就必须制定有效的社会政策,确立社会制度,包括医疗、社会保障、教育制度等;没有这些政策和制度,人们即使有了钱也不敢消费。对这一点人们已经有了相当的共识,只需行动。另外一个重要的方面就是提高劳动者收入。不能从劳动获得相应的收入,人们就不会有消费能力。

一味依赖廉价劳动力也已经使得中国的产业升级困难重重。资方过度剥削劳方,通过压低工资就能赚取巨额利润,在这样的情况下,资方根本就不会有动力去提高技术和改进管理水平。过度剥削劳方尤其表现在境外资金企业。大量的境外资金到中国动机很单纯，就是要利用廉价劳动力。早期还有廉价的土地，现在土地价格上去了，只剩下廉价劳动力了。珠江三角洲30多年前开始使用农民工，到现在还在使用大量的农民工。这表明在30多年里，极少技术上的进步，也就是没有产业升级。亚洲“四小龙”一般是每十年有一次重大的产业升级。这说明，在今天，廉价劳动力已经不再是竞争的优势，而是劣势了。同时，大量廉价劳动力工厂的存在，也使得劳方没有动力来提升自己的技术和技能。在珠三角等地区，农民工就能打败大学生，前者甚至比后者更有竞争能力。这是一个国家畸形经济结构的后果。

廉价劳动力也导致人民币面临巨大的国际压力。中国(主要是在外资部门)通过廉价劳动力大量出口廉价产品，得到了巨大的贸易顺差。贸易的严重不平衡是全球经济失衡的重要根源，在这个过程中，欧洲发达国家、美国等都有责任，但中国也是这个过程中的一部分。尽管大家可以互相推卸责任，但谁都必须面对。因为在全球经济严重失衡的情况下，无论是国际经济还是内部经济，都难以实现可持续发展。中国尽管是顺差国，但所面临问题的严重性要比逆差国更甚，过度发放货币导致流动性过剩，进一步导致通货膨胀；通货膨胀又变成转移财富机制，财富从穷人转向富人，从贸易顺差国(中国)转向贸易逆差国(美国)。美国通过发行货币就可以把危机转移给中国等国；中国发行货币只是把危机转移给社会。这使得中国社会和国际经济秩序变得更不公平。

提高劳动者收入利益多重

所有这些问题因为与廉价劳动力有关，必须通过提高劳动者收入，使得劳动力不再廉价来应对和解决。中国要从发达经济体学习经验。在任何国家，资方不会自动提高劳工者工资，压低劳动者工资是资本的本质。在西方先发达国家，长期的劳工运动或者工人阶级运动在提高劳动者收入的过程中扮演了很重要的角色。由于资方和劳方的长期互动，主要是后者的抗争，西方发展出了很多劳资谈判制度。因为有民主（选票）的压力，政府不能简单地站在资方一边，因此成为协调者。劳动者工资的提高，促使资方通过技术创新和提高管理水平来增加利润。没有劳方的压力，技术进步不会那么快。

亚洲经济体也有非常丰富的经验。日本是亚洲第一个成功的工业化国家。20世纪经济起飞之后，日本政府实行了有效的工资倍增计划，再加上日本企业实行"终身雇佣制"，在短短几十年内成功培植了中产阶级社会，使得日本成为世界最大的消费社会之一。日本之后，亚洲"四小龙"是当时收入分配最为公平的经济体，它们也通过不同方式成功培养中产阶级，建设消费社会。中国台湾和香港地区的消费社会主要是通过大力发展中小型企业、建设社会保障制度而达成。在新加坡和韩国，政府扮演了非常重要的角色。在新加坡，全国工资理事会起了很重要的作用，理事会主要由劳方、资方和政府组成，根据经济发展情况制订劳动工资水平。政府的这种主动性有效避免了西方那样的劳工运动，既保证了社会稳定、经济的可持续发展，也为产业升级构造了有效的压力。

中国大陆地区尽管现在也想提高劳动者工资，中央政府已经制订了最低工资制，但很显然，面对的阻力非常之大。不仅资方反对，连地方政府也反对。尽管近年来，对提高劳动者收入的讨论多了起来，但没有出现有效的政策和制度。

要实现劳动者收入提高的目标，政府可能必须重新考量工会的作用。如果政府还继续倾向于资方一边，帮助资方压低劳动者工资，那么在劳动者、资本和政府三边之间，力量会继续失衡。表面上，政府在经济发展过程中扮演着积极的角色，但从长远看是阻碍经济发展，尤其是可持续发展的。道理很简单，经济的发展应当依靠的是技术和管理水平的提高，而不是人为地压低劳动者工资。

这里尤其要强调，提高劳动者收入是减少人民币国际压力的最有效举措。以美国为首的西方国家对人民币施加着越来越大的压力，这主要是因为上面所提到的贸易不平衡问题。随着经济的发展，人民币要升值，但升值不能过快，必须渐进。这不仅是因为人民币快速升值会影响到很多企业的生存和总体经济发展，更因为人民币升值只有利于富人。人民币升值意味着来自欧美的商品会变得廉价一些，但这些产品在中国的消费者还是富人，与广大的普通百姓没有关系。较之人民币升值，提高劳动者收入可以产生同样的效果，却更符合中国社会大多数人的利益。

提高劳动者收入，会产生几个“有利于”。第一，有利于减少基于廉价劳动力之上的出口，实现国际经济平衡。出口仍然很重要，但出口不能继续依赖于廉价劳动力，而应当通过提高技术来增加附加值。第二，有利于消费社会的建设，为中国未来的经济增长找到新的资源。第三，为经济结构的调整提供经济上和政治上的压力。中国的收入分配不公很多都是结构性因素造成的，如国有企业过大、垄断，而民营中小企业不够发达等。要提高劳动者收入，国家就必须从结构上下功夫。第四，有利于技术提升和产业升级。如前面所讨论的，如果没有足够的压力，资方就不会有足够的动力来提升技术，通过增加附加值来创造利润。任何一个国家，如果企业家光思考着如何通过剥削劳动者而获利，这个国家就不会进步。

实际上，真正的企业家精神在于技术创新。第五，也是更为重要的是，有利于实现“以人为本”的社会建设目标，从而实现社会公平，为社会稳定打下坚实的基础。对大多数中国百姓来说，“以人为本”并不抽象，实现邓小平当初提出的“共同富裕”目标就是实现了他们所理解的人本社会。

有关“提高劳动者收入”的话题已经讨论很多时日了，但各方面发展的情况表明，现在是必须真正采取行动的时候了。

原刊于《联合早报》2011年1月31日

第四部分

房地产与社会改革

住房政策的症结在哪里

很多年里，中国的房地产市场不仅已经成了中国民众、政府和发展商的永恒话题，而且也是国际投资者和投机者的深切关注对象。不同的人群对房地产市场表现出不同的情绪，或者忧虑，或者恐慌，或者愤怒。感到忧虑甚至恐慌的是政府，因为房地产市场存在的巨大泡沫已经成为中国经济的最大隐忧；而感到愤怒的是民众，因为越来越多的中国民众被变相地剥夺了住房权。

房地产泡沫不是新鲜事，这些年里，泡沫一直在不停地上升。根据对北京、上海和深圳等大城市的调查，大城市的房屋空置率已经远远超过10％的国际警戒线。在不少地区，这一比例甚至已经达到50％以上。同时，房地产对中国经济的重要性也毋庸置疑。房地产已经占了GDP的6％，四分之一的投资在房地产行业，50多个产业与房地产关系密切。

房地产绑架了中国经济

正因为如此，有关当局有足够的理由要担忧房地产。前面有日本的例子。20世纪80年代末和90年代初，日本房地产泡沫破灭之后，日本经济在此后的20多年里没有走出过阴影。海内外，早就有很多人在讨论中国是否会步日本模式后尘的问题。房地产无疑已经成了中国经济的紧箍咒，因为房地产的解体也很可能就是中国经济的解体。因此，有关当局一直不敢有丝毫的松懈。多年来，尽管有关当局也对房地产市场多有不满，但每当房地产遇到危机，必出手相救。毫不夸张地说，房地产已经绑架了中国经济，也因此绑架了为经济负责的中国政府。

与泡沫和空置房平行存在的现实是，中国85％的家庭无力购房（根据中国社会科学院的最新调查）。这种情况使得社会对房地产业现状和政府无力改变这种局面的不满，已经达到了一个新的沸点。

到底是什么原因造成了中国房地产这种荒谬的局面呢？很多人往深一步，转向了土地供应市场，指向政府的责任。的确，就土地而言，政府负有不可推卸的责任。长期以来，政府行政限制土地的供应量，政府也搞寡头式垄断。同时，政府所推行的“招拍挂”制度也阻碍着竞争性土地供应市场的形成。

很显然，各级政府的卖地财政提高了土地价格；为了消化高价土地，发展商就抬高房价。这似乎很合乎经济逻辑。多少年来，人们所听到的似乎也只有经济学家的声音，那就是供求关系。但供求关系已经很难解释今天中国房地产市场的状况了。很简单，如果求大于供，那么就不会有大量的空置房了；如果供大于求，那么，就不会有那么多的人买不起房了。那么，在供求关系之外，还出了什么问题呢？

定位错误的房地产政策

房地产市场现状的形成当然有很多原因，但依笔者看，最大的因素莫过于发展房地产市场的主导思想的严重失误。简单地说，在中国，房地产被视为仅仅是经济政策的一部分，而非社会政策的一部分。因为把房地产视为经济政策，其GDP功能（对经济增长的贡献）被凸现出来，而其社会功能（社会成员对住房的需求和人们的“空间权”）则被忽视。因为商品房兼具投资和消费价值，人们对其价格上涨有预期。开发商利用这样的社会预期去囤积土地和新房，购房者也会迫不及待地去买房，从而一步一步地把房价逼向新高。要解决这个问题，政府就要扮演一个很重要的角色。但在中国，政府不仅没有起到正面的作用，反而恶化这个局面，使得人们对房产价格上升的预期牢不可破。地方政府无视住房的社会功能，而只强调住房的财政功能，即“土地财政”。土地转让金普遍占到地方财政收入的30%以上，许多地区60%—70%的基础设施投资依赖于土地财政。除了一般商品房的大幅涨价之外，住房的社会功能的缺位更体现在廉租房和经济适用房供给的极度缺乏上。

综观世界各国，凡是房地产市场发展健全和公共住房解决得好的国家，都是把房地产作为国家社会政策的一部分。这些国家并不把房地产看成是其经济增长和发展的一个重要资源，就是说，房地产对GDP的贡献不是这些国家政府的首要考量，首要的考量是社会发展，是社会成员的居住权。经济因素当然很重要，房地产的发展也必须考虑到供求关系，否则是不可持续的。但是这种经济考量是在宏观的社会政策构架内进行的。

欧洲一些国家在早期也把房地产作为经济增长来源，同样产生了很多社会问题。随着原始资本主义向福利资本主义转型，住房政策尤其是公共住房政策越来越变成这些国家的社会政策的一部分。到今天，很多国家尤其是北欧国家，房地产完全属于社会政策，对房地产对经济增长贡献的考量已经变得不那么重要。应当指出的是，那些把公共住房仅仅看成是对穷人的救济的福利国家，公共住房也是不成功的。在这些地方，公共住房最终变成了贫民窟。

新加坡是亚洲社会房地产市场发展得最健康的国家。新加坡学习了欧洲公共住房的经验，又结合自己的国情，创造了独一无二的公共住房制度。如果说在西方社会，公共住房主要是为了社会弱势群体，那么在新加坡，公共住房是为全体社会成员的，80%以上的家庭住在公共住房。公共住房投资是新加坡社会性投资的最为重要的一个环节。应当指出的是，新加坡住房政策的指导思想就是“居者有其屋”的传统儒家思想。

反观中国，房地产从一开始就被认定为经济增长的一个最主要的来源，或者说，房地产是包括从中央到地方的各级政府GDP主义的一个核心组成部分。在GDP主义的指导下，房地产成为生产（建设）性投资，而非社会性投资，从而剥夺了房地产的公共性。房地产本来就是一种特殊的社会产品，因为其直接关切到社会成员的空间居住权。同时，房地产也直接关乎社会稳定与和谐。但在GDP主义构架内，房地产的唯一考量是利润，而非社会生活的其他方面。

这样，无论哪个角色，政府、发展商还是投资者，都想从房地产那里获得巨额的利益。正因为这样，在中国房地产投资过程中，带有极大的投机性，一些投资者甚至仅仅是为了投机。当房地产被投资者或投机者所操控时，它和大多数社会成员的实际需求就没有了任何关系（类似的情况也表现在投机性金融经济和实体经济的毫无关系上）。应当指出的是，中国的地方政府也是这个过程中的投机者。不管地方政府投机的动机（如地方财政考量）如何，在制造房地产泡沫方面，地方政府和发展商具有同样的不可推卸的责任。实际上，大量的泡沫是地方政府和发展商成了利益共同体的结果。更为严重的是，对房地产投机的巨额利益也正在促使中央国有企业大举进军这个产业。

GDP 主义盛行，有关方面就很难推出有效的房地产发展政策。这些年来，面对社会的不满，尽管也有一些政策出台，例如“廉租房”和“廉价房”，但远不能解决问题。更重要的是，抑制房价政策的结果刚好是政策初衷的反面，就是说，每出台一个旨在控制房价从而帮助中低收入家庭的政策，总把房价推到一个新高点，从而又一次使低收入家庭雪上加霜。原因再简单不过，无论是发展商还是地方政府，都有巨大的动力来扭曲政策，从政策中“寻租”。

房地产已成资本的“游戏物”

正因为房地产的唯一目标是“钱”而非社会大多数成员的需要，中国的房地产市场呈现出过度的开放性和投机性。在剥夺了大多数社会成员的居住权的同时，各地的房地产不仅向国内的“炒房团”开放，而且向国际资本开放。很大程度上，中国房地产已经成了国内外资本的“游戏物”。从技术上说，要遏制炒房和投机并不难，例如，可限制购房的数量，规定住房居住的最低年限，收取房产税（即使是在宣称私有财产不可侵犯的美国，也是征收房产税及其房产继承税的），等等。问题在于，所有这些可以非常有效的举措并不符合发展商、投机者和地方政府的共同利益，没有人会使用这些技术来限制房地产。进而，如上面所说，房地产也绑架着中国经济和中央政府，有关部门也没有动力真正去采取行之有效的方法，尽管它们也面临社会的压力。毕竟，在这个体制内，对有关部门来说，经济利益大大重要于社会利益。

很显然，就房地产而言，中国政府面临双重的挑战：一方面是房地产泡沫，房价泡沫一旦破灭，总体经济就要遭殃；另一方面是社会成员的居住权。在各种社会文化因素的作用下，大多数中国人非常认同“居者有其屋”这一说法，年轻人普遍认为幸福和房子息息相关。这两方面的后果都会影响社会政治的稳定。最严峻的是，尽管这样的压力其他市场经济国家也面临过，但中国没有其他国家解决房地产问题的动力和制度机制。在西方国家，房地产从经济政策演变成为社会政策是由强大的社会运动来推动的。在强大的既得利益面前，当前的房地产政策似乎已经山穷水尽。一定要有强大的社会运动来促使房地产政策的有效转型吗？人们只能拭目以待了。

原刊于《联合早报》2009 年 12 月 25 日

■ “圈房运动”弱化执政党社会基础

房地产已经成为当今中国政府所面临的最大政策挑战之一。这是因为房地产在很大程度上聚集了经济、社会和政治方方面面的矛盾和问题。房地产是经济之痛，因为它已经绑架了中国的总体经济。房地产已经成为中国经济高增长的最主要来源，是各级政府追求 GDP 的主要工具；但同时，房地产也使得中国的经济泡沫越来越大，一旦破灭，必将对总体经济造成负面影响。它是社会之痛，因为和其他商品不一样，房地产具有社会特殊性，是社会产品。当社会大多数人的居住权不能实现或者被剥夺的时候，社会的稳定就会失去基础。

房地产更是政治之痛，因为它在中央和地方、政府和社会之间制造着各种矛盾。在上层，它既然绑架了中国经济，也就自然绑架了为经济负责的政府；在中层，房地产变成了地方政府最重要的财源，使得地方政府变了质，迫使其演变成为掠夺型政府，而非服务型政府；在社会基层，它剥夺着老百姓高度认同的居住权，使中国社会加速泡沫化。

新自由主义的祸害

中国的房地产为什么在短短的时间内走到这个地步？主要还是因为中国变种的新自由主义。新自由主义说到底就是要把一切投入市场，把一切货币化。进入中国以后，新自由主义也起到了一些积极的作用，例如，随着市场化的推进，企业界增加了竞争，尤其是中小企业之间。但新自由主义显然遇到了国有企业的强大抵抗，在强大的国家力量保护下，市场化对国有企业的影响非常小。尽管国有企业也引入了一些市场机制，但市场机制的作用仍然很微弱。不过，新自由主义在社会领域则如鱼得水。首先是随着国有企业的改制，新自由主义进入了社会保障、医疗卫生领域。然后在1997年亚洲金融危机之后，攻克了教育领域。这几年则很快攻克了房地产领域。

在上述诸社会领域，并不是说原来的体制有多好；相反，原来的体制所能提供的服务水平非常低下，并且是由行政方法来实施的，因此既缺失公平，不可以持续，又无效率，在这些领域引入市场机制也是大势所趋。但关键在于，有关所有这些领域的政策首先应当是社会政策，然后再利用市场机制来配置和分配服务，提高服务的质量和有效性。一旦这些领域被视为经济领域，成为经济增长的来源，社会政策就无从谈起。直到今天，中国还没有明确的社会政策；相反，所有社会领域呈现出被经济政策所主导的趋势。

这种趋势对中国社会的打击和破坏是致命的。无论构成社会的基本单元是个人还是家庭，任何一个社会的生存和发展都需要一系列硬件和软件基础设施。住房可说是一个社会的硬件基础结构。可以说，在包括社会保障、医疗、教育等在内的所有社会领域，对社会全体来说，没有比住房更为重要的基础设施了。房地产要解决的是居民住房权问题，所以它和一般的经济商品不一样。当一些社会群体每人拥有三四套甚至更多的住房，而另外一些群体的住房权得不到实现的时候，这个社会就会没有稳定的基础。就是说，后一群体的住房权被前一群体所剥夺，前一群体是在把本来应当属于他人的权利，用来获取和投机更大的利益。他们能够投资、投机房产，或许是靠了他们本身正当的财力，或许是靠了他们手中的权力，但结果都是一样的。实际上，随着社会财富分布的高度不均和官员权力的滥用，全国到处都在发生以有钱有势者为主导的“圈房运动”。为什么85％的家庭买不起住房，但很多城市商品房的空置率达到了50％以上？这是“圈房运动”的产物，不是经济学的供求规律所能解释的。

无论是利用手中的财力还是权力来投资、投机房地产，都是理性计算的结果。因为房地产有利可图，他们自然拼命进入。但很显然，并非任何个人都可以随心所欲地投资、投机所有领域的。无论是房地产的“利润率”，还是投资、投机者的“准入权”，都是有关当局的政策导向的结果。就是说，投资和投机者之所以能够这样做，就是因为各级政府的政策失误：一是把房地产视为经济政策，而非社会政策；二是和开发商结盟，通过抬高价格来获取暴利。

一个社会一旦失去诸如像房地产那样的硬件，而像社会保障、医疗和教育那样的软件又不到位，社会的生存和发展就失去了基础。中产阶级是任何一个社会稳定的支柱，因此无论是在发达国家还是发展中国家，很多政府都下大力气来培养一个庞大的中产阶级。没有这样一个阶级，国家的治理（无论是民主国家还是非民主国家）难以为继。中国现在就面临这种情况。毋庸置疑，房地产已经成为弱化中产阶级、阻碍中产阶级成长的一个最重要因素。

年轻人看不到希望

房地产弱化着原来已经跻身中产阶级的社会群体，因为不断高涨的房价，使得这个群体中的很大一部分成为“房奴”。房地产更是遏制着中产阶级的成长。中产阶级中间，除了少部分新生的企业主之外，大部分来自专业人才，也就是受过高等教育的大学毕业生。不过，在中国，“80后”和“90后”已经注定要成为承受压力的一代，无论作怎样的努力，其中的一部分人很难实现他们的住房权。对社会的影响会怎样？看看香港就可知道一个大概。香港受高等教育的人越来越多，但也有越来越多的年轻人找不到出路：他们找不到体面的工作，找到工作之后也没有希望得到比较体面的住房，因此开始作毫无理由的抗争。反对建高铁就是一个例子。香港是个地产老板统治的地方，内地现在的情况不改变，就可能步香港的后尘。

在很多方面，这种情况也已在中国内地出现。改革开放以后，中国很快演变成为利益导向的社会，物质利益是年轻一代最看重的因素。但正是在物质利益领域，面临住房、就业和教育等困境，很多年轻人已经感觉到希望的渺茫。这对他们的心理冲击之大是可想而知的。跟随着全社会的物质主义的，是普遍的不幸福感，是形式多样的反社会行为，如不信任任何人，毫无理由的仇恨，甚至是自杀。

任何执政党都需要社会基础。中国的各种政策如“小康社会”“全面小康社会”和“和谐社会”，都是为了巩固执政党社会基础的政策导向。随着民营企业的发展和专业阶层的形成，政权开始向这些新群体开放。这个方向很正确,它有利于扩大执政党的社会基础,实现对国家的有效治理。可是,尽管市场经济体制为中产阶级的形成提供了条件,但却缺失保护已有中产阶级和扩大这个群体的政策机制。就住房来说,中国初生的中产阶级面临多重的挤压,既来自私营部门(房地产开发商),也来自地方政权和开发商的强大“圈房”联盟。近年来,大型国有企业加入“圈地、圈房”运动,更是大大恶化了情况。

经过改制,中国庞大的国有企业很多变成了股份制企业,就是说它们必须向持股人负责。这似乎没有不对的地方,但却偏离了国有企业为国家总体利益服务的宗旨,变成了为私人服务的工具。国企并没有抽象的利益,所谓的国家利益,实际上是国家代理人的利益和持股人的利益。国有企业在“圈地”和“圈房”方面的行为,和私人投资者、投机者并没有什么两样,所不同的是,国有企业比私营部门更具有权力、更强大罢了,因为国有企业可以利用国家政权的力量,以国家利益的名义追求私人利益。这和西方不同,西方政府本身没有企业,不会涉及房地产利益,政府因此有条件来规制私营部门。政府还要面对更大的社会压力,因此有强大的动力来促使社会政策的确立,保护社会。

如果房地产只是经济泡沫,还可以应付,一旦形成大规模的社会泡沫,社会稳定甚至是政权的安全就会成为大问题。去除社会泡沫,越早越好。道理很简单,投资和投机房地产的人毕竟是少数,等到大多数社会群体不能忍耐的时候,往往为时已晚。一旦社会解体了,政权就失去了其应有的基础,“皮之不存,毛将焉附”。从积极的角度来说,正因为房地产聚集着中国的经济、社会和政治问题,如果解决得好,就可以推进各方面的进步,实现可持续的经济平稳增长、社会和谐与政治稳定。

中国房地产面临的困境，也说明了经济改革和政治改革要一起推进的道理。经济发展对执政党很重要，但并非所有类型的经济增长都对社会有利，对执政党有利。只有对社会有利的经济发展和增长，才会有利于执政党的长期执政。

原刊于《联合早报》2010 年 4 月 20 日

房地产改革当是中国社会建设大工程

最近在房地产领域，中央政府和房地产开发商、地方政府、购买者（包括投资者和投机者）之间似乎已经进入了一场拉锯战。为了控制犹如脱缰的野马的房地产价格，中央政府连续出台了一系列控制政策，至少希望能够暂时缓和社会日益不满的情绪。

但是，政府的调控政策很快就遇到了来自既得利益者，主要是地方政府、房地产开发商和投资（机）者的反弹。一些官员和学者纷纷出来表示，在房地产上，政府调控不能过度，要讲宏观调控的"科学性"。面对各种压力，领导层也感觉到了问题的复杂性。问题复杂性的背后实际上是既得利益的阻力。在很多年里，房地产领域已经造就了巨大的既得利益。一旦既得利益开始动员其支持力量，无论是物质方面的（财力）、权力还是知识方面的，就会有足够的力量来抗衡政府的政策。很显然，在既得利益面前，有关方面推行房地产调控的决心和其出台的政策的力度都会受到影响。

社会的人多数本来就对政府控制房地产的决心和政策力度没有抱足够的信心。很多年来，在诸多政策领域，政府往往是雷声大、雨点小。一些政策甚至走向反面，即本来是要让社会受惠的政策最后演变成对社会的破坏。因此，社会对政策的信任度（或者政府的社会公信力）一直在降低，甚至是毫无信任感可言。这次房市似乎也跳不出这个规律。调控政策从理论上说很有力，但市场没有什么反应，销量是降下来了，但房地产价格还是一样高。结果，当然是政府的政策效用和（中央政府）信用继续下降。

应当说，到目前为止，政府所推出的政策多是为了控制房地产，例如，收紧对房地产的贷款，限制家庭购房的数量等。但很多国家通行的房地产税却实施不了。房地产税显然是实现房地产领域基本社会公平的有效的、制度化的方法。例如，可以对每家每户的第一套房不征税，购房越多，就要征收越多的税。至少在大多数社会成员看来，政府不能推行房地产税就是因为已经购买了多套住房的既得利益的阻力（这从另一个侧面也表明，房地产税是解决业已存在的社会不公平的有效经济方法）。就是说，政府实际上还没有明确的思路来建立一整套规制房地产市场的制度，而是继续采取一种头痛医头、脚痛医脚的“运动式”方法。

GDP 主义成为政府的软肋

为什么会这样？隐含在这个怪圈背后的还是根深蒂固的 GDP 主义。要知道，从中央到地方，衡量政府成绩的还是 GDP。无论是地方政府还是房地产开发商都认准了这一点，他们清楚得很：你要 GDP，最终还是需要为房地产市场松绑的。他们既有充足的财力，又了解政府 GDP 主义的弱点，因此可以从容地应付政府的调控。

面对来自社会的强大压力，政府该怎么办？在中国，房地产问题已经大大超越经济问题。经济学上的供求规律一方面已经很难解释中国房地产的问题（因为过度的投机因素和权力因素），另一方面也很难为解决中国的房地产问题提供思路。美国和俄罗斯等拥有大量土地而人口少的国家,可以通过加大供应而稳定房地产市场。中国人口众多,土地稀缺,很难效仿这个模式。再者,在现有的收入分配高度分化、房价大大超过居民收入和民间资本缺少投资领域的情况下,增加住房(土地)供应既不足以满足市场的需求(和投机),也不一定就能使得一般老百姓买得起住房。

一句话,房地产市场的核心问题是社会问题,不是经济问题。这是一个要建设什么样的社会的问题。房地产恶性市场化导致了年轻人社会处境的日益恶化。中国人口多,并且还在继续增长。20 世纪 80 年代之后成长起来的中产阶层马上就要进入老龄化阶段。越来越具有物质主义倾向的年轻一代越来越没有能力购房,无法组建家庭,他们对社会和政府的失望也与日俱增。房地产从各个方面正在成为诸多社会问题的根源。

要彻底改革房地产,就要把它作为一个重大的社会建设工程,这是一个基本政策思路问题。在任何社会,住房都是最基本也是最重要的社会支柱。“居者有其屋”表明住房是最基本的社会需求,用今天的话说,就是最基本的社会权利。既然是最基本的社会权利,那么这一权利是否能够得到满足就决定了一个社会能否稳定,因为唯“有恒产者有恒心”。

当房地产成为中国 GDP 增长的主要来源时,它就不可避免地成为破坏社会基础的祸首。从 20 世纪 90 年代末开始,中国取得了高速的经济增长,但不可否认的是,这种经济增长方式对社会的冲击极大,一步步破坏着中国社会赖以生存的基础。一些本来需要政府在财力上大力投入、在政策上提供保护的领域高度市场化,包括社会保障、医疗卫生、教育和房地产。这些领域越来越成为中国的暴富领域。尤其应当指出的是，每次经济危机来临，为了保全GDP主义，社会总是成为受害者。1997年亚洲金融危机之后，教育产业化成为GDP主义的核心，2008年全球金融危机后，房地产成为GDP主义的核心。

从20世纪70年代末改革开放开始，中国有明确的社会建设目标，例如80年代的“温饱社会”，90年代的“小康社会”和“全面小康”。在这个过程中，脱贫人口增多，中产阶级不断壮大。但是因为缺失社会保护机制等原因，今天中国各社会阶层面临各种不同困境。穷人翻身的机会越来越少；中产阶级面临“无产阶级化”（或者贫民化）；而少数富裕阶层则缺乏安全感，很多人在考虑移民外国（“一家两国”已经是普遍现象，即在中国赚钱，在外国存钱）。在这样的情况下，人们对中国社会稳定的担忧越来越甚。

社会对政府产生信任危机

很长一段时间以来，学界和政策界讨论着中国是否在“拉美化”。不过，人们没有必要把中国和遥远的拉美作比较，把中国和其他一些近邻作比较更能说明问题。从中国现有的经济和社会结构来看，社会工程做得好，就是新加坡化，做不好，就会是泰国化。新加坡的基尼系数也很高，至少不比中国低，但新加坡的社会却是非常稳定的。这是因为新加坡用市场机制来创造财富，用社会政策来保护社会。有效的住房、教育和医疗等社会制度保障了新加坡老百姓最基本的社会权利，其中政府组屋制度更是社会制度的核心。只要社会得到有效保护，人们就不用过分担忧基尼系数增加对社会稳定的负面影响。简单地说，在新加坡，“上不封顶”为人们创造财富提供了极大的动力，而“保底”则让社会大众充分参与分享经济发展的成果。

而泰国则不一样。在以往，泰国也取得了很大的经济发展成就，但是社会上很多人并没有能够分享经济发展成果，社会保护机制缺失，这使得社会高度分化。等到政治人物介入，社会分化从经济领域扩展到政治领域，结果造成了今天人们所看到的濒临内战的局面。从中国的社会和政治发展局面来看，类似局面出现的可能性也不是完全不可设想的（当然，从主观上说谁也不想看到这种局面）。

更为严重的是，因为社会得不到保护，经济发展越快，人们对社会的信心就越是不足，对自己的前途越感渺茫，而最终导致对政府的信任每况愈下。今天社会对政府的信任危机让很多人不解：为什么经济发展那么好，社会还是那么不信任政府呢？如果意识到经济发展和社会破坏是同一个过程的话，就不难理解了。实际上，如果政府得不到社会的信任，不管怎样好的改革举措和政策都将难以得到社会的支持，这又进一步使得中国的改革陷于困境。

无论从哪个角度看，房地产改革必须成为执政党及政府的一项意在社会重建的大工程。经济的可持续发展、社会的生存、中产阶级的培育、社会对政府信任的重建等，都可以与房地产发生关联。但很显然，要进行这样一项社会工程，执政党及其政府必须对改革思路进行重新思考，否则很难制定和实施有效的社会政策。

原刊于《联合早报》2010年5月25日

中国需要实现房地产的彻底转型

多年来，中国房地产像脱缰的野马，能量之大使得其每每能够轻易超越政府所设置的种种“障碍”而自由奔驰。中央政府在经历种种挫折之后，出台了强有力的经济甚至是行政措施，希望能够控制住居高不下的房地产价格。但是，过去的经验告诉人们，现在所采取的这些举措尽管必要，但仍然属于“控制”手段，而不能从根本上解决问题。如果不能建立一整套新的制度，搞不好一段时间之后，又会恢复到过去的老样子。要有效解决房地产问题，必须在控制的基础上，实现中国房地产的彻底转型，规制和引导房地产走上可持续发展的方向。

之所以说要转型，是因为房地产改革绝对不是要回到过去：既不是回到计划经济，一切由政府分配，因为国家分配制度不公平也不有效；也不是继续在新自由主义主导下，完全由地方政府和开发商支配房地产市场。无论是政府完全主导的市场还是市场完全主导的市场，就房地产而言，都不可持续。中国需要一个新型的房地产市场，是政府规制（而非控制）和市场调节相结合的市场，其目标是可持续发展和有效实现人民应有的居住权。

就解决人民的住房权来说，有几个方面的问题需要考量。

第一，调整政策思路。在中国，房地产被视为经济政策的一部分，而非社会政策的一部分。把房地产视为单纯的经济政策领域，其GDP功能（对经济增长的贡献）被凸显出来，而其社会功能（社会成员的住房需求和人们的“空间权”）就被忽视。这种政策思路要调整，要实现房地产从经济政策到社会政策的转型。

综观世界各国，凡是房地产市场发展健全和公共住房解决得好的国家，都把房地产作为国家社会政策的一部分。这些国家并不把房地产看成是其经济增长和发展的一个重要资源，就是说，房地产对GDP的贡献不是这些国家政府的首要考量，首要的考量是社会发展，是社会成员的居住权。经济因素当然很重要，房地产的发展也必须考虑到供求关系，否则是不可持续的，但是这种经济考量是在宏观的社会政策框架内进行的。

地窄人稠、土地资源十分紧张而经济高度发展的新加坡，是亚洲房地产市场发展得最健康的国家。新加坡学习了欧洲公共住房的经验，又结合自己的国情，创造了独一无二的公共住房制度。在新加坡，80%以上的家庭住在公共住房。公共住房投资是新加坡社会性投资最为重要的一个环节。

第二，需要考虑调整中央和地方财税关系，减少地方政府对房地产的依赖。造成中国房地产局面的因素很多，就土地而言，政府负有不可推卸的责任。长期以来，政府行政限制土地的供应量，搞寡头式垄断，利用卖地收入弥补地税不足。同时，政府所推行的“招拍挂”制度也阻碍着竞争性土地供应市场的形成。很显然，各级地方政府的卖地财政提高了土地价格；为了消化高价土地，发展商就抬高房价。也就是说，房地产是地方政府实现经济增长和增加地方财政的一个最主要的来源，或者说，房地产是地方各级政府GDP主义的一个核心组成部分。

在这样的GDP主义的驱动下，无论哪个角色，政府、发展商还是投资者，都想从房地产那里获得巨额的利益。正因为这样，在中国房地产投资过程中，带有极大的投机性。应当指出的是，中国的地方政府也是这个过程的投机者。不论地方政府投机是出于何种目的（如地方财政考量），在制造房地产泡沫方面，地方政府和发展商具有同样的不可推卸的责任。实际上，大量的泡沫是地方政府和发展商利益共同体的结果。

要促成房地产从经济政策向社会政策的转型，必须提供给地方政府其他的动力机制。就是说，要改变目前中央和地方政府的财税分配机制。1994年实行分税制以来，财力上移到中央政府，但责任并没有相应转移。现在很多领域是中央政府出政策，地方政府出钱。这给地方政府很多财政压力。同时，地方以GDP为中心的经济政策也需要大量资金投入到基础建设。于是，卖地也就成为一种创收机制，或者第二财政。因此，要么中央政府向地方分权，使得地方政府拥有更大的财税权，要么中央政府把一些现在由地方政府担负的责任也收上来。没有这种调整，地方的土地财政动力还会继续很大，而房地产价格还会继续暴涨。

第三，大量增加政府的社会性投资。中国的经济结构失衡，最重要的一方面就是生产性投资和社会性投资之间的严重失衡。改革开放30多年来，中国的经济增长主要来自生产性投资。社会性投资一直没有得到重视，每况愈下。教育、医疗卫生、社会保障、公共住房、环保等方面的社会性投资严重不足。特别需要指出的是，每次经济危机总会导致生产性投资的激增和社会性投资的减少。

2008 年金融危机之后，各个生产领域的投资激增，已经导致了很多工业领域的产能过剩，造成浪费和低效率。更为重要的是，房地产成为刺激经济增长的主要来源。这种局面必须改变。社会性投资严重不足，社会制度就建立不起来，消费社会也无从谈起。加大社会性投资，尤其是增加经济适用房和廉租房等保障性住房的建设，不仅有助于解决一部分城市居民和新移民的住房问题，同时也能刺激消费，带动长期、可持续的经济增长。

第四，要控制国有企业大量进入房地产。从 2009 年开始，国有企业很快成为房地产市场的一个主要角色。金融危机发生之后，国家组织了大量的财政和金融力量来对付危机，绝大部分无疑流向了国有企业。这具有必然性。国有企业作为政府的一个强有力经济杠杆，在应对危机过程中发挥了重要的作用。没有这个杠杆，中国应对危机不会这么有效。但同时也应当看到一些负面效应：国有企业得到国家大规模的支持，扩张得很快，不仅造成了产能过剩，而且也在挤压非国有部门的空间，即所谓的“国进民退”现象。当国有企业的资本过度时，国有资本会走向任何地方。既然房地产那么有利可图，国有企业为什么不可以进入呢？

那么如何防止？政治和行政限制可以用，但不会很有效，因为这些方法是要通过政府本身实施下去的。主要还是要通过经济方法。政府要减少对国有企业的财政和金融支持。在应对危机过程中，对国企的支持很重要，但现在危机已经过去，政府应当把支持的重点放在非国有部门，尤其是中小企业上。以民营企业为主体的中小企业集中提供了大部分的社会就业，如果中小企业不能复兴，那么可持续的经济增长就很难。

另一方面，国家应当向国有企业，尤其依赖于行政垄断的大型国有企业直接提取利润。国有企业属于全体社会，按理说应该有助于分配的公平性，但现在至少在事实上不是。当国有企业亏损时，国家就要用纳税人的钱来支持；但当国有企业赢利时，国企主管则不必向国家上缴利润。这是不公平的。实际上，国有垄断行业的高工资高福利已经成为中国社会收入不公平的一个重要根源。近年来，由于社会的抱怨增多，国企开始上缴一些利润，但比例非常低，最多不超过10%。国家必须向国企征收更多的利润。现在正在进行的社会改革需要大量的财力，而国有垄断企业上缴的利润就可以用于社会改革。

第五，私人投机也是房地产泡沫的一个重要原因。私人投机有两块，一块是外国投机。对外国的投机必须加以限制。中国目前的房地产市场过分开放，在完全没满足本国国民要求的情况下，房地产市场全面向外国投资者开放，这里的风险极大。另外一块是国内民间资本。民间资本组成“炒房团”，大量投资房地产，这里除了房地产政策导向和高利润以外，还跟民间资本在中国所受的种种限制有关。一方面要规制房地产过度投机行为，另一方面也要为民间资本形成提供必要的制度护航。正因为很多领域不允许民间资本进入，而当今的金融体系又存在许多缺陷，民间资本才纷纷组成“热钱”，走向房地产领域。

从技术上说，要遏制炒房和投机并不难，例如可限制购房的数量，规定住房居住的最低年限，收取房产税，等等。但很显然，这些年的经验已经表明，光从房地产市场本身入手，任何政策都不会很有效。上述这些更为宏观面的制度改革，希望有助于营造一个健全的房地产市场。

原刊于《联合早报》2010年4月27日

房地产改革的下一步

经过多年的探索，中国的房地产改革终于出现了一些希望，房地产市场的总体格局开始成形。这个格局在目前的阶段主要由两个房地产市场组成：一个基本上由市场调节的商品房市场和一个基本上由政府控制的非商品房市场，或者叫政府管制市场。

住房是一个社会性极强的特殊商品。道理很简单，因为人人需要有房住。中国古人所言“居者有其屋”，不仅仅是一个社会理想，也是对住房的社会性的强调。因此，在任何社会，房地产基本上属于社会领域，尽管其经济性质很浓厚，但并非单纯的经济领域。从这个角度看，无论哪一个市场，都需要政府的调节和规制。当然，政府规制和调节的目标和意义，对商品房市场和政府管制市场是不同的。

对形成中的房地产市场新格局，社会争议不断。具有新自由主义导向的市场提倡者，并不认为房地产是一个社会领域。对他们来说，所有的领域都可以是经济领域，所有的事物都可以商品化或者货币化。因此，他们竭力反对政府对商品房的干预，相信房地产应当由市场的供求模式来决定。前些年一些城市针对飞涨的房价实施限购令，马上就引发了社会的强烈反弹。他们简单相信，增加土地供应量是调控房价的最有效手段。（当然，他们忽视了土地是有限的这个简单的事实。）很自然，他们反对发展出第二个市场，即由政府控制的市场。对他们来说，穷人没有房住可能是一个不可避免的结局。在另一极端，提倡政府干预的人则认为政府干预力度不够，希望政府用一切可能的手段来控制房价。政府不能有效控制房价，是近年来民众对政府政策甚至政府本身开始不信任、抱怀疑态度的一个重要原因。

毋庸置疑，中国的房地产市场一直以来是“摸着石头过河”，无论是政府还是开发商或者其他的社会角色，思路并不是很明确。

任何市场都需要政府的规制

在房地产领域，即使是商品房市场也并不是不要政府的规制。和原始市场经济不同，现代市场经济都是（政府）规制经济，任何一个经济和产业领域，包括房地产市场，政府都会有不同程度的规制，根本不存在一个完全放任的市场。各国政府对这个市场都有诸多的限制。一个毫无规制的房地产市场只是个理想，只存在于一些迷信市场原则的原教旨主义者的头脑里。

诚然，在不同的国家，房地产在其经济发展进程中都扮演过很重要的角色，房地产在经济社会发展的一定阶段，也带动过其他经济方面的发展，但从来就没有变成一个支柱经济产业。前些年在美国发生的次贷危机，就是非常失败的案例。美国想通过完全市场经济的方法（新自由主义的方法）来实现具有高度社会主义性质的事业，即让低收入群体同样可以有很好的住房条件。政府放松了对金融业的管制，没有对金融业在房地产方面的投资作有效监管，结果触发全球性金融危机。

同样，政府管制房地产市场，并不是说要回到从前的计划经济时代，完全用政治和行政的手段，由政府来包办和分配居民住房，那样房地产也同样会导致失败。原因很简单，计划经济很少考虑到人的需求是不同的这样一个事实。因此，即使是政府管制的房地产，从房地产开发到管理的各个环节，也要引入市场机制。市场机制可以用来提高效率，一旦政府管制变成单纯的政府官僚行为，就会出现低效率现象，不仅不可持续，而且也会导致民众的不满。

中国的现实是，第一个市场即商品房市场在过去的很多年里发展过快，导致泡沫过大。在短短的时间里，房地产迅速发展，变成了经济的支柱产业，并且形成了无比庞大的既得利益群体，包括开发商、银行、地方政府，他们形成利益共同体。当然，已经购买了这些商品房的社会群体，也是这个既得利益群体的一部分。如同卖房者，已经购房的群体也希望住房只涨不跌。这些年来，中央政府治理房地产市场可以说是屡战屡败。因为在这么庞大的既得利益群体面前，中央政府显得有些无能为力。

房地产市场需要规制的必要性

实际上，到今天，这个房地产已经有如金融危机之前的美国金融业，“过大而不能倒”，在很大程度上已经绑架了整个中国经济，这个市场不能突然垮掉，一旦垮掉，就会导致整个金融体系的崩溃、整个经济的崩溃，而且也会出现巨大的社会抱怨。不过，这个市场存在着明显的巨大泡沫，如果再继续这样下去，最终必然会导致更为巨大的金融和经济危机。无论从哪个角度来看，政府的干预和规制已经变得非常必要。

现在的问题不再是要不要政府干预，而是如何干预。政府干预和规制的目标不是搞垮这个市场，而是逐渐减少泡沫，让这个市场走上可持续的道路。要达到这个目标，政府所能使用的方法很多。一些城市已经根据不同的情况通过限购令，一些城市同时也在使用征收房地产税。不过，从国际经验来看，最有效的是通过限制土地的供应量。

政府在加大力度限制第一个市场的同时，必须大力发展第二个市场。第二个市场主要是针对低收入社会群体。不过，这个市场也相当复杂，这里面有刚刚进入工作市场的年轻人，也有低收入家庭，并且随着时间的推移，这个市场的需求也会发生变化，例如会出现从低收入进入到较高收入、但仍然不足以进入商品房市场的社会群体。因此，这个市场必须提供各种类型、面积的住房，来满足不同层次社会群体的需要。从长远来看，这一市场又会分化和发展出一个二手交易市场，即在较低收入社会群体中进行。这个二手市场交易如果只容许政府进行，那么成本就会非常高。总体说来，因为这是一个政府管制市场，信息的公开与管理是关键，否则就会出现腐败现象。

政府规制市场现在非常小，这个市场的目标只有20%。而这个百分比在新加坡是80%多，即使在被视为完全市场经济的香港也占40%多。中国正在进行高速的城市化，并且中产阶级（尤其是中上阶层）还小，穷人很多。这表明，在中国，这个比例应当比较高。现在政府只提出20%的目标就遭到如此强烈的反对，这表明，除了既得利益变得非常强大之外，新自由主义作为一种思想意识，已经在房地产市场领域占据主导地位。

实际上，商品房市场和政府管制的市场在很大程度上是并行不悖的。商品房市场的对象是中高收入群体，而政府管制市场是针对低收入群体的。只要中国的经济是可持续发展的，每年就会涌现出足够的中高收入阶层成员来维持这个市场的可持续性。而正在发展的第二个市场，并不会对第一个市场产生任何有害的影响，因为第二个市场是针对低收入阶层的，目标是实现基本的社会正义和公平，从而维持社会的稳定。换句话说，第二个市场基本上是社会保护举措。很多国家都有类似的举措。

现在两个市场的政策概念已经出现，政策的实施也成为政府的头等议程。不过，两个市场如何磨合、如何和谐发展，仍然需要一个过程，很多问题需要经过艰苦的探索才会找到解决方式。

原刊于《联合早报》2011 年 4 月 26 日

房地产与中国社会命运

在当今的中国，说房地产与中国社会的命运息息相关，可能很多人已经不会感觉过于夸张了。在很大程度上可以说，房地产决定了中国社会的命运，是进步还是退步，是稳定还是不稳定，是改革还是革命，是走向幸福还是走向悲惨。

实际上，很多年来，房地产的变化一直牵动着中国社会最敏感的神经，而今天这种情况可能变得更为严峻了。在政府调控接连失效之后，一些人已经对房地产失去了信心，一些人还希望在泡沫破灭之前进行最后一搏。

英格兰银行前行长默文·金（Mervyn King）出版了一本题为《炼金术的终结：货币、金融和全球经济的未来》（*The End of Alchemy: Money, Banking and the Future of the Global Economy*）的书。在总结了2008年开始的经济危机后，作者说，他从危机中学习到了两点：第一，泡沫持续的时间远较我们预估的要长。以前的危机是这样，这次（2008年的金融危机）也一样，都持续了数十年的时间。第二，泡沫破灭时其速度也远较我们预估的要快。

作者把金融经济称为“炼金术”，认为其终究会破灭。不管从哪个角度来说，当今中国的房地产就面临着这种情形。人们都知道泡沫总有一天会破灭，只不过不清楚哪一天；而在破灭之前，人们不仅会继续处于“集体无意识”的状态，而且还对此推波助澜。

近年来，中央多次强调：“房子是用来住的，不是用来炒的。”但现实刚好相反，房子被用来炒，而不是用来住。这个趋势越来越严峻，在住房大量空置的同时，房价继续快速上涨。2016 年底，中央经济工作会议讨论中国经济的几个不平衡，其中一个就是房地产和实体经济之间的失衡。房地产经济对实体经济的负面影响是显然的，无须赘述。

炒一套房的价值相当于一个不小的实体经济公司数年的努力。“上市公司买房救公司”“两个有房产的人结婚相当于两个上市公司的合并”“为了买房，一个老太太结婚数次”等新闻屡见报端。

确切地说，住房在中国涉及个人、家庭、集体、道德伦理等方面，已经远远超出其“居住”的自然属性。历史地看，世界上没有一个国家的住房，能够像中国房产这样牵动着社会的方方面面。

中国房地产领域发展到今天的局面，是几个方面严重失效的结果。

其一，经济学的失效。经济学家从简单的供需出发，把重点放在土地供应和人口自由流动方面，认为如果住房有充足的供应，那么就不会出现现在这样的情况。不过，很显然，房地产并非由供需市场决定的。一线城市供应不足，而二、三线城市住房大量过剩。经济学家也假定，如果户口制度改革容许人口自由流动，那么情况就可以改变。不过，即使在没有自由流动的情况下，政府也无法控制人们涌向一线城市。北、上、广、深这些一线城市的人口，已经超过 2000 万了，而且还没有停止增长的迹象。

其二，政府经济政策的失效。多年来，政府千方百计采取各种限购政策，但效果不佳，势头反而恶化。限购只是暂时措施，一旦放松，泡沫将变得更大，扩展得更快。

其三，市场的失效。中国本来就不存在一般意义上的市场（或者说概念中的市场根本不存在），市场的失效非常容易理解。因此，不管一线城市的房价多么离谱，人们还是拼命离开二、三线城市，拥向一线城市。这里，价格因素不起任何作用，大城市的房价越高，人们越趋之若鹜；而二、三线城市的低价住房却激不起人们的兴趣。

其四，社会压力的失效。中国民众一直对房地产的现状感到不满，也用各种途径表达不满，但社会的压力显然没有明显反映到政府的政策层面，或者市场波动上面。一个颇具讽刺性的矛盾现象是：尽管人们普遍感到不满，但人人都想成为房地产的“利益相关者”，从中获得一份收益。对没有住房的人来说，不满是正常的；但对很多已经有住房的人来说，他们的不满针对的只是利益分配不公，或者是希望再多得一些利益。

避免泡沫破灭需要大变化

如果要避免房地产泡沫的破灭，就必须有伤筋动骨的变化。一旦房地产泡沫破灭，那么伤筋动骨的就不仅仅是房地产市场本身了，而很可能是整个中国社会。一些观察家已经指出，日益上涨的房价已经使得一些社会群体，尤其是年轻人对政府的执政能力失去信心。人人需要住房，当人们看不到希望的时候，产生这种情绪是很自然的事情。

中国房地产今天所面临的困境，并不是房地产本身的问题，而是城市体制问题，也是城市化模式的问题。中国城市化模式弊病丛生，房地产病只是其中之一。

由于中国政治和行政体制的特殊性（例如城市所具有的行政级别），优质资源高度集中在几个大城市，尤其是一线城市。在这样的情况下，所有意在促进社会进步的改革均显得“违反”人性，从而变得无效，甚至失败。

这种例子比比皆是。例如，因为一线城市规模太大，人口太多，需要控制人口，因此很多城市都在出台驱赶没有城市居住权的人（往往是农民工和穷人）的政策，但问题在于穷人最需要交通便利、能够找得到工作的城市。再如，人们抱怨城市的医院太拥挤了，但问题在于只有在城市才能找到好医院、好医生，老百姓为了一条命而到城市就医是人性使然。又如，城市里的学区房尽管已经很贵，但房价还是拼命往上涨，因为城市的学校相对更好，人们相信只有把自己的小孩送入这些学校，才会有一个更好的未来。

更为重要的是，大城市所具有的优质资源，使得城市聚集的既得利益者的规模越来越大，势力也越来越强，这更使得改革越来越艰难。例如，讨论多年的房地产税迟迟不能落实，就反映了既得利益者的阻力之大。更多的既得利益者需要更多的优质资源，来得到他们所需要的资源，因为既得利益者是中国社会最有权势的群体。

事实上的确如此。这些年来，国家的优质资源源源不断地流向大城市，而很多二、三线城市则得不到应有的资源，更不用说是乡镇了。大城市越来越富，中小城市则相对越来越穷，城市间的差异，便是利益在不同社会阶层的差异的反映。

如果这个逻辑不改变，那么结果必然是整个国家的发展变成几个大城市的发展，即围绕着北、上、广、深等几个大城市发展。实际上，这也正是有关部门、专家学者所设计的发展模式，即大城市群模式。如前面所说，大城市尽管已经过大，但仍然继续在扩张。城市的扩张已经变得不可控制，而扩张的最后结果便会是“大爆炸”。

今天，中国已经形成了农村包围城市、小城市包围大城市的局面，并且越往城市中心越富裕，越往城市边缘越贫穷。随着经济的下行压力增大，人们的工资（尤其是高校毕业生）不见增长，而房价越来越贵。即使有一天，一些人会因为城市高昂的成本被迫向二、三线城市，甚至更小的城市转移，但因为二、三线城市优质资源的缺乏、就业的不足等因素，他们中的很大一部分便会成为“社会抗议”的后备军。

毕竟，在今天的中国社会，已经有相当比例的年轻人接受了高等教育，也产生了权利的概念；一旦在现实中，这些群体实现不了自己基本的权利，他们便会转向政治。这个趋势在世界各地已经表现得非常清楚，无论是在发达的西方，还是在仍然处于发展过程中的非西方国家。

解决问题的思路

中央政府已经注意到房地产与实体经济之间的严重失衡，一直在努力改变这个失衡。正如本文所分析的那样，房地产问题并非由房地产本身所引起的，而是中国的城市化模式所致。因此，通过管控房地产（如限购）已经不足以实现房地产和实体经济的平衡，更不足以促成社会均衡发展。但当前解决问题的思路仍然是房地产本身，而没有把房地产置于城市化模式中来考量，因此所出台的举措远远不够。要改变房地产的严峻形势，必须做一些大的改革。有几个改革举措可以考量。

第一，实现“新三线计划”，把优质资源分散到二、三线城市。大城市集中了过多的优质资源，不仅造成了巨大的浪费，而且使得进一步改革举步维艰。应政府先行，把一些政府机构搬到二、三线城市。政府机构走到哪里，优质资源就会跟随到哪里。

一些大型国有企业也可以搬离大城市，走向二、三线城市。优质的学校、医院和社会服务机构可以在二、三线城市设置分支机构，总部可留在一线城市，这样可减少反对阻力，但总部要定期派优质专业人才去二、三线城市工作，就如同政府内部的干部交流制度那样。

第二，实行“居者有其屋”的政策。很多二、三线的城市面临着严峻的房地产泡沫，而越来越多的大城市年轻人没有居所。为什么不可以实行“居者有其屋”呢？在优质资源逐渐流向二、三线城市的同时，通过“居者有其屋”政策鼓励和吸引年轻人到那里就业、创业。这样，既可以避免大量的人才留在大城市所造成的浪费，也可以促进二、三线城市的可持续发展。

第三，改进二、三线城市的社会政策。随着优质资源分流到二、三线城市，那里的社会政策也应同步跟进。例如，随着老龄化社会的来临，可以在二、三线城市建设更多的医院、养老院等。各类学校、体育设施、文化娱乐设施等也应跟进建设。

第四，加快小城镇建设和农村的现代化。要考虑到，即使中国的城市化达到了发达国家的水平，即 70％的水平，也仍然会有 5 亿多人口生活在农村。要避免这个庞大的群体“包围”城市，对城市构成不可承受的压力，就不能忽视农村建设。

同时，随着教育的扩张和城市务工人员这个特殊阶层的形成，今天的农民已不再是“日出而作、日落而息”的传统农民，而是具有与城市居民同样权利观念的新农民。如果忽视了这个群体的权利观，那将会是巨大的政治错误。因此，必须重视小城镇建设和农村的现代化，这个过程既可以实现经济的可持续发展，也可以为政治和社会的稳定打下基础。

原刊于《联合早报》2017 年 4 月 6 日

第五部分

教育改革和中国人才培养困局

中国教育改革的三大败笔

“文化大革命”一结束，中国就开始了教育改革。当时邓小平提出科学技术是第一生产力，把教育改革提高到国家的一个主要议程。从 20 世纪 80 年代到现在，中国的教育体制改革已经有这么多年了，但人们不难发现，中国和先进国家的教育科研差距并没有缩小。原因何在？关键还在于没有一个健全有效的教育体制。可以说，中国教育体制的改革并不成功，如果不是完全失败的话。以大学体制的改革为例，概括地说，迄今为止，改革有三大明显的败笔。

第一就是大学教育的产业化。在任何国家，大学都是非营利机构。但在中国，大学则是名副其实的产业，是一部赚钱的机器。邓小平南方谈话以后，整个国家的唯一目标就是赚钱，大学也无可避免。在前些年，当经济增长缺少动力的时候，一些知名的经济学家还公然提倡把教育转化成为一个新增长点。政府提倡科教兴国，把着眼点放在“钱”上；大学的校长们想要提升自己，也把眼光落在“钱”上。“钱”似乎成了中国教育改革的万能良药。但是，这么多年过去了，“钱”并没有给大学教育带来任何希望，反而导致了无穷的消极后果。

把创收作为目标，自然带来教育质量的大幅度下降。现在的很多大学教授把赚钱当做正业，而把教学和科研当做副业。当然，连教学和科研也是以“钱”为目标的。一个普遍的现象是，大学向有钱阶层屈服，教授向有钱学生屈服。大量有钱阶层的人士，如商界和政界的，涌入大学。他们中间尽管有很多好的学生，但不可避免的是，存在着大量的文凭、权、钱之间的交易。这样做对大家都有好处，教授、政治人物、商界人物都是“同学”，结成一体，对各自的未来都是增值的，唯一受损的就是教育制度。

在另一边，农村和城市低收入阶层的子女则缺乏接受大学教育的激励机制。考大学从来就是社会底层家庭改变贫穷状况和个人前途的最主要的一个途径。只要有可能，社会底层的子女都会拼命努力来争取接受高等教育的机会。但在教育产业化的今天，社会底层家庭及其子女普遍缺乏动力。因为他们即使成绩再好，也承受不了高额学费的负担。这些年来，考上了大学却因没钱而无法上大学的例子比比皆是，一些学生或者其家长甚至还因此走上了自杀之路。对社会底层人士来说，受教育机会的被剥夺几乎等于生存机会的被剥夺。在中国的传统里，这种情况经常导致非常严重的政治后果。现在也不例外，政府最终是要承担或者消化这样那样的政治后果的。

第二大败笔表现在毫无理性的大学升级上。从师范学校升为学院，从学院升为大学，高等专科学校不见了，专门性的学院不见了，代之以到处林立的大学。北京的学院路从前是名副其实，但现在那些学院全部升格为大学。中国大学发展还处于初级阶段，多一些大学本来没有什么不对，但问题是迄今为止的大学升级毫无理性可言。升级的动力大多来自于政治。教育部没有一个理性的宏观图景，让各个地方自行升级。为了地方利益，地方官员都希望自己的地盘里有大学的存在，不管怎么说，这也是地方领导的政绩之一。地方领导喜欢，学校的领导更喜欢。随着专科升为本科，学校领导的行政级别也自然跟着往上升，皆大欢喜。

这样做，受损的还是国家和学生。现在一方面是大学生大量积压、找不到工作而成为一大社会问题，另一方面是公司找不到有用的技术技能工人。在很大程度上，大学把大量的本来是非常优秀的学生“培养”成了学无所用的废料。中国现在是个工业化中的国家，在今后很长一段时间里会继续是。这种经济要求大量的技术型熟练工人，大学理应配合这种经济发展趋势，但没有这样做。中国有大量的基础研究，但就是没有办法把它们转化成为产品。即使可以转化成为产品，也没有好的工艺水平。这和德国、日本在工业化进程中的高等教育体制形成了鲜明的对比。可以说，缺乏高技能的熟练工人已经成为中国经济发展的一大制约。这种制约随着经济改革的深入会越来越明显。

第三大败笔就是假大空的并校风。为了赶上世界水平，这些年来国内到处出现合并风。企业的合并重组还说得过去，但大学的合并就显得毫无道理可言了。不知道这是领导层本身的思想还是从哪一个国家学来的经验？如果说大学升级的动力和地方利益有关，大学合并显然来自上面。上面搞瞎指挥，下面就跟着做。什么硕士点、博士点，什么一级学科、二级学科，什么教育科研基地，等等，都要上面来批准。这样就强行制造出大学合并的激励机制来了。一些大学之间本来就矛盾重重，但上面也要求强行合并。大的就是好的，大的就是先进的。但是事与愿违，不少大学合并了，不但假大空，而且失去了各自的特色。什么都没有改变，什么也改变不了，只是一种变相的权力再分配而已。

教育改革是一件关系到长远国家利益的、并且是极其复杂的大事情，可惜的是，“钱”字当头的教改思想已经给中国的教育带来了弃之不掉的负面效果。这种思维方式不纠正，无论怎样的教育改革也会无济于事。现在正是新领导层重新考量教改的时候了。

原刊于《信报》2003 年 11 月 18 日

教育改制面临制度制约

改革开放以来，中国的经济体制改革取得了巨大的成就，尽管还存在着一些问题，但随着市场制度的确立和与世界体系的接轨，新的经济体制已经为未来的发展奠定了基础。

教育体制显然就没有这么幸运了。尽管作了种种努力，但大概没有人能够夸口说，教育体制的改革也是成功的。虽然有进步，但在这个领域，中国和先进国家的距离不仅没有缩小，反而在扩大。显而易见的是，教育体制越来越成为中国深度经济发展的一个“瓶颈”。

没有自主性，教育不会有质量

为什么会这样？可以把教育体制改革和经济体制改革作一比较，看看前者的改革为什么不成功。经济改革的成功可以归纳为内外两大因素。内部因素就是企业本身的自治自主性。中国的企业本来并非市场经济中的企业，而是政府的一部分，负有政治、经济、社会等各方面的功能。只有当企业和政府分离开来后，经济改革才有了突破。

中国的教育和国有企业没有什么大的分别，直到现在，教育还是政府的一部分，特别是国家宣传机器的一部分。教育作为一个特殊的领域很难完全和政府脱钩，但政府对教育业的管理必须改变现有的形式。改革开放这么多年后，教育部还是停留在计划经济的水平。教育部权力越来越大，大多和教育有关的资源还是要由教育部来加以分配。从教育经费到职称评定到博导体制，都和教育部对资源的垄断有关。

和政府的紧密关系意味着教育业没有任何自治自主性。美国大学成功发展的根基就是自治自主性。哈佛、普林斯顿、耶鲁等现在的顶尖名牌大学，在开始时其实并没有什么了不起，当时也没有人预见到它们会发展到今天这个样子。但它们都有最重要的品质，就是自治的发展。就连大学教授的终身制也是为了保护教授们的自治自主性。有了终身制，他们就不用因为自己的学术观点而遭到学校的解聘或者受外界不利的影响。经过多年的努力，这些大学成为标准、质量的象征，为其他教育机构所仿效。

只要中国的教育界还不是一个具有自治自主性的组织，就不会成为高质量的教育机构。当任何教育资源都由政府部门来分配的时候，政府部门的评价也就成为教育界所要追求的指标了，这就失去了教育界本身的目标。这个恶性循环不打破，教育改革就没有希望。只有当教育界发展出自主性的“行规”来约束自身和评价自身的时候，才有可能制造出高质量的产品来，即人才。

垄断地位使教改动力不足

中国经济成功的另外一个制度环境就是外在的强大竞争压力。经济体制之所以能够转型，就在于非国有企业特别是私人企业的快速增长。中国的非国有企业历经了从小到大，再发展到主导地位的过程。非国有企业的发展不仅培养出新的体制因素，更重要的是给国有企业带来了莫大的压力，促使后者进行改革。

但中国的教育界就没有这样一个竞争环境。教育基本上还处于国家垄断状态。尽管有各种类型的民办学校（包括大学）产生，但仍然受到很大的限制。在可见的未来，教育界很难发展出一个强大的“非国有部门”，和已有的国有部门进行竞争。更为糟糕的是，新产生的民办学校往往就是企业，以营利为目标，忽视教育的特殊性。内部没有竞争压力，而外在的（国际的）压力更难影响到教育部门上。在没有竞争压力的情况下，中国的教育制度改革缺乏动力。结果，教育界就像一个亏本的大型国有企业。教育的投入每年都在增加，但是个无底洞，只见无穷的投入，不见好的产品出来。

制度滞后导致人才外流

教育本来是培养国家人才和精英的地方，但没有一个良好的制度环境，教育界形成了一种谁也不想看到的精英淘汰制。最显然的就是人才外流。有一位在国外非常有成就的华裔教育家曾经感慨万千地说，中国的一些学校是“武大郎开店”，一流人才很难回流。或许有人会说，人才外流是经济原因。但现在中国好的大学的教员收入已经不比任何其他国家差多少了，还是没有一流人才的回流。这里制度上的因素还是第一位的。如果教育制度不改，即使中国经济再持续增长数十年，中国的教育也很难赶得上先进国家。

教育改制难行的另外一个后果就是教育投资的外流。现在，每年有数以万计的中国学生到国外留学，而这些学生到底在学什么，学到了多少？没有人研究过。但很显然，很多海外教育机构（多数是二、三流甚至不入流的学校）只是把中国学生看成是一个教育的市场罢了，赢利是第一位的，而教育的成分有多少，只有那些学生才知道。说到底，反正国内教育机构都在卖文凭，国外大学也变相地加入进来。

教育体制的改革再也不能回避了，政府必须痛下决心，彻底改革旧制。人才竞争场上的失败永远弥补不了其他方面的伟大成功。原因很简单，教育是个百年大计。

原刊于《信报》2004 年 7 月 27 日

■ 中国教育体制的官僚化及其后果

很多经验现象表明，中国教育体制的官僚化或者说行政化已经到了不可容忍的地步。如果不能引入深刻的变革，体制内部的冲突会不可避免地浮上台面。近年来，各类冲突已经相当明显。有大学教授因体制问题而辞职，有教授因体制问题而拒绝招收博士和硕士研究生，有教授受行政部门的压力而不得不少说话，也有系主任被行政方面撤职，各种现象，不一而足。大学内部行政和学者之间的冲突并非中国所特有，在西方各国也偶尔会发生。例如，前些年美国哈佛大学校长因为不适当的言论而和教员发生冲突，因此被迫辞职。但中国教育体制内部的冲突具有特殊性，这些特殊性又折射出现存体制的内在矛盾及其改革的重要性。

在诸多特殊性中，有两个互为相关的特点尤为显著。首先就是教育以权力为本，以经济利益为本；以权力来追求经济利益，以经济利益来追求权力。权力和经济利益是教育界行政部门针对教员使用得最得心应手的手段。不管行政部门的主观目标如何，教育的目标实际上已经不是培养人才，而是为了权力和利益。其次，在行政和教员之间的冲突中，教员必定是失败的一方，像哈佛大学校长辞职的事件在中国是绝不可能发生的。这种现象不仅说明了中国的教育体制是行政主导型的，从更深一层看，也说明了教育界专业和职业空间的日渐缩小，而这一点对教育事业的影响是致命的。

教育部门绝非一般行政机构

从幼儿园、小学、中学到大学，教育部门是一种组织。但应当认识到，教育部门不是一般意义上的政治行政组织，也非一般意义上的工业经济组织。行政组织的目标是政策实施的效率，工业组织的目标也是效率，最大量地生产社会所需要的产品。为了达到效率这个目标，组织往往呈现等级化、上下级之间的服从和协调等特征。权力和利益在这些组织中也因此扮演着关键的角色。权力（和与之相关的物质利益）是行政部门的主要动力机制，而利益（和与之相关的权力职位）是工业部门的主要动力机制。

但教育组织显然不是这样。很简单，教育部门的唯一目标就是培养人才，教育组织内部所涉及的权力和利益是次要的，仅仅是为了维持教育组织的运作的可持续性。培养人才与生产服装、鞋帽和电子产品之间的不同不言自明。简单地说，任何工业产品都是可以通过从简单到复杂的各种机械装置生产出来的，而人才则不能。如果承认教育部门的目标是培养人才，那么就不能用管理行政部门工作人员和工厂工人的方法来管理培养人才的人（即教员）。

不过，很显然，中国教育主管部门已经很“科学”地把管理行政部门和工厂管理的方法应用到了教育组织。这些年来，教育部门盛行所谓的“投入—产出”的量化管理方法，对“量”已经到了崇拜的地步。这不仅表现在对学生的大量扩招上，表现在对经济利益(赚多少钱)的追求上，也表现在对教员的业绩评价上。由经济利益驱动的学生扩招已经成为中国的一大社会病。从幼儿园到大学甚至是博士生教育，教育机构俨然成了一个现代工厂的大规模生产线。重量不重质是中国到目前为止工业生产的特征，不幸的是，这也发生在教育界。不错，教育部门经常自豪地宣称培养了多少人才，但可惜很多人才就连就业的机会都甚微。教育部门或许是培养了人才，但可能是培养了错误的或者不适用的人才。

绩效评估看“量”不看结果

对“量”的崇拜也导致了教育目标的短期化。就大学来说，不仅有年度教学评审、学术成果评审，而且也有经费申请评审。一个研究员或者教授一生当中，如果有数篇有影响的研究论文已经不错了，可是中国的行政主管要求教员每年都生产出“有影响的”“高质量的”学术论文。有人算过，如果把现在世界上具有影响的杂志都让给中国学者来发表文章，都不足以达到中国教育主管部门的目标。对教员来说呢？每年生产这样的论文显然是不可能的，但生产是必须的，因为这关系到他们的职位、职业和生存问题。结果就是粗制滥造，抄袭成风。在研究经费的申请上也是这样，行政主管只看“量”，不看结果。只要你能够申请到钱，你就是人才，申请不到钱，你做出最好的研究，也很难被领导看重。到处找钱、到处“乞讨”成了多数教员的一大负担。但荒唐的是，好像没有人来关心这些钱所产生的研究结果。无论是找钱的过程还是成果评审过程，其中所包含的腐败人人皆知，但主管部门无动于衷，因为这已经变成教育界的一大“潜规则”了。

对“量”的追求也导致了可以称之为“假人本教育”的现象。商业界说“顾客是上帝”，教育界说“学生是上帝”。既然学生是上帝，教员就成了服务员，传统的“师道尊严”这个概念现在已不被人看重。实际上，“讨好学生”也是教育界的“潜规则”，能够讨好学生的教师的教学评审肯定要比那些不能讨好学生的要好。表面上，这好像就是“人本教育”，实质上则不然。传统教育强调灌输，强调教师的人格影响，这当然有很大的缺陷，使得学生贫于独立思考，穷于研究方法。但现在学生的质量又怎样呢？只是一味地迁就学生，学生能从教员那里学到什么？大概没有人可以十分确定地说，现在的教育质量较之教育产业化之前提高了许多。

实际上，对很多学校行政领导来说，讨好学生是为了经济利益。人本教育在这里是没有任何影子的。行政领导要求教员对学生要有“以人为本”的精神，尽最大的力量为学生服务；但另一方面，学校行政领导本身并不是为教员服务的。在西方，学校行政系统是为教员服务的，但在中国，行政是领导，是对教员发号施令的。教员夹在中间，受行政和学生的双重压力。谁都知道，教育的主体就是教员，但如今教员的教育和研究环境越来越差。他们自觉或者不自觉地钻到行政为他们所设计的各种“笼子”里面：有的教员成了学校赢利的工具；有的则是职位寻租，利用教职为自己谋取利益；或者两者兼而有之。当然，更多的教员感到的只是无能为力，逐流于教育产业化浪潮中间。

错学西方发达国家经验

教育的行政化也使得中国的教育界错学西方发达国家的经验。为了赶上西方国家，教育学西方是必然的趋势。自 20 世纪 90 年代以来，实际上没少学西方，国家每年派出大量的人出国考察，各大学也在这方面变本加厉。但可惜的是，出国考察的大多是领导和行政人员。不能说，他们在西方没有学到任何东西，但可以肯定的是，他们中的多数只学到了西方的一些外壳，没有学到西方的教育精神。

举一个科研的例子就足够说明这个问题了。在西方，无论是自然科学还是社会科学，教育最重要的任务是培养学生的科研精神，培养他们发现问题、分析问题和解决问题的能力。但中国的教育官僚则没有学到这种独立的科学精神，相反，他们学到的是一套表面的科学“八股”。中国早就废除了自己的传统学术“八股”，但现在又学来了一套西方“八股”。这种新“八股”已经开始毒害中国的教学者和学生。对很多中国学者和学生来说，科学就是对洋“八股”进行填充，找些资料和数据往定式的“八股”一填，就算科学研究了。做学问必须有一定形式的“八股”，在西方，谁都知道，这种“八股”只是表达思想和科学发现的一种形式罢了。但在中国，“八股”却成了科学研究本身。所以，尽管中国学者的研究似乎和国际接了轨，很多学术文章也能见于国际学术期刊上，但这并不表明中国学者真正有了新的思想和发明。用时下流行的术语说，就是没有自主创新。可以说，在没有学到真正的科学研究精神之前，各种进口的洋“八股”研究是培养不出大师级学者来的，更不用说建设中国本身的研究体系了。

权力被错误使用

中国要培养人才，尤其是大师级人才，教育必须改革。但教改必须首先确定一个正确的方向。方向错了，教育越改革，问题就会越多，对培养人才就越不利。从表面上看，人本教育已经为教育界各级领导所接受，但实际上可能只是口号而已。如果不能在体制上对教育作根本的改革，那么人本教育永远只会是一个口号，只能行人本之名，图权力和利益之实。那么如何把人本教育表达为体制？这个问题教育界没有人能够回答。

方向确定后就是如何推进改革的问题。这里又涉及一个似乎敏感的权力和学术的问题。很多人痛恨权力干预学术，简单地把中国教育所存在的问题归结为权力问题。实际上，权力和学术的问题很复杂。把权力全都下放到研究者和教员手上，也并不见得能解决问题。在后发展中国家（包括早期的德国和日本），要赶上先进国家，权力介入教改不可避免。不是所有的权力都是负面的，权力既可以成事，也可败事。要改革就需要权力。问题是谁来行使权力？在中国，问题并不在于教育行政部门的权力使用，而是权力的错误使用。权力没有被用来改善培养人才的环境，而是被用来追求更多的权力或者经济利益。很显然，权力的错误使用一方面和现存教育体制有关，另一方面与使用权力的官员有关。很多教育界官员尽管有专业背景，但"屁股指挥脑袋"，一旦走上官场，就俨然成为官僚。而让官僚来管理教育必然导致教育体制官僚化。

体制要有人来改革，但人经常被体制同化。这似乎变成了"鸡"和"蛋"的关系，给人们一幅悲观的图景。从世界各国的教育改革经验来说，要跳出教育改革"鸡"与"蛋"的恶性循环状态，首先要有一群能够超越于权力和利益之上的教育改革家。中国并不缺乏这样一个群体，但这个群体是否能主导教育改革，则显然超越了教改范畴，而变成了一个政治问题。

原刊于《联合早报》2007 年 4 月 10 日

■ 教育部门的 GDP 主义及其后果

无可否认，中国的教育部门也一直在追求 GDP 主义。GDP 主义处处可见，大学升级（从各类中等技术学校、学院升级为大学）、大幅扩大招生、大学合并、大举兴建大学城、重量不重质的教师业绩评估、孔子学院的大跃进等，不一而足。如同经济部门一样，GDP 主义使得教育方方面面的“产值”上去了，但也产生了无穷的恶果。这些恶果不仅制约着教育部门本身的进步，也制约着中国人才的质量。因为和其他部门不一样，教育部门关乎百年人才大计，不当的制度严重影响其所培养的人才的质量。再者，这些恶果不仅制约着中国社会经济的发展，也制约着中国国际软力量的发展。本文并不想列举教育 GDP 主义的种种负面效果，而是局限于教育升级扩招和孔子学院来分析其这些方面的影响。

教育机构没有承担起“社会责任”

先以升级和扩招为例。为什么要升级和扩招，教育部门的正式说法是，为了使更多的人获得教育机会。随着社会的进步，更多的人是要获得教育的机会，这并没有错，但教育不仅仅要培养人才，而且要培养有用的人才。教育部门一方面追求产业化，但另一方面其培养的人才是最不符合市场需要的。在教育部门进行所谓的教育改革的时候，根本就没有考虑到社会经济的需求。在中国社会经济发展的这个阶段，尤其是工业化的这个阶段，最需要的是技能工人，但中国的现实是，熟练工人非常匮乏。因为中专、大专和各类技术学校都变成了大学，自然造成了培养这类技术工人的学校的大量缺乏。这就导致了今天人们所面临的困境：一方面是数以百万计的大学生找不到工作，另一方面是企业招不到有用的人才。中国的学生是非常优秀的，但经过四年的大学培养，往往变成了无用之人。当然，这和中国人的社会心理也有关系，中国人都希望自己的孩子可以进北大和清华，可以"学而优则仕"。但很显然，教育部门也充分利用了家长的这种社会心理。在很大程度上可以说，中国的教育机构只图利，而没有承担起"社会责任"。

由此产生的后果当然不仅涉及学生本身，也关系到社会经济的发展，其中一个负面影响就是产业升级困难重重。很多年来，中国在产业升级方面过分依赖于投资，这可以从劳动密集型、资本密集型等说法上看出来。但问题是，为什么产业升级从内部来说没有巨大的动力呢？人才是一个很重要的因素。中国的很多基础研究都非常先进，并不亚于发达国家，但就是转化不了产品。同样一种技术，拿到日本、德国生产和拿到中国生产就有巨大的差异，工人的技术和工艺水平是其中的关键。中国尽管已经是世界制造业中心，但是制造的大多是产业链上的低端产品。企业依赖的是无穷的廉价的和毫无技术要求的劳动力，而学校也不培养能够促使中国产业升级的劳动力。可以确切地说，如果中国的学校不能培养大量的技能工人，中国很难成为一个创新型国家。技能工人而非外来的技术和资本是内发型技术创新国家的最重要的因素。

再进一步说，中国的教育制度也非常严重地制约着中国企业家的生产。在发达国家的早期工业化阶段，就企业家的教育背景来说，大多数企业家都毕业于中等技术学校。他们所受的教育使得他们能够对某些现存技术进行改进，甚至创造新的技术。而在高端技术领域如物理、化学和航天等，企业家则是少数。这在任何社会都是一样的，但中国教育制度所培养的人才并不符合这个分布。如上所说，中国在下端是毫无技术要求的工人，大多为农民工，顶端是从事基础研究的科学家，缺少的就是中间地带的人才。而没有这个中间地带的人才，不仅造成了上面所说的产业升级的困难，更造成企业家的缺失。而企业家群体的缺失是中国中小企业不能得到良好发展的一个重要因素。不管怎样，中国经济现在所面临的很多困难，教育部门是有责任的，至少从培养人才的角度来说。

孔子学院的不可持续性

孔子学院则是教育部门追求 GDP 的外在表现。孔子学院项目诞生以来，有太多的人大唱赞歌，这可以理解。随着中国的崛起，中国也要在海外追求自己的软力量。但海外已经有不少人在担忧，不用过多久，孔子学院将不仅成不了中国的软力量，而且会成为中国在海外的负资产和包袱。这种看法并非没有道理。孔子学院首先表现为其不可持续性。孔子学院现在已经在世界遍地开花，这当然和国家汉办的推动分不开。每一家孔子学院最初几年由汉办提供经济资助，一段时间以后，就要由承办孔子学院的组织来承担经济责任。除非来自中国的经济资助是无限的，否则光从经济上说，孔子学院很难持续下去。但问题是，数量那么庞大的孔子学院，中国方面能够一直承担下去吗？实际上，已经有相当多的孔子学院的经济状况出现了很大的问题。

除少数有特殊定位的孔子学院外，大多数孔子学院被定位为语言教育机构，这种定位使人不解。语言教育是市场决定的，就像中国人学英文。为什么那么多的中国人学英文？是因为英文与人们的利益相关，换句话说，中国人学英文并不是美国和英国政府推动的结果。这同样表现在中文学习上。中国的崛起和与各国相关性的增加本来就已经促成人们学习中文的巨大动力。在孔子学院之前，各国尤其是西方各国，学习中文的学生人数一直在增长。除了在很贫穷的发展中国家，很难说孔子学院在鼓励人们学中文方面起到了多大的作用。

可以说，孔子学院项目的产生更多的是出于教育部门的 GDP 主义精神，而非专业精神。人们很难看到这个项目中所隐含着的专业精神。追求软力量不能盲目，而必须具有专业精神。从专业精神的角度来看，成立一个孔子基金会要比遍地开花建孔子学院有效得多。如果说今天的孔子学院侧重的是毫无实际效果的遍地撒钱，那么孔子基金会则可以成为培养各国的中国问题精英进而传播中国文化的有效方法。

教育家首先应是教育家

教育部门为什么追求教育 GDP？首先是因为从教育主管部门到各类学校校长，其身份最主要的是官员，或者说他（她）们追求的是官员而非专业教育家身份。在任何国家，教育部门是最讲求专业精神的，但在中国却看不到。

其次是中国实际上的教育产业化。尽管并没有明文的教育产业化的国家政策，但教育部门实际追求的就是产业化。一旦产业化，GDP主义就会马上产生效应，因为在这里，教育“利润”变得相关了。为了钱，教育部门要么向社会（学生家长）要钱，要么向政府部门要钱（各种变相的教育财政和补贴），要么向银行要钱（借债）。无论哪一项，钱的数量是最重要的。升级和扩招也不可避免，因为它们带来巨大的金钱量。

没有任何国家的大学是有行政级别的。大学重视的是教育质量、人才的培养、学术的声望和社会的尊重。这些在其他国家最为重要的品质，中国的大学是不去追求的。大学校长们热衷追求的就是官职。

教育家追求官职势必造成种种恶果。中国的教育改革就要从去官职开始。现实地说，要学校尤其是大学去政治化很困难，但去行政化则是很简单的一件事情，就是说，大学校长们还可以是任命的，但必须去掉他们的行政级别。教育家应当首先是教育家，而非其他。教育不改革，国家就毫无希望。从民国时代的“教育救国”到改革开放以后“科教兴国”的种种口号，都说明了这个道理。但严酷的现实是，差不多已经过了一个世纪，中国的教育还是远离人们的期待。

原刊于《参考消息》2009年1月22日

改变“过度教育”和“教育不足”的局面

2009年初，新华社播发了国务院总理温家宝的署名文章《百年大计教育为本》。文章说，“对目前社会反映义务教育中优质教育资源分布不均衡的问题，要找准症结所在，提出解决问题的思路和措施”，“收入不公平会影响人的一时，但是教育不公平会影响人的一生”。文章特别提到要关注农村孩子受教育问题，“有个现象值得我们注意，过去我们上大学的时候，班里农村的孩子几乎占到80%，甚至还要高，现在不同了，农村学生的比重下降了。这是我常想的一件事情。本来经济社会发展了，农民收入逐步提高了，农村孩子上学的机会多了，但是他们上高职、上大学的比重却下降了”。

2003年以来，无论是经济还是社会和教育等改革，政府的政策一直在努力向社会的弱势群体倾斜。但无论什么样的政策，从制定到执行，总是受到现存体制的制约，在教育改革问题上也是如此。温家宝总理的这番讲话当是有感而发。这里提到了两个不公平，一是收入不公平，二是教育不公平。但两个不公平显然具有相关性。再者，在任何社会，政府在解决这两个不公平过程中负有不可推卸的责任。

过度教育和教育不足

实际上，中国的教育和收入分配呈现出同样一个模式。在收入分配领域，无需多说，中国的分布是少数人的过度消费和广大弱势群体的消费不足。掌握中国大部分财富的少数人，他们的消费方式现在是尽人皆知，令很多老牌资本主义国家的富人也会自叹不如。同时，广大的弱势群体，尤其是农村人口和城市贫民存在着消费严重不足的状态，很多人仍然处于不足温饱阶段。中国尽管在消除贫穷方面取得了很大的进步，但穷人的绝对人口数还是非常庞大。很显然，少数人过度消费与广大弱势群体消费不足是今天中国建立全面消费社会的一个结构性矛盾。无论是中国的产业结构还是经济增长模式，都是有利于财富向少数人转移的。

在教育领域，不公平则表现在一些人的过度教育和另一些人的教育不足上。温家宝总理这里所说的农村孩子就是教育不足的一个最主要的群体。从全国范围来看，中国目前总人口中的绝大多数还是生活在农村，或者还是农村户口，但城乡大学生的比例却是82.3%和17.7%。20世纪80年代，高校中的农村生源还占30%以上。

如同收入分配领域，教育不公也有很多原因。但在诸多原因中，大多数还是和钱有关，也就是和收入分配不公有关。与钱相关的表现在两个方面：一是农民自己的收入过低，供应不起其孩子的高中和大学的费用。这些年来，越来越多的农村孩子尽管高考成绩很好，但家里没有钱提供给他们上大学。二是政府对农村教育投入严重不足。由于人才的流动性，农村地区的优秀教师往往会离开农村流向比较富有的城市，这使得农村地区的教育质量大受影响，自然影响到农村学生的高考成绩。很多年以来，以教育产业化为目标的教育改革（尽管有关部门否认有这样的政策）一直对农村的小孩不利。越来越多的高中和大学已经变成了一些人追求经济利益的工具，他们的对象是有钱有势者，而非无钱无势的农村学生。另外一些教育改革，如高考对农村学生的英文成绩尤其是口语成绩的要求，似乎是在故意剥夺农村孩子接受高等教育的权利。教育部门没有尽到责任在农村建立能够提供学生生产一种产品的基础设施，却要求学生生产该种产品。这完全是教育官僚主义的结果。

巨大的社会政治代价

无论是教育过度还是教育不足，都会有巨大的社会政治代价。先说教育过度问题，教育过度就是说，培养出来的学生不能满足和适应社会经济发展的需要，出现这样一种情况：一方面是缺乏大量技术工人，另一方面是大学毕业生找不到工作。且不说缺少技术工人对一个国家工业化和技术升级的制约，单是大量毕业生找不到工作对社会稳定来说就会是个大问题。现在有关方面的主要方法是把很大一部分学生留在学校，要他们继续读硕士研究生或博士研究生，但这样做只是把压力往后推一点。等到这些人毕业时，情况会更糟糕。

在任何社会，教育过度都会对社会稳定产生负面影响。一个人在过度教育之后能够做什么呢？过度教育在很大程度上意味着过度期待。当过度期待不能得到满足时，激进的行为就会自然产生。从这个角度来看，过度教育经常培养的是运动家和革命家。

正因为这样，即使受市场影响很大的西方国家，也非常注意过度教育的问题。在冷战时期，一些国家为了抵制所谓的“共产主义运动”，也把注意力放在过度教育上，也就是防止学生的过度教育。从另一个侧面，防止过度教育，就是要为社会培养有用的人才，和社会经济发展阶段相配合。

在另一端，教育不足也同样有政治代价。如上面所说，在中国，教育不足主要发生在农村地区，包括大量的农民工人群中。在这些群体中，教育不足一方面来自教育质量问题。和城市相比，这些社会群体的孩子缺少接受良好教育的基础设施，导致成绩不好，没有资格上好的高中和大学。与此同样重要的是这些社会群体的家庭财务问题。很多孩子的考试成绩尽管非常好，但因为学费昂贵，失去了上高中和大学的机会。

看不到希望便只有怨恨

美国研究中国社会的学者罗珊（Stanley Rosan）教授，在其研究中也注意到了教育不足的问题。在20世纪90年代之前，中国的教育费用不高。那个时候，尽管经济不像现在这么发达，但广大的农村也能分配到一定的教育资源。这个制度比较公正，其优点是使人们相信，只要通过自己的勤奋努力，不管多么贫穷，总会取得成功。实际上，现在在各个领域起到领军作用的人正是那个时代的产物。那一代人寻求“生命的意义”，尽管对社会不满，但有理想改造社会。但新一代就很不一样了。他们是教育产业化的结果，金钱是他们的核心价值。在现代中国，社会的流动和金钱的多少相关联，而和自己的努力越来越不相关。“给我钱，我给你小孩找到上大学的路子”。这一代的很多人因此相信，钱而非自己的努力是通往成功的关键要素。

尽管人们对罗珊教授的观察可以有不同的看法，但可以合理地认为，中国教育制度已经失去了人才培养的功能。当学生的才智变得不那么重要的时候，教育制度就从精英培养演变成为精英淘汰制度。学校是个典型的地方，在这里人们竞争的应当是才智，但现在却变成了金钱的竞争。

那么对那些才智卓越，但贫于金钱的学生来说，他们会有怎样的感受呢？当这个教育制度不能提供给他们任何希望的时候，他们只有怨恨。在中国历史上，正是这些深刻感受到社会不公平的基层知识者带头起来改变历史的发展。如果意识到这个教育不足群体往往属于消费不足群体时，问题就更为严重。这也从另外一个侧面说明了当今中国社会改革（社会保障、医疗卫生和教育等）对中国社会稳定和可持续发展的重要性了。

原刊于《联合早报》2009 年 2 月 24 日

官僚化教育评审制度的恶果

中国工程院院士李国杰教授曾经很形象地把“科学引文索引”（SCI，science citation index）称为“愚蠢的中国式观念”（stupid Chinese idea）。SCI的原意是要帮助科研人员有效获取文献信息，但引入中国之后逐渐演变和异化，到今天已经成为学校排名、科研项目评审、科研申报、科研人员评价奖励等几乎覆盖所有科研领域的最重要甚至是唯一的评价标准。但实际上，情况要比李教授所言严重得多。考虑到类似的评审制度已经渗透到包括人文社会科学在内的所有教育活动领域，如果各种异化了的官僚化评审制度得不到纠正，长此以往，就会使得中国人变得愚蠢，永远培养不出一流的人才，国家也永远成不了一流的强国。

历史地看，引入西方的一些科学评审实践方法有其必然性。在中国，尽管有数千年的辉煌的科学技术发展历史，但并没有发展出像近代西方那样系统的科学研究体系。在社会科学方面尤其如此。中国只有史学传统，而缺少社会科学传统。从90年以前五四运动提出的“民主”与“科学”的口号来看，中国人早就意识到科学技术是国家强大的一个最主要根源。要强大，学习西方和引入西方科学体系不可避免。但 20 多年来大量引入西方科学研究(包括自然科学和人文社会科学)评审体系,有其更深刻的政治背景。可以说,它主要是对改革开放前唯意识形态为评审标准的反动。

科学评审异化为官僚评审

在西方,科学评审是科学研究的一部分,但一到中国就马上异化了。原因可能再简单不过了。在西方,这样那样的评估体系只是科学研究者们方便和促进科学研究的工具;但在中国,它们则成了官僚机构衡量一切的有效武器。就是说,它们已经不再是研究者群体本身的工具,而是官僚制度管理学术研究的一项制度安排。

也很显然,类似的评审制度不仅仅局限在科学研究部门,还发展到了其他教育和研究活动,如这些年流行的教育考核制度。教育考核很多国家都有,但都是由专业人士来确定和推行的。但在中国,各种考核都是由教育官僚决定和推行。中国的教育资源,大多是教育官僚来分配的。教育评估者和资源分配者的合一导致了教育官僚的专制权力。一些地方出现一群校长和教授围着教育部门派来的一个小官员团团转的事情。尽管这样的事情令中国的校长和教授们蒙羞,但在这个制度环境下他们的行为很好理解。因为教育官僚的一言一行决定了学校的等级和所能获得资源的多少,校长和教授们要取悦的并非那个小官员,而是资源。

类似的评审制度多得出奇,不可胜数,如职称的评审、博士点、教育基地的设置等等。教育部门能动性很高,乐此不疲地从西方引入各种评审制度;如果西方没有,他们也可主动创新。因为这些既是权威的象征,同时也涉及巨大的经济利益。再者,长期以来,教育部门对西方引入的东西从来是不加怀疑的。在缺失自信的教育官僚眼中，由西方引入的东西甚至已经有了道德的含义。他们根本就没有考量到，在西方是科学的东西，到了他们自己的手中则成了反科学的了。人们往往只看到这里面所涉及的经济上的腐败，但实际上，更为严重的是整体教育制度的腐败。

不了解自身社会，遑论改造

教育官僚把这样那样的评审制度套到中国，反而使得中国的教育和研究没有创新能力。无论是科研制度还是科研评审制度的移植，在自然科学和工程学还说得过去，因为纯科学有其普遍性；用到人文和社会科学，则毫无道理可言。在社会科学，例如经济学，中国的学者们一方面大叫现存西方经济学解释不了中国的经济发展，但另一方面则继续不加思考地把西方经济学强加给中国学生。把解释苹果（西方）的理论套到橘子头上，结果是不伦不类。在马克思那里，知识分子担负着双重的功能，即认识世界和改造世界。很显然，改造世界是以认识世界为前提的。很长时间以来，中国的知识分子一直在口口声声地说要改造社会，但是如果连自己的社会是什么样子都搞不清楚，如何来改造它？中国的知识分子从来就没有成功地改造过中国，这并不难理解。

学习是一个再创造和创新的过程，而不是简单地接受。社会科学就是解释特定社会现象的科学。在学习西方和美国的时候，人们只学概念性的东西，而不是方法。西方社会科学中概念性的东西都是西方社会科学家在观察西方社会现象过程中提取出来的。现在中国学者把解释西方社会的概念，机械地应用到了中国，而不是用科学的方法来观察自己的社会，通过这种观察抽象出新的概念和理论。很多学者只知道搬用西方概念，而忘记了去考察这些概念从何而来。事实上，真正要学习西方的是人家如何观察社会现象，也就是方法，而不是人家观察的结果（概念和理论）。

现在各种由西方进口的主义充塞着中国社会科学研究。很多人都爱讲这个主义、那个主义，但他们实际上学到的只是形式和概念，而没有学到西方社会科学的本质。可以毫不夸张地说，现在的国际社会科学理论中没有一个概念是和中国相关的，更不要说是理论了。今天人们所看到的大多数社会科学家和思想家，都是欧洲转型的产物，就是说，他们的学说和知识产生于对欧洲转型的观察和研究。中国的转型是人类历史上最为巨大的，但到现在为止，没有产生一个和中国转型相关的社会科学理论。中国的社会科学研究者如果光简单地接受西方理论，就永远建立不起能够解释中国社会现象的科学，或者中国社会科学。

应让专业人士担当更重要角色

要建立中国自己的社会科学，就要避免中国思维的美国化或者西方化。但事实上，西方化已经根深蒂固地被制度化了，因为西方的概念已经深深融入中国教育官僚所主导的各种评价体系里面了。比如，运用西方尤其是美国社会科学的概念来分析中国的问题，这样的研究很容易被国际主流社会所接受，因为这个“主流”是由西方来确定的。更重要的是，很多权威学术管理机构和学术评估机构都以美国为自己的标准，一篇文章只要发表在美国的刊物上，就是好文章。因为自己没有社会科学研究和评估体系，只好搬用他国的。但在搬用过程中，所建立的体系可以说是比美国人还美国化。美国和西方的评估体系是开放的，具有竞争性，评审标准也与时俱进。西方学界根本不认为存在着唯一的标准，因此其评估体系也是多元体系。但这套东西一旦到了中国，就变得具有垄断性和封闭性。这是现有的教育和研究体制官僚化造成的。美国和西方的思维霸权在美国和西方没有建立起来，但在中国很容易就建立起来了。照这样下去，中国永远不可能实现真正的理论创新，建立中国的社会科学更是遥遥无期。

对后发展中国家来说，在教育和研究发展过程中，政府的确应当扮演一个更为重要的角色。西方国家历经数百年确立起现代教育和研究标准，如果没有政府的大力推动，后发展中国家很难赶上西方发达国家。但是，政府的作用不应当理解成为政府官员或者教育官僚的作用。专业人士应当扮演一个比政府官僚更为重要的角色，或者说政府官僚应当配合专业人士而发生作用。德国政府曾经这样做，日本政府也曾经这样做，这两个国家无论在教育还是科研方面都处于世界领先地位。如果不能对中国教育科研官僚主导的评审制度进行深刻的改革，中国永远会处于贫于创新和贫于思想的状态。

原刊于《联合早报》2009年3月2日

■商业化模式与教育的异化

改革开放之初，邓小平所说的两句话对日后的中国产生了深远的影响。第一句话是“科学技术是第一生产力”；第二句话是“教育要从娃娃抓起”。在教育荒废多年之后，当时的中国人尤其是教育科研工作者听到这两句话时的激动情绪可想而知，他们再次走上了近代中国人梦寐以求的“教育救国”的道路。

教育育人，培养人才，至少具有三层含义：其一，让具有自然属性的人，以正常的轨迹成长；其二，通过传授已有的知识，使人掌握必要的技能，至少能够具有自我生存能力；其三，有能力创造新的知识，为“人作为群体的一部分”（即社会）的发展做加法和贡献。

经过近 40 年的发展，中国的教育已经发生天翻地覆的变化。但在人们沉醉于所取得的巨大成就时，头脑冷静和敏锐的人则感觉到了中国教育制度里面所隐含的巨大危机，他们已经从教育中看到了未来的中国。正如谚语所说的“种瓜得瓜、种豆得豆”，任何国家，最不能欺骗的就是一个人所受的教育，什么样的教育，就产生什么样的人，就会有什么样的未来。

客观地说，纵观中国的近代史，在很多方面，人才培养仍然没有达到历史的高度。例如,没有人敢断言,现在的人才培养可以与既贫穷又战乱的西南联大时期相比。或者引用钱学森先生的话说:“中国还没有培养出自己的大师来。”

可悲的一代

更为悲观的是,在文化复兴和国家崛起需要大量智力支撑的时候,中国开始迎来不被看好甚至可悲的一代。这里有两层意义:

第一,尽管没有人乐意看到这个局面,但不管喜欢与否,从经验看,这样一个时代已经降临,并且来得比人们想象的还快。

第二,这个群体不是自然生存的,也不是从天上掉下来的;相反,他们是被培养出来的。

中国人的基因并不差,智商也不差,但是从幼儿园到大学,人们却一直在制造“废品”。制造“废品”的过程漫长,其中的因素和利益相关者有很多,牵涉政治的、行政管理的、社会文化的、个人心理的,等等,这些都需要另文一一深入讨论。不过,商业化运行的教育模式是其中一个最主要的原因。商业化是如何废掉中国的人才的?这个问题至少可以从如下几个层面来讨论。

学校是教育的主体。学校通过商业化运行模式来赚钱盈利本无可厚非,不过,钱的唯一目的应该是培养人才,而非其他。但如今很多学校将赚钱盈利变成了目标——一个远较培养人才更高的目标。这就彻底地改变了教育的性质。学校赚钱有供给方和需求方两方面的原因。

商业化教育模式下的供需方

从供给方来说,从幼儿园到高校,这个长长的环节并非是人才的培养基地，而是金钱生产线。改革开放以来的市场化浪潮，很快就把这个原本还比较清静的“知识领地”出让给了商业组织，同时学校本身也变成了商业组织。无论是学校还是商业组织，都提供着大量的培训、课外、补课等“项目”供家长选择。

这些“项目”的盈利率远远高于教育本身。难怪许多教育工作者把主要的精力放在了这些课外项目上，而对课堂讲课敷衍了事。再者，各方精致地营销他们的“项目”，把每一个“项目”说得天花乱坠，似乎缺少任何一个“项目”，孩子轻则会缺少竞争力，重则人生无望了，不少家长陷入焦虑而不能自拔。

在这种商业模式的驱动下，中国的孩子可能还在娘胎里就开始被进行“生前教育”了，因为在父母看来，这个阶段孩子实际上已经在和其他孩子进行激烈竞争了。出生之后，各种学前教育活动让人眼花缭乱。进入学校之后，更是有数不清的课外活动。“不能让孩子输在起跑线上”，这是每一个中国父母对自己的日常警告。中国的家长有一个自以为是“品德”的东西，即“望子成龙”。很多家长自己不努力，或者自己努力不成，就转而把希望都寄托在孩子身上。

例如，中国农民的文化水平普遍较低，因此上大学在很长时间里是农民子弟唯一的出路。今天，农民尽管也有了其他出路，如外出打工和经商，但上大学仍然是农村家庭向上社会流动的最重要的路径。一般城市家庭甚至受过高等教育的人群也是如此，他们或许会因为自己的生活不如意，而把所有的希望寄托在孩子身上。

实际上，大量的研究表明，通过这些途径学习到的东西绝大多数毫无价值，对以后没有什么正面影响。而负面的影响则是显著的，很多孩子因此对学习产生了厌恶感甚至恐惧感。道理很简单，孩子被剥夺了他们所具有的自然成长权利，消耗和浪费了正常的成长经历，被揠苗助长，越来越多的人还没有长大成人，就开始对人生失去兴趣和热情。在现实中，越来越多的人成了“小大人”，他们少年老成，有匪夷所思的“幽默”，却很少具有真正的智慧。

这种现象其实早已经存在。20世纪80年代出现的“少年大学生”这个群体，当时也被媒体吹嘘得厉害。他们后来怎样了呢？被退学的有之，出家当和尚的有之，自寻短见的有之，而更多的是庸庸碌碌之辈。原因也很简单，他们只是被制造成了考试的机器，而被剥夺了人的权利。

人们可以算一下，从80年代到现在，上中外名校的人有多少，到底有多少人是成功的。作为商业教育模式的其中一个利益相关方，中国的媒体不时会搬出所谓的名校学生，宣扬他们多么厉害，多么辉煌。但是，媒体没有持续关注这些人在五年或者十年之后怎么样了。经验地看，成功的寥寥无几，更多的人并不比其他没有进入这些名校的好多少，有的甚至比进入二流、三流学校的还差。

大多数成功人士并不出在中外名校，而是一般学校。从孩童到大学，教育的目的是育人。中国传统智慧强调“先做人，后做事”。现在的教育体制却在很大程度上剥夺了孩子做人的权利，在没有成为人的情况下，如何要求他们做学问或者做其他事业呢？

就需求方来说，商业化教育模式也有效迎合了中国父母的文化心理。中国历来就有“学而优则仕”的传统，在士、农、工、商的等级社会，成为“士”无疑是理想的目标。这一社会心理看来并没有被近代以来的革命所摧毁，而改革开放之后，这一心理不仅复活了，而且变本加厉，中国的父母又增加了一种新的文化心理，即“学而优则商”。

多年来，人们对商学趋之若鹜。不仅商学本身，其他的学科也在变相地“商科化”。中国的商科不强调商业精神和责任，更不强调技术和工匠精神，而重在培养人际网络。尽管政府一直在强调工匠精神，但到目前为止，工匠精神并没有得到真正的重视。

20世纪90年代以来，中国的投机精神非常旺盛，和商学的兴旺密不可分；而腐败就是“学而优则仕”和“学而优则商”两者融合的结果。当然，如果没有当成官、经成商，又会走向另一个反面，那就是“学习无用论”。的确，学习的“含金量”是越来越少了。

更为重要的是政府政策。政府政策不是去纠正社会趋势，而是投其所好。盛行不衰的GDP主义也在教育界横行，最显著地表现在90年代以来的教育大扩张上。教育的产业化让穷人的孩子上不起学，给那些上学了的孩子则注入了扭曲的金钱观。多年来，能进入好一些大学的农村孩子越来越少。社会的智力分化要比其他方面的分化严重得多，结果是难以想象的。在以户籍制度为核心的城乡隔离制度环境下，城乡两个群体互不认同，一旦将来控制力减弱，后果就会显现。

这些年来，人们讲了中国面临的很多陷阱。今天，可能需要加上一个更严峻的陷阱，即“愚昧陷阱”。如何避免这个陷阱是各利益相关方的共同责任。不过，对家长来说，有几个简单的因素需要考量。

其一，要让孩子有一个未来，首先就要把孩子当作一个自然人，赋予其自然的成长空间和自然的成长过程。许多家长现在所做的很多都是与自然属性背道而驰的，这无异于剥夺了人的自然属性，人将不成其为人。

其二，今天的知识和学习环境变了，与近代教育制度起始之时已经有了天壤之别。巨量的知识随手可得，不需要那么多的时间来学习既有的知识。北欧已经有国家开始试验，完全没有课本，把学生从课本（及与课本相关的东西）中解放出来，走向实践。

其三，随着大数据等技术的出现，医生、律师、会计师、金融师等可以数字化的、合乎逻辑思维的工作岗位，大都可以被取代。

未来属于具有创造性思维的人才，创造性思维则来自实践，也只能来自实践。

原刊于《联合早报》2017年10月31日

第六部分

土地、农村和农民工

土地流转制度与中国政治社会的改革

中共十七届三中全会做出了《中共中央关于推进农村改革发展若干重大问题的决定》，决定了土地流转制度是新一轮中国农村改革的轴心。很快，海内外对这个文件给予了前所未有的关注。和其他方方面面的改革不一样，农村的改革可以说是少数几个带有全局影响的改革。正因为如此，对新的改革或抱高度的期望，或表现出极大的担忧，都是正常的现象。重要的是，改革者能否保持清醒的头脑，既不因为叫好声而飘飘然，也不因为批评声而止步不前。

对土地改革抱乐观态度的是改革者。很简单，如果对这一改革没有良好的预期，就不会主张改革了。土地问题是农村的根本性问题。的确，"三农"问题中很多问题的解决必须从土地入手。

赋权、收入与土地改革

首先是农村党政官员在土地问题上的腐败。地方政权利用手中的权力任意征用农民的土地，农民在土地方面的权益得不到任何保障。这方面的问题似乎越来越严重，已经造成了农民和地方政权之间的高度紧张，从而也对整个政权造成了压力。土地改革就是要赋权于农民。

其次是农民的收入问题。很多年里，农民收入没有实质性的增长。尽管中央政府做了很多努力，如免掉土地税，但并不能从根本上解决农民的收入问题。土地流转或者资本化显然可以成为农民收入的一个很大来源。反之，如果土地不能资本化，地方政府可以、实际上也一直在通过各种方式掠夺农民的土地。再次，土地改革也是农村本身生产方式的转型所需。农民现在是小规模经营，仅仅依靠土地可能求得温饱，但不会有很大的变化。正因为这样，在工业发达的地区，很多农民已经离开了土地，也在一定程度上导致了土地的荒废。决策者希望通过土地流转纠正这个问题的同时实现规模经营。说到底，土地流转制度（甚至因为过于敏感而不能正面提出来的私有化问题），是工业化和城市化的大趋势所需，而工业化和城市化是解决“三农”问题的必经之路。

不过担忧者也并非没有道理。一是中国仍然缺失有效的法治保障。在实施这个新政策过程中，如何保护农民的利益是个大问题。如果土地的支配权仅仅从地方政府之手转移到资本之手，对农民来说，不会有什么不同，因为地方政府和资本这两者往往是一体的。所以，必须预防农民再次遭掠夺。

其二，正因为资本和地方政权的强势，农民在土地流转问题上的“自愿”很难得到体现和保证。这里，“自愿”并不意味着理性。城市居民可以在资本诱导下，把国企股份廉价卖掉；农民也一样，会在各种情形下把土地以任何形式处理掉。

其三，人们也不能高估农民的忍受能力。尽管实行市场经济已经多年，但大多数中国人并没有准备好接受市场规则的心理和能力。在股票市场、房地产市场，一旦出了问题，城市居民还是要找政府来解决。农村也早已出现这样的问题，如在集资问题上。无论是城市居民还是农民，找政府来解决并非毫无理由，因为中国并不存在一个完美的市场，或者一个好的市场制度。市场是一个受操纵的市场，权力和资本都可以任意操纵市场的运作。

其四，土地流转出去后怎么办？这个问题更为严重。一旦经济形势不好，大量企业倒闭，会造成大量农民工回流。如果仍然有块土地，农民可以借土地为生；没有了土地，那就只好成为无业流民。在这个意义上，土地就是稳定器。如果这个稳定器不再存在，那么土地问题很容易演变成社会政治问题甚至危机。

农村改革是各方面的动力机制

正因为争议比较大，出台这个政策的决策者和有关部门似乎开始倾向于谨慎和保守，开始在推广这个政策的范围、方式和各种限制举措上做文章。这些很有必要，因为决策者很难预见到这一政策的负面效应。大家各自从不同的角度出发来预见问题，就可以给决策者提供一个参考。

但从实际情况看，一些批评者开始有倾向地把农村浪漫化，名为为农民利益着想，实际上阻碍问题的解决。例如，一些人认为土地的问题并非农村问题的核心，农村问题的解决就是要对农村有大量的投入，给农民各种权利。这是要通过把农民和土地永久地绑在一起，使得农民和农村永久化。也有一些人开始把农民看成一种“特权”，要把农民这个社会群体永久化。从历史的角度看，这些看法除了把农业、农村和农民浪漫化之外，都不可能是解决之道。“三农”问题的解决最终必须依靠大量的农村劳动力从农村和农业转移出去，就是工业化和城市化。

新的土地改革的困难并不在于土地流转本身，而在于与之相关的配套制度改革。土地改革是一个系统工程，没有配套改革，就很难达到原来的预期。正是因为土地改革有“牵一发而动全身”的功能，所以它能够促成其他方面的改革。实际上，农村改革从来就是中国各方面改革的动力机制。中国的改革从农村开始，农村的改革为其他很多方面的改革提供了莫大的动力。如果没有农村改革，很难想象城市改革能够顺利进行。农村改革更是促成了农村本身的巨变。家庭联产土地承包制很快导致了计划经济时代建立的农村人民公社和生产队制度的解体。旧制度的解体导致了制度创新，农民的实践和中央政策的结合造就了今天人们所看到的中国地方民主制度。承包制也为农村人口的流通创造了条件，农村过剩劳动力进入城市市场，造就了成千上万的农民工。不管从哪个角度来看，劳动力优势是中国经济崛起最重要的一个因素。

可以相信，如果执行得当，这次土地改革可以再次成为社会政治体制改革的巨大动力。例如，户口制度的改革，呼声已经有年，也的确发生了一些政策层面的变化，但体制层面的变化仍然缺失，农民工还是农民工。和西方比较，农民工是中国人为制造的一个社会群体。中国的工业化速度前所未有，也吸收着大量的农村劳动力，但并没有像西方社会那样改变着农村的性质。举例来说，一个从密西西比来的农民如果在纽约找到了一份工作，那么就可以享受作为一个纽约公民的权利，同时马上减少了一名农业人口。那么中国呢？成千上万的农民工已经在北京、上海、广州等城市工作了十多年甚至更长时间，但他们还是农民工，还是不能享有城市居民的公民权。曾经看到一些中国经济学家论证为什么中国还需要保持农民工这个群体，因为在他们看来，农民工是中国经济发展的优势。这里，人们看不到些许道德感。这也是温家宝总理多次抱怨中国为什么没有穷人经济学家的背景。

危及执政的道德基础

中国的第一波工业化牺牲的是农民，第二波工业化牺牲的同样是农民。第一波工业化把农民固定在农村，第二波则把农民引入城市。如果这种状况不能得到改变，执政的道德基础会出现很大的问题。

这就是为什么说土地改革可以成为政治改革和社会改革的新动力。不能说有关方面对农民工的重要性没有认识，因为党代表大会上已经有了农民工的代表，就是说，已经承认农民工是个独特的社会群体，具有政治参与权。但即使这样，在道德意义上仍然存在问题。为什么农民工不能成为城市居民？不能享受城市居民的权利？农村的医疗卫生、社会保障和教育等问题的解决，都等待着政治社会改革。国家的工业化依靠牺牲农民的利益积累了大量的财富，为什么这些财富不能回归农村呢？经济越来越发展，为什么越来越多的人却看不起病，穷人家的子弟接受各种程度的教育越来越难了呢？

如果光从发展国民经济的角度来考量土地改革，就会有很大的偏差。如果没有社会政治的改革，土地的资本化就会变成农民的无产阶级化。但如果能够把土地制度的变革和中国社会政治体制的改革联系起来，那么土地的改革就会变成巨大的进步动力。这既符合农民的利益，也符合中国政治社会发展的大趋势。

原刊于《联合早报》2008 年 11 月 4 日

■ 资本虎视土地　如何确保赋权农民

如同其他政策领域，在中国，一项政策从形成到执行，中间不可避免会有很多变数，甚至会有质的变化。政策的实际效果并不取决于这项政策的制定者的本意，而是取决于实施过程中的多种因素。一项原意不在私有化的政策一旦到了实际执行过程，也有可能变成私有化。20 世纪 90 年代中期之后，中央政府实行“抓大放小”的国有企业改革政策，当时也反对国有企业的私有化，但是在一些地方的实际执行中，则变成了恶性私有化。

不管怎样，土地流转制度这样一项具有长远而深刻影响的政策，如果没有一整套配套措施，很容易变质，一项原意是赋权农民的政策，会在不知不觉中演变成为一项地地道道的赋权资本的政策，旨在让农民受惠，实则是对农民的大举剥夺。人们对这种演变的担忧并非毫无道理。政策还没有正式开始实施，一些媒体就已经开始高调谈论“土地和资本的结合”“土地的资本化”“农村资本时代的来临”，等等。别的不说，这至少从一个侧面表明了资本对农村土地虎视眈眈的状态。

土地流转制度的深远意义

农村土地制度的深化改革有其必然性。土地流转制度的意义至少可以从三个方面来看：一是要保证农民的权益，二是寻求农村发展的新动力，三是中国社会发展的大趋势。

先说第一方面。这些年来，由土地所牵涉的问题越来越严峻。地方政府、资本和地方居民之间围绕着土地问题产生的矛盾非常突出。往往是地方政治权力和资本权力一体化，剥夺农民的土地权，造成了官员和资本在土地问题上的严重腐败。在很多地方，由土地问题引发的群体事件不断发生。尽管中央政府作了各种努力，但还是不能保障农民在土地方面的权利和权益。从这个意义上可以理解，为什么很多研究农村问题的学者多年来一直在提倡土地的私有化，因为理想地说，土地的私有化是保障农民土地权的主要机制。

土地流转制度对农村发展的新动力更具意义。中国改革从农村开始。早期农村以土地承包为核心的改革取得了巨大成功，农民收入大为增加，缩小了城乡之间的收入差异。但后来农村的发展逐渐失去了新动力。20世纪90年代的发展重心在工业，直到21世纪初，中央才再次大力关切农村问题，把“三农”问题提高到议事日程。这些年来有大手笔的农村改革举措，包括建设社会主义新农村、免掉农业税等方方面面的改革。但农村的发展还是没有很大的新的动力。到去年，城乡居民收入比已经扩大到3.33∶1，为改革开放以来最高。土地流转制度实施的目的，是希望能够为农村的下一步发展提供巨大的动力。

从更宏观的角度来看，土地流转制度也符合社会发展的大趋势，那就是工业化和城市化。从各国发展的经验来看，农村问题想根本解决，还是要依靠工业化和城市化，就是说只有当工业化和城市化有能力吸收大部分农业人口时，中国农村问题的解决才会有希望。实行土地流转显然是符合工业化和城市化需要的。

如何保证政策不变异

但是土地流转制度的合理性是建立在这样一个判断之上的，即农村土地制度限制了农村的经济发展。无论从价值还是经验角度，这个判断是否合理，是可以争论的。土地是农村所有问题的重中之重，不仅是农村稳定的基础，而且也是政治稳定的基础。土地问题解决得好不好直接影响到政治问题。土地流转制度实施得好，可以推进农村的发展；实施得不好，就会成为社会不稳定的根源。

中国不同地区对这一制度的需求并不一样。在沿海工业发展和城市化程度较高的地区，对土地流转的需求非常突出。实际上在这些地区，土地流转已经在进行。在那里，工业和城市化能够吸收农村剩余劳动力，即使没有新的政策，只要具有实际合理性，事实上的土地流转也会继续下去。对这些地方，土地流转制度只起到把事实上的合理性转化成为法理上的合理性的作用罢了。

在工业化和城市化较低和贫穷的地区，土地流转必须直面一个人们似乎不愿面对的问题，那就是农民的理性。在贫穷的情况下，很多农民会在土地问题上做出非理性的行为。现实地说，在农民和资本之间并没有一场公平和理性的交易。在土地流转过程中，地方政府和官员必然是另一个重要角色，并且也可以预期，地方政府和官员肯定站在资本一方。在一些地方，甚至地方政府本身就是资本拥有者。一旦资本和地方政府要求流转农民的土地，什么样的困难和来自农民本身的阻力都是能够轻易克服的。

因此，要促进农村生产力的发展，不仅需要土地流转政策上的配套，而且更需要政治上的配套。如果土地流转制度要赋权农民，那么就要让农民成为农村经济的主体，必须让他们享有农村土地、金融保险、农产品加工、销售流通、技术服务等方面的主权。资本并非农村的对立面，农村的发展需要资本。问题是谁是主体？赋权农民就是要以农民为主体，引入资本。一旦资本成为农村的主体，问题的性质就会发生变化。这里就涉及政治问题。中国的农民到现在还是个体，农民要成为主体就要组织起来。那么在这方面，中国政治上的条件成熟了吗？可能没有。日本和韩国等农村发展的成功，体现的不仅仅是这些国家的农村政策问题，更是政治条件问题。有组织的农民可以对资本力量构成一种平衡。但在中国，达到这种平衡的希望并不大。

对规模经营的期望也不能太大。中国的经济学家往往是纸上谈兵，很多理念不见得会成为现实。在传统中国，一次又一次的土地集中最终导致的是大量的农民流离失所，走上造反的道路。土地集中只是近现代农业的其中一个因素。不是所有的土地集中都能导致规模农业，也不是只要土地私有化就会导致近现代农业。规模农业需要许许多多制度和政策因素的配套。只有新自由主义经济学才把土地产权的重要性提高到不可想象的地步。

更为现实的问题是，中国的城市已经做好准备来接受大规模土地流转所产生的大规模的流离农民了吗？农民并非注定要被绑在那一块并不能使他们足以温饱的土地上的；问题是没有了那块土地，他们又能够去哪里？土地流转出去之后，那么多农民去哪里？他们要去城市，但城市并不想接纳他们。很多年来，中国有一亿几千万的农民工为中国的整体经济、为城市建设做出了无限多的贡献，他们都尚未被接纳，还是到处在流浪。实际上，如果被接纳，今天的中国也就不会有“农民工”这个概念了。“农民工”这个概念完全是人为的政治构造，是城市拒绝接纳农民的政治象征。那么，流转了土地之后，农民干什么呢？无产者是他们唯一的选择。

农村的改革的确必须深化，这里需要很多方面的制度创新，土地仅仅是其中一个因素。20 世纪 90 年代中期以后国有企业改革设计得非常好，但结果变了样，导致大量国有资产的流失和城市新贫民的产生。同样，土地流转也是一个很好的设计，但如何能够保证政策在实施过程中不会从赋权农民转变成赋权资本呢？如果没有这个保证，其产生的结果可能是谁也承担不了的。

原刊于《联合早报》2008 年 10 月 14 日

中国农村土地制度向何处去?

近年来,国家有关部门公布了将在农村推展的土地“三权分置”的改革政策,探索宅基地所有权、资格权、使用权的“三权分置”。根据官方的解释,“三权分置”可以落实宅基地的集体所有权,保障宅基地农户资格权和农民房屋财产权,适度放活宅基地和农民房屋使用权。

这一改革要改变政府作为居住用地唯一供应者的情况,研究制定权属不变、符合土地和城市规划条件下,非房地产企业依法取得使用权的土地,作为住宅用地的办法,深化利用农村集体经营性建设用地,建设租赁住房试点,完善促进房地产健康发展的基础性土地制度,推动建立多主体供应、多渠道保障租购并举的住房制度,让全体人民住有所居。

尽管宅基地的“三权分置”在法律上没有明确依据,但人们可以从物权法的角度来解释将要进行的这一试点,即将农户资格权看作是集体组织成员权的表现,而使用权则是可以流转的用益物权。旧有的政策是“一宅两制”,即房屋归农民私有,但房屋的宅基地归集体所有。

尽管资格权和使用权合二为一，都是归农民所有，但农民的使用权的流转则被严格限制。这次，有关部门通过权利分解，创造出一个新的权利来，即资格权。这意味着从政策层面开始推进宅基地使用权的流转。

这一政策设计可谓用心良苦。对研究者来说，这种政策是一个绝好的案例，可以说明在“农村土地集体所有制”这一意识形态条件下，中国农村改革如何举步维艰。

农村土地改革的两种极端

在农村土地改革方面，中国一直苦于两种极端的意识形态，一端是坚持旧有的“集体土地所有制”，一端是主张“农村土地私有制”，双方都认为只有实施他们相信的“所有制”才是农村的根本出路。多年来，无论是官方还是民间，所讨论的改革思路也从来没有离开过这两种极端的意识形态。

因为“集体土地所有制”是官方的意识形态，因此任何改革都必须符合这个意识形态，即使一些做法开始与这个意识形态分叉，也必须通过哲学化的或者辩证化的解释（或者理论创新），使人们相信原来的意识形态得以延续。

这种隐晦的改革充分体现在“三权分置”的政策设计上。因此，“三权分置”尽管是为了推动土地使用权的流转，但有关部门也同时规定，严格限制社会资本进入农村，即“城里人到农村买宅基地这个口子不能开，按规划严格实行土地用途管制这个原则不能突破，要严格禁止下乡利用农村宅基地建设别墅大院和私人会馆等”。说穿了，在给使用权一些流转空间的同时，又把它关在了笼子里面。

从其主观意图来说，这一政策设计是让农民和农村分享国家发展尤其是城市化的成果。的确，这不仅仅关乎农民的权利，也关乎农村的可持续发展。改革开放以来，农民的权利和农村的发展几乎是同步的。20 世纪 80 年代和 90 年代的一段时间是赋权农民和农村的，主要表现在生产责任制和乡镇企业的发展方面；容许农民进城打工（流动）也是一种赋权政策。但后来实现权利的途径越来越有限，到取消农业税之后，就没有可以赋权农民和农村的有效举措了。

不仅如此，很多方面，反而呈现出“去权”的趋势，例如，城乡分割的户口制度得不到有效改革，城市化不能消化长年累月为城市服务的农民工，而城镇化则演变成为把农民赶上楼。实际上，对国家来说，不管做什么事情，经济发展和社会稳定是首要的，而农民权利的实现是第二位的。现实地说，近年来实施的精准扶贫可以实现“保底线”的目标，但很难实现赋权农民和农村的目标。

“三权分置”可以再次赋权农民吗？真的可以让农民分享国家发展尤其是城市化的红利吗？从实际层面来看，这一政策的目标就是让农民在自己的宅基地上盖房子，即可以用来实现自己的居住权，也可以用来出租给别人。不过，这里的问题在于，就农民本身来说，居住面积已经够大，不需要再用宅基地来实现自己的权利了。

除了居住空间的质量问题，大多数农民的人均居住面积已经远大于城市。那么，谁来租赁呢？中国三、四线城市的住房已经过度，出现了不少“鬼城”。如果现行政策不变，城市人口仍然会继续向中心（大）城市集中，更多的小城市会演变成“鬼城”。在这种情况下，由宅基地改革所引导出来的农村“造房运动”，很难改变农民的现状，如果不是恶化现状的话。

这一改革政策唯一可以发挥作用的，就是大城市周边的城乡接合部，因此其适用范围非常有限。从有关部门对“适度放活”的表述来看，事实上也是如此。根据有关部门的规划，政府可能会首先在一些城市化进程较快的经济发达地区，尤其是大城市周边的农村地区，进行有限度的宅基地使用权流转和退出试点。

为增加租赁住房供应，构建购租并举的住房体系，拓宽集体经济组织和农民增收渠道，按国土资源部、住建部的部署，京、沪、杭等 13 个城市正在开展利用集体建设用地建设租赁住房试点。在这些试点城市，村镇集体经济组织可以自行开发运营，也可以通过联营、入股等方式建设运营集体租赁住房。

很显然，这些实践已经发生多年了。就此而言，“三权分置”政策充其量只是给那些已经存在的实践提供事后的合法性。如果这样，人们就不得不质疑“三权分置”政策的有效性了。决策者是否考虑过一系列问题：这一政策的目标是什么？是为了在维护既有意识形态的前提下，催生一些有限的变化？更为重要的是，这一政策在操作层面，谁来做？这一问题很重要，因为它基本上决定了谁获益的问题。如果这一政策的目标是让农民获益，那么就必须考虑到政策的执行者问题。

农村问题历史背景复杂

在中国农村问题上，一个最大的问题是关乎“集体组织”。在人民公社和农村生产队组织体系解体之后，农村的集体组织已经发生了翻天覆地的变化。农村生产承包责任制、农民的高度流动等因素，使得很多地方的大多数农民并不生活在农村，原来农民所属的集体组织事实上已经不存在。

但问题在于,决策部门一直有意无意地“忽视”这个事实。很多政策都建立在这个虚设的集体组织之上。今天,在理论上,所有享有农民身份的农民个体仍然享受着人们称之为“集体组织成员权”的权利,即农村集体经济组织的成员对集体经济组织所享有的权利,而成员权被认为是兼具身份权和财产权性质的特殊权利。

此外,与村民自治制度相关,农民也享有包括选举权、决策权、管理权、监督权在内的各种权利。从字面上看,农民享有较多的权利。不过,熟悉中国农村现状的人知道,所有这些权利基本上停留在文字层面。也可以这么反问:如果这些权利真正存在着,那么农村的现状为什么会变得如此严峻?如果人们不想回答这个问题,那么就可以耐心等待眼下这一波基层反腐败运动会揭露什么样的问题。

简单地说,享受国家为农民规定的各种权利的,不仅仅只是农村的少数,包括农村有权力者、有钱人、“地方强人”,也包括一些地痞流氓和土豪劣绅。在毛泽东时代,国家不惜牺牲甚至消灭整个地主阶层来打破农村的利益格局,但换来的只是权力者主导的利益格局,农民从依附地主转为依附权力。

在旧体制解体之后,有了农村的自治制度,理论上农民获得了解放,但传统的社会结构很快恢复过来,农民再次依附农村强人阶层,在很多地方,自治组织和“黑社会”没有多少差别。就土地制度来说,尽管仍然实行集体土地所有制,但在实际运作过程中,集体土地所有制演变成为农村强人土地所有制。这是一种典型的集体土地管理者的所有制,并非农民的所有权。现在很难打破地方政府和强人垄断的土地权利。

人们可以预测，在限制社会资本的前提下，“三权分置”只会强化农村强人的权力，而继续弱化普通农民的权利。尽管人们赋予农民权利观念，但在现实层面，农民太弱，没有能力保护自己的权利。走投无路的农民所能做的要么是自杀，要么是诉诸简单操作的暴力。

如果人们意识到权利的实现，需要阶层力量的平衡这一社会和法治制度环境，那么农民权利的实现只有在两种情况下才有可能。第一，给予农民宅基地的真正权利，而非仅仅是今天的使用权和资格权。这些都是纸面上的，对农民来说并不具备真实的意义。第二，容许城市中产阶级进入农村，造就另外一个有能力的阶层，制衡原有的农村强人。只有城市中产阶层具有权利观念，也具有保护自己权利的能力。

中国农村的发展资源已经处于竭尽状态。在取消农业税之后，政府可以做的似乎不多了。人们的共识是，只有通过有效的土地制度的变革，才可能引入有意义的变革，实现农村的可持续发展。如果不能改变由农村强人所主导的集体土地所有制，那么任何变化都会是表面上的。农民需要分享城市化、工业化的成果，这要求实现农村人口的双向流动。

一方面，需要容许农村人口流入城市。农民向往城市生活这个趋势不可避免，任何人也阻挡不了。但如果光是农村人口流出，必然会造成农村的“单向流出性衰败”。今天的局面就是这样造成的。要避免“单向流出性衰败”，就需要容许甚至鼓励城市居民流入农村，在农村居住和生活。

双向的流动需要土地制度的改革。农民、城市居民都可以拥有农村的土地，至少是宅基地。这样，在农村就会出现一种由不同社会群体拥有土地的混合土地所有制。这不仅是发展所需，更是农村社会阶层互相制衡所需。没有这种制衡，无论进行怎样的政治建设，农村的衰败和“黑社会化”不可避免。

农村本身的发展具有很大的局限性。农村本身不足以实现现代化，这在任何国家都一样，发达国家也如此。农村的发展需要政府的帮助，但仅仅靠政府的投入很难可持续。在世界范围内，农村的现代化取决于：第一，城市化能够吸纳消化大部分农民；第二，城市居民回流到农村，实现城乡之间的双向流动。这两者都需要土地制度的变革。在中国，也唯有变革目前的土地制度，这两种变化才有可能发生。

原刊于《联合早报》2018 年 2 月 20 日

■ 农民工问题与中国发展道路的选择

很多年来，农民工问题给中国政府带来了无穷的经济、社会甚至政治上的压力。一旦遇到经济不景气，这种压力就会变得非常明显、具体。这同时也说明了解决农民工问题的政治紧迫性。但从所出台或者所讨论的举措来看，很多带有头痛医头、脚痛医脚的性质。就是说，这些政策是用来应付农民工问题的，并没有长远的眼光，要从根本上来解决农民工问题。在农民工问题上，中国现在的趋向实质上是要把目前的二元社会转变成三元社会，即在现有城乡差异之上再附加一个非工非农的社会群体，就是农民工的制度化。

如何解决农民工问题？对付眼前的问题和危机当然也重要，但更重要的是要把这个问题放在中国社会发展的远景中去考量。如果像现在这样下去，中国社会势必变成三元社会。这个三元社会要比过去的二元社会还要难治理，从而为巨大的社会动乱埋下制度性隐患。另外一个选择就是废除农民工制度，有计划、渐进地通过城乡整合向一元化社会发展。

正义的社会必须是开放的社会

农民工是中国户籍制度的产物。今天我们所看到的户籍制度在中国历史上并不存在。历史上，尽管中国是个农业社会，但人口具有高度的流动性。这里指的不仅仅是人口的区域流动性，更重要的是社会分层意义上的流动。中国传统中没有西方那样的阶级概念，更没有印度那样的身份等级概念，个人可以依靠自己的能力和努力向上流动。今天的户籍制度是 1949 年新中国成立之后特定历史的产物，是政策的产物。

这段历史已经过去了，很难、也没有必要再去追究谁的政策责任了。但这个制度未来如何发展，则是一个必须加以严肃考量的问题。改革开放以后的第一代农民工还可以说得过去，他们本身是农民，因为农村改革，他们从农业人口中分化出来了，这是历史的必然。但是今天，第二代农民工开始逐渐成为主体，并且第三代也开始处于成长阶段。除了“农民工”这个人为的身份，他们和城市居民没有任何实质性的区别。

一个正义公正的社会不会是绝对平均的或者毫无城乡差别的社会(到今天，这些还是停留在空想阶段)，但必须是开放的社会，也就是说，社会必须是包容性的而非排他性的。农民工制度的存在，不管有怎样的历史和现实的原因，都表明中国社会在很多方面仍然具有排他性质。

排他性社会意味着什么？就是说在一个社会中，一个社会群体(往往是强势社会群体)的生活品质的提高或者维持，一方面必须依赖于另一个社会群体(往往是弱势社会群体)的贡献，但另一方面又同时排挤后者的进入，阻止后者来分享前者的生活品质，并且社会群体之间的界限往往是通过各种制度化途径来划定的。在人类历史上，这种排他性的社会在很多国家的各个阶段都存在过。尽管人类已经进入了后现代社会，但社会的排他性往往会通过不同形式保存下来。

中国存在的排他性的农民工制度安排既违背人本原则，也违背生产力解放原则。再进一步说，这样的社会绝非和谐社会，而是会充满各种各样的冲突，甚至包含有潜在的革命因素。废除农民工制度就是要保持中国社会的开放性，也就是说，如何对待农民工关乎中国社会的发展方向，是朝开放社会发展还是倒退为一个封闭社会。

通过逐步城市化来消化农业人口

农民工问题也关乎中国经济制度的发展方向。工业化和城市化是一对孪生姐妹，同时工业化和城市化也为城乡一体化提供了巨大无比的动力。从农业分化出来的农民工流入城市具有高度的自发性，政府可以利用这种自发机制，在满足工业化需要的同时，消化从农业中分化出来的剩余劳动力。自改革开放以来，通过工业化和城市化来推动经济发展，已成为中国各方面的共识。当然，城市化不能仅仅理解为大城市化，建设中小城市群更符合中国的现实。实际上，20 世纪末中国政府提出西部开发政策时，就有专家建议通过建设中等城市群的办法来发展西部。这个建议在今天和今后仍然有效。城市化还是消化农业人口的最有效途径。农民工（尤其是第二和第三代）转变成城市居民，就会给各种服务业的发展提供人力资源。

在农业剩余劳动力流向城市的过程或者城市化过程中，中国的户籍制度本来可以发挥积极的作用，就是说，这个既定制度使得政府可以有计划地来推进城市化，从而避免类似一些国家的盲目的人口流动。如墨西哥和印度等国家，由于政府没有能力控制人口流动，大量人口进入城市，尤其是大城市，从而造成了城市贫民窟。在那里，尽管农民进了城，但他们的权利同样得不到保障。可惜的是，中国的制度优势没有发挥出来，因为各级政府本来就没有意识和政策来消化农业人口，户籍制度只被用来维持和巩固现存制度。

农村本身的问题，尤其是这些年来成为政府重点的“三农”问题的解决，最终也依赖于农村人口的减少。例如，2008 年提出的土地流转政策。如果农业人口不能减少，土地如何流转？土地流转的核心并不是土地本身，当城市没有能力吸收消化农业人口的时候，土地如何流转？只有当多数农民流转出去之后，土地才能流转。从政治上说，在城市能够吸收足够多的农民工之前，土地流转会是很危险的。另一方面，也只有在大部分农业人口流出去之后，农业本身的工业化才有可能，剩余的农业人口也才有机会通过规模生产提高生活水准。

人口过度分散不会有品质服务

农民工问题如何解决更关乎政府改革的方向。通过这些年的实践，政府改革的方向应当已经明确，那就是政府必须负责提供必需的公共服务，即成为服务型政府。但任何公共服务，如果是要可持续的，就必须具有一定的规模。公共服务如医疗卫生、社会保障、学校、娱乐等的提供，必须有足够多的人口。一个数百人甚至数千人的乡镇很难提供高质量的医疗、学校教育服务或者维持一个电影院，但一个数十万人的中等城市就可以。不达到一定的人口，公共服务就不可持续。因此历史地看，公共服务也一般出现在城市。中国政府要转变成服务型政府，就必须包括服务农村人口。但是要对过度分散的农村人口提供品质服务并不现实，因为成本极高，很难维持。这就需要通过城市化来进行，也就是说，政府可以通过农村人口的城市化来达到本身的转型。自然，如果能够把广大的农村人口纳入公共服务范畴，政府更可以获得巨大的政治支持力量。

从这些方面来看，尽管农民工问题的出现和严峻化在眼前给政府带来了非常大的压力，但从长远来看，这不是一个负担，而是一个巨大的契机。如何把压力转变成契机，一是取决于领导层有关中国发展的大思路，二是取决于如何制定有效的措施并加以落实。

原刊于《联合早报》2009 年 2 月 10 日）

土地问题是农村社会秩序建设的核心问题

农村的社会秩序建设在社会建设中具有特殊重要的意义。中国社会是否稳定基本上取决于农村是否稳定，这个现象数千年没有变化过。因此，农村的社会秩序有必要单独提出来讨论。无论是历史还是当代经验，不难发现，土地问题不仅是农村农民、农民工问题的核心，也是城市居民的生存空间（住房）的核心，连各级政府的生存问题也是土地问题。概括地说，土地已经成为众多问题中的“纲”。如果从土地问题入手，中国必须同时进行三场与土地有关的改革运动。

这三场改革运动的核心是社会的三大群体，即农民、农民工和城市居民。农民靠土地为生，土地问题是农民的关键是不言而喻的。农民工也是土地问题。所谓的农民工，就是尽管已经成为工人了，但还在家乡保留一块土地的那些人。这块土地的去留决定了农民工的未来身份。城市居民没有土地，但其所面临的问题也和土地有关，即住房。在中国社会，城市居民住房问题越来越表现为土地问题。

中国的改革从农村开始，并且是以土地为核心的。第一波土地改革的表现方式就是农村家庭生产承包责任制，这一制度创新有效解放了农村的劳动生产力，完全改观了农村的面貌，并且也为日后的城市改革奠定了坚实的基础。但是，第一波土地改革到现在，农村的发展似乎已经到了顶点。无论从哪个方面说，农村的进一步发展逐渐丧失动力。21 世纪初，中央政府免掉了土地税，但这并没有在很大程度上改善农民的生活。实际上，农民和其他社会群体的收入等各方面的差距还在迅速扩大。不进行很大的改革，农村将陷入衰败。在很多乡村，现在只剩下老少妇幼。

农民工的问题更大。农民工为工业化和城市化作出了很大的贡献，可以说，没有农民工，中国就不可能有这样快速的工业化和城市化。实际上，工业化和城市化的进一步发展更离不开农民工。但很显然，快速的工业化和城市化并没有消化和吸收农民工，否则，就不会有农民工这个概念了。这是和其他国家很不一样的地方。因为离开了土地，但城市又不能吸收他们，所以农民工就成了中国社会的第三元，即在城乡二元之上的新的一元。这第三元是中国社会最不稳定的因素。可以相信，农民工的问题在今后会越来越严重。第一代农民工还可以还原为农民或者成为城市居民，但第二代农民工已经不能还原为农民了，因为他们生在城市、成长在城市、在城市接受教育。即使他们在农村有一块土地，土地对他们来说可能带来另外的问题。就是说，第二代农民工是不可能再回到农村去的。现在第三代农民工已经开始成长了。

城市居民这一块也出现很多问题。计划经济时期，受国家的各种政策保护，城市居民的生活要大大好于农民。在城市，政府和市民之间的互动模式是基于不成文的“契约”之上的，即政府为市民提供基本的社会保障，而市民接受政府管治。但城市的各种优待政策已经在市场化改革过程中消失了。由于社会改革的滞后，城市居民正在面临越来越多的困难，失业、城市新贫民、社会抗争等从前鲜见的现象，现在已经变得较多了。城市是中产阶级的集中地。前面讨论过，如果中产阶级不能壮大，社会的稳定基础就会很微弱，政府的社会基础也同样会出现问题。我国是否会出现一个可以加以治理的社会结构，很重要的一方面就取决于能否培养一个强大的中产阶层。

可惜的是，到目前为止，中产阶层还是很弱小。中产阶层的成长和中国高速的经济发展不成比例，主要原因是社会政策的缺失。各级政府所推出的一些刺激经济的举措不是在促进中产阶级的壮大，反而是在一次又一次地破坏中产阶级的成长。在诸多社会政策中，住房政策是关键。“房奴”社会对中产阶级的成长很不利。而要解救“房奴”，土地问题就是关键。

城乡统筹改革的关键是土地问题

所有这三大块问题，发展很快。如何解决？这些年来，领导层提出的城乡整合是个有效的方向。城乡统筹和整合就是要把城市改革和农村改革一同考虑；而统筹城乡改革的关键就是土地问题。中国需要新一波的土地改革运动。

简单地说，新的围绕土地的改革是要保护两个社会群体（农民和城市居民），而从长远看是要吸纳农民工和取消农民工制度。要保护生活在农村的农民，就要保护他们的土地权益。这里必须看到两种发展趋势。第一，尽管中国的城市化进展得很快，但在今后很长的历史时期里，大部分农民还是会生活在农村。第二，农村的总人口必然呈现下降趋势，越来越多的农民会转变成为城市居民。这两个特点就决定了，一要保护农民的土地权益，二要容许土地的“流转”。

但农村的土地问题不仅还没有真正得到解决，而且在迅速恶化。这些年来，随着各方面对土地需求量的急剧增加，对农民土地的剥夺也在加剧，并且已经演变成为社会冲突甚至暴力的一个重要根源。如何保护农民的土地问题必须得到解决。土地的“流转”不可避免，但在“流转”之前必须先提供给农民足够有效的土地保护机制，否则“流转”就会演变成各种变相的剥夺。

土地流转的必要性一方面来自农村集约经济的客观需要。依赖土地的小规模经营，已经成为农村劳动生产力低下的一个重要根源。从少量土地所得到的收益，只能使农民维持在生存的水平。同时因为农村工业化的发展，很多农民已经离开了土地，或者不再依赖土地而生存。这部分的土地（或者土地使用权）需要“流转”给其他人，以期达成农业的规模经济。

土地流转的必要性也来自城市化的需要。城市化需要大量的土地，要求把很多农村的土地转化成为城市用地。这里要考虑的是两个社会群体，即农民工和城市居民。如上所说，农民工是社会最不稳定的一个因素，从长远来说必须消化这个群体。这个群体不被消化，既不能解决农村问题，也不能解决城市问题。农民工这个群体没有被吸收或者被吸收得很慢，是农村问题不能得到解决的一个重要因素。同时，这也是城市化速度过慢的一个重要因素。农民工尽管生活在城市，但是他们既不能享受城市居民的“市民权”，也不能为城市作出其应有的贡献。解决农民工这个群体的经济条件在很大程度上已经存在，主要的障碍在于政治和行政上的

(如户口制度)条件。农民工(尤其是第二代和第三代)只能通过城市化得到解决,没有任何其他的办法;而解决方式的最重要的一环,就是农村土地向城市的“流转”。

城市居民没有土地,但他们的问题也与土地有关,即住房。要从“房奴”或者“蜗居”中解放出来,至少需要两个条件:其一是政府有效的社会政策,二是获得从农村“流转”出来的土地。“房奴”局面的形成一是因为没有土地方面的社会政策,二是因为土地供应量的不足。和所有其他国家一样,城市化必然意味着向农村要土地。而对大多数农民或者农民工来说,只有放弃了土地,才能真正被整合进城市,就是说农民和农民工可以用土地交换市民权。

无论是农村社会秩序的重建,还是推进城市化(即解决农民工问题)或者壮大城市中产阶层(城市居民的住房问题),这里农村集体土地所有制的改革是关键。

土地使用权可私有化

对农村社会秩序而言,集体土地所有制已经成为各种冲突的根源。为什么?一句话,农村土地集体所有制的弊端在于这样一对基本矛盾,即土地的数量是固定的,而集体则不是固定的。在集体不是固定的情况下,土地必须不断重新分配,重新分配土地就容易产生冲突。再者,拥有土地的这个集体也在不断追求土地的经济利益,例如集体土地的租让、城市化进程中的征用等。土地产生利益,而利益必须再分配,利益再分配产生冲突。另外,可以支配集体土地的社会角色,不管是组织还是个人,不管是党支部还是村民委员会,必然是自利导向的,他们必然通过各种方式从土地上获取个人利益,很容易滋生腐败。也同样重要的是,集体之外的社会角色也可以通过各种手段来获取集体土地的利益，这主要包括各级地方政府和开发商。各级地方政府往往动用行政力量，而开发商往往动用经济资源。无论哪里，农村所有与土地有关的冲突都是在这几个层面发生的。

不管怎样，农村集体土地所有制并没有使得这个集体的成员真正获益。各个社会角色都在利用土地的集体性质来追求自身的利益。土地集体所有制因此必须加以改革。从国际经验看，土地要么是国家所有制，要么就是个人所有制，没有其他更好的选择。在中国的传统文化中，在中国现实的意识形态中，农村土地的私有化可能不是一个政治上可行的选择。农村土地不能私有化，但土地是可以国有化的。同时，传统和改革开放以来的经验也表明，土地的使用权也是可以私有化的。土地承包责任制就是土地使用权私有化（家庭化）的一种形式。因此，中国的现实可行的选择就是，在进行农村集体土地国有化的同时进行农村土地使用权私有化（家庭化）的改革。

国有化不是剥夺农民土地。可以向中国台湾等社会吸取成功的土地改革的经验。政府必须一次性地向农民补偿土地国有化，在此基础上再进行土地使用权的私有化（家庭化）。一旦使用权私有化，那么土地流转交易就不再成为问题。当农民把土地交易权掌握在自己手上的时候，其利益就受到了制度性的保障。没有其他社会角色可以强行从农民手上夺取土地。这必然会大大减少农村的冲突，尤其政府和农民之间的冲突。同时，使用权的私有化（家庭化）必然造就农村劳动生产力的再一次大解放。

更为重要的是，农村土地使用权的交易和流转可以有助于解决上面所说的农民工问题和城市居民问题，从而加快城乡的统筹和整合，加快城市化进程。

在一定程度上说，农村集体土地使用权私有化（家庭化）已经变得不可避免。在实践层面，尤其在经济发达地区如珠江三角洲和长江三角洲等地，一线地方政府官员一直在探索农村土地制度的改革。各种有成效的实验就是化解土地集体所有制所带来的负面弊端。一旦在思想意识形态上接受土地使用权的私有化（家庭化），就可以造成一种整合性的综合改革政策。如果能够形成整合的改革政策，必将带来一场大改革。这场大改革可以为中国经济社会的可持续发展提供长期的动力，把国家的工业和城市文明提升到一个新的高度。与此同时，这场改革也会彻底改观中国的传统农业文明。

原刊于《中国乡村发现》2016 年第 4 期

中国城市化要避免怎样的陷阱

近年来，城市化或者城镇化，已经被提到中国经济和社会发展的最高议程之中。在中国经济发展的下一阶段，城市化的确非常重要。中国前些年已经进入中等收入社会，高经济增长阶段已经过去，但如果在今后相当长的一段时间(15 年到 20 年左右)里，能够维持一个中速增长水平，就可以比较顺利地从中等收入社会转型成为高收入社会。

这种转型的意义不仅仅在经济层面，更是在社会政治层面。今天中国社会所面临的很多问题，是大多数长期陷于中等收入陷阱社会所共同面临的问题，例如收入分配差异大、社会高度分化、社会思想意识极端化、社会抗议不绝、官员腐败等等。如果中国能够转型成为高收入社会，这些问题就会得到控制，甚至消失。当然，到那个时候，中国也会面临高收入社会的问题，但不会像今天这样严重。

在实现长期的中速增长过程中，城市化是可持续经济发展的一个关键领域和重要资源。可持续经济增长要求中国经济实现多方面的转型，其中一个转型就是从出口导向型转向内需型，也就是要建设消费社会。中国消费社会的建设主要取决于城市化，消费社会主要是一个城市现象。同时，城市化也是中国社会建设的重要方面，这里不仅涉及城乡整合，减少城乡差别，而且更为重要的是要消灭中国所特有的“三元”社会现象。这“第三元”，也就是农民工，是中国制度的特有产物，是社会非正义和不稳定的根源。国内各方已经对此讨论多年，无需再作说明。

政府官员会如何行动

从这些方面来说，城市化的确可以给人们带来对未来的美好想象，但在实际层面，城市化却处处充满陷阱。人们所理解的城市化与各级政府官员实际上追求的城市化之间，存在着巨大的差异，两者甚至是相反的。在研究中国城市化时，人们需要提出和回答的一个重要问题是：对各级政府尤其是地方政府来说，城市化意味着什么？这个问题之所以重要，是因为各级政府官员是行动者，他们对城市化的认知和这种认知之下的行为，决定了中国城市化的实际进程和前途。要回答这个问题，不能光看各级政府官员就城市化在说些什么，更为重要的是看他们做过什么，正在做什么，还会做什么。

如果从各级政府官员的行为看，这个问题并不难回答。从经验看，各级政府官员的行为，在不同时期具有相当的一致性。他们首要的考量是城市化所能带来的 GDP 效应和对地方经济发展的贡献。无论是 GDP 还是经济发展，主要的因素是财政收入，尤其是对地方政府来说。这里既有中央层面的税制因素，也有地方层面甚至官员个体层面的因素。

从国家的税制来说，自从 1994 年实行分税制以来，财政收入大规模地向中央倾斜，但中央政府所拥有的财权和其所承担的责任之间没有一致起来，财权远远大于责任，这使得地方财政负担一直在加重。情形通常是中央出政策，地方出钱。无论是执行中央政策还是谋取地方发展，地方政府都需要财政的支持，这要求地方政府到处去找钱。这些年的土地财政就是这样造成的。

其次，GDP 主义仍然盛行。尽管讲科学发展已经多年，但上级政府在衡量地方官员业绩的时候，仍然看重 GDP。要 GDP，就要发展地方经济。也就是说，GDP 仍然是地方官员升迁的必要途径。从地方官员个体层面来看，搞 GDP 导向的经济发展工程，能够带来巨大的正面效应。不搞些工程，地方政府就会变成“清水衙门”。搞 GDP 工程因此成了地方政府官员的理性选择。

接下来的问题是，在这种 GDP 主义逻辑主导下，围绕着城市化这一议题，政府官员会如何行动。在实践层面，有些行为模式已经相当清楚地表露出来。简单地说，地方官员所关心的是这几件事情。

一是土地的城市化，而非人的城市化。他们想利用城市化的合法话语获取土地资源，主要是农村的土地资源。二是到处筹钱，向中央要钱，向地方筹钱，当然也可以自己搞债务。城市化需要大量的资金投入，没有钱就很难有城市化。这也就是近来人们在谈论的城市化，有可能促成新一轮政府投资，数额之巨大，很难想象。但无论钱从哪里来，如果城市化演变成为大规模的筹钱运动，一场深刻的地方财政危机，乃至国家财政危机将不可避免。在很大程度上，中国已经面临一场地方债务危机。很多地方政府已经债台高筑。但这个趋势随着城市化进程不仅很难减缓，并且在加速。更荒唐的是，地方官员的举债行为往往能够变成其政绩工程。因而地方官员一般都会在其任期内大量举债，而不顾这种行为的长远恶果。只要上述制度因素，尤其是上级政府衡量官员政绩的GDP主义不变，地方的这种行为方式永远不会得到改变。

第三，从以往的经验看，城市化有可能造成中国城市的纵向行政升级运动和横向行政权扩张运动。改革开放以来，在这方面已经无声无息地犯了不少错误，例如把县改为市、把行署升级为地级市、设置计划单列市等，造成了中国行政系统的大扩张。这些所谓的改革，事先很少进行充分理性的论证。

为什么这些大事情可以做得那么得心应手？很简单，因为符合各方面的利益。城市的行政等级一升级，人人都可以升官，连城市居民都不会反对，大家从一个县级"市民"变成了地级"市民"。但大家都没有意识到，中国整体社会和行政制度成了受害者。今天所面临的那么多的行政层级，那么庞大的官僚系统，都与这些制度变化相关。在今天的城市化过程中，也已经开始出现城市行政权扩张运动。在一些地方，城市化简单地把原来的县改成区。"县"是农村的象征，改掉了"县"这个概念，似乎就实现了城市化。"县"可以说是中国历史上最稳定的行政单位，现在在权力面前悄悄地消失，其恶果远远超出人们的想象。实际上，改"县"为"区"，更多的是地方领导行政权扩展要求的结果。这和20世纪80年代把"县"改为"市"是同一个道理。更为严峻的是，现在也出现了行政级别提升等的呼声，说是要把多少县级市升格为地级市，要把多少县转化成为市。这样，县委书记就可以变成地级市委书记，县长可以变成市长。

在这样的情况下，城市化会走向何方就变得相当清楚了。在经济层面，资本和权力一旦结合，再加上地方官员的个人动机，没有人可以阻挡城市化的冲动。资本，无论是私人资本还是国有资本，无论是本土资本还是外来资本，其本质都是一样的，那就是扩张。

如果没有城市体制的改革，资本和权力主导的城市化，很快就会演变成为一场新的大规模的掠夺农民土地的运动。在行政层面，如果没有实质性的城市体制改革，在地方官员的权力冲动主导下的城市化，很快就会导致城市的再一次官僚化，城市就会变成官僚的城市，而不是市民的城市。

如果城市化陷入如此陷阱，最终很有可能导致深刻的政治社会危机。首先应当意识到，不管有无中央政府的政策议程，城市化实际上已经变得不可避免。从理论上说，现在要通过体制改革来实现可持续发展，但实践上很少有地方是改革得动的。公务员、国有企业、银行、大学、城市居民，这些全都是体制的既得利益者，他们所处的体制都很难改革。尽管今天到处有农民反抗，但农民总体上来说还是一个最弱势的群体，他们的利益还是最容易被牺牲的。因此，无论是资本还是权力，必然转向农民。其实，这也是中国数千年的历史经验。

中国历史上，为什么有那么多的农民起义？一个王朝刚刚建立的时候，还比较能够照顾农民的利益，主要是与土地相关的利益，朝廷的税收和劳役会比较轻。但随着时间的推移，王朝内部的既得利益越来越大，并且所有的既得利益都是有组织的力量，它们只追求自己的利益，而不顾朝廷的利益。很自然，朝廷所需要的改革也越来越难，最终，朝廷必然转向毫无组织的农民。与此同时进行的还有两个过程：一是土地越来越集中到既得利益手中，农民所拥有的土地越来越少；二是朝廷尤其是为朝廷服务的中央官僚和地方官员规模越来越庞大。这几个过程同时进行，表明朝廷向农民征收的税率越来越高。这样，很快就会到达农民忍无可忍的临界点。这个时候，农民就会开始反抗。

尽管现在中国社会已经到了工业化阶段，但从农村土地的角度来看，这个传统逻辑还没有出现实质性的变化。如果城市化演变成土地掠夺运动和官僚化运动，这个逻辑照样会发生作用。如果大量农民失去土地，又没有被融入城市，不被城市接纳，那么他们的行为是可以预期的。

顶层设计必须把握城市化方向

很显然，中国一方面要推进城市化，另一方面必须尽最大的努力来避免陷入城市化的这些陷阱。怎么避免？在我看来，这是顶层设计问题，也就是城市化的方向问题。就当下现实来说，至少可以做以下几个方面的事情。

城市化首先需要重新丈量土地。近现代国家最基本的标志就是对人口的统计和对土地的丈量。中国人口统计每隔一段时间做一次，但土地没有。新中国建立之后，土改的时候做过一次；改革开始实行农村生产承包制后，做过一次。现在很多年没有做了，对土地数量，无论是在农村还是城市，人们认识不一致。最近 20 多年，中国的土地制度尽管没有多少变化，但土地的量发生了巨大的变化。现在人们并不清楚到底有多少农用地、商用地、工业用地、公用地、宅基地等，也不清楚是谁掌握着土地资源，是中央部委、地方政府、开发商还是军队？这些都需要搞清楚。现在这些问题都成了糊涂账，这些糊涂账里面隐含着多少腐败、多少的社会不公平、多少的社会不稳定风险呢？重新丈量土地既是基本国家制度建设的一部分，也可以有效监督城市化，减少社会风险。

其次，城市化不能过于抽象，对现有城市要分类，对不同类型的城市实行不同的政策。至少可以把中国的城市分为四类。第一类为大城市，包括北京、上海、广州等。自改革开放以来，这些城市已经过度扩张，过度城市化。尽管高楼大厦多了起来，城市的各项基础设施也可以媲美发达国家，但城市的很多方面还不像城市。例如，这些城市都在不同程度上出现了“城中村”。“城中村”是城市简单扩张的结果，就是在没有解决好农村人口的情况下，先城市化了。同时，在这类城市，包括城市管理在内的“软件”还远远不足，需要大力发展和强化。对这类城市，再提“城市化”显得毫无意义，这类城市应当强调城市升级。亚洲的很多城市如新加坡、首尔等都在搞城市的整体升级，中国可以向这些城市学习很多有益的经验。

第二，对二、三线城市，城市化仍然有很大的空间。二、三线城市的硬件和软件设施建设有待于改进。现在很多人尤其是受过教育的年轻人都往一线城市跑，不想去二、三线城市，主要原因是那里的各项基础设施条件很差，和一线城市的差异实在太大。由于一线城市的拥挤，现在政府鼓励年轻人去二、三线城市，但如果二、三线城市的软硬条件不能得到根本的改善，情况很难得到改变。这里需要强调的是，二、三线城市建设不仅在于硬件方面的基础设施建设，更为重要的是作为软件的城市体制改革。

第三，在城乡接合部，可以大力进行现在所提倡的城镇化。城镇化主要会发生在城乡接合部，城镇化的重要性就在于城乡接合部这一特点。20 世纪 80 年代，费孝通先生等人提倡“小城镇”建设，主要指的就是这类城镇建设。在进入 90 年代之后，小城镇建设不再提倡，但这并不是说小城镇建设不重要了。中国人口相当大的一部分还是会居住在小城镇。实际上，从发达国家的经验看，城市化发展到一定阶段的时候，会有越来越多的人向往居住在小城镇。在小城镇建设被忽视了多年之后，这一波城市化有必要再一次强调小城镇建设。现在把从前的“城市化”的提法改为“城镇化”是体现这个意思的。

第四，农村的现代化。在任何社会，城市化有一个限度。西方发达国家的城市化率为70％左右，并且这70％的人中很多都在向往着乡下的生活。今天中国的城市化率已经达到了52％左右，离发达国家仍然有很大一段距离。但城市化率一旦接近65％，农村的附加值就会陡然增加。所以，在推进城市化的今天，是到了应该正式提出“保护农村”的时候了。

中国历来把农村和“落后”等同起来，这和欧洲的城市化形成了鲜明的对比。欧洲城市化比较早，但欧洲的城市化和保护农村一直是同时进行的，并且欧洲人一直把农村视为传统价值和生活方式的载体，不可随意破坏。这种情况到今天从来没有变过。越是城市化，人们越是认识到农村的重要性。在亚洲，日本对农村和农业的保护在很多年里是政府的重中之重。韩国在城市化过程中，农村建设也做得非常好，成为亚洲的一个典范。这方面，中国一直是一个反例。无论是毛泽东时代还是改革开放之后，国家的现代化都是通过暂时牺牲农村、农业和农民的利益来实现的。这是因为现代化强调的是经济面，所以从前的提法是“农业的现代化”，其实，比较科学的提法应当是农村、农业和农民的现代化。

直到中共十六大之后，中共中央才把解决“三农”问题提到议事日程上来。国家取消了农业税，并且提出了“建设社会主义新农村”的概念，这应当说是一个正确的方向。在“建设社会主义新农村”概念之后，高层又进一步提出了“城乡统筹”的政策概念。现在要进行大规模的城市化，有必要把这些话语重新提出来，并且提到更高的程度。要意识到，城市化绝对不是消灭农村。但如果不明确提出“保护农村”的概念，各级政府还是会继续把城市化理解成为消灭农村，把农民赶出土地。

改革开放以来，中国城市化的速度相当迅速，城市人口从1999年的32%左右提高到2011年的51%。可以认为，中国城市化简单扩张阶段已经过去，正如经济的高增长阶段已经过去一样。中国所缺少的是城市精致化。正如前面所讨论的，城市化会继续进行，也必须继续进行，但绝对不是从前那样的以GDP为中心的简单扩张，而应是通过城市体制改革的城市精致化。可以预见的是，如果没有具有实质性的城市体制改革，而是继续搞GDP简单的扩张，城市化就会是一个巨大的陷阱。这个陷阱不仅会促成中国社会过早陷入中等收入陷阱，而且会导致长期的社会不稳定，甚至政治不稳定。在今后相当长的时间内，政府顶层设计所必须把握的就是城市化的方向，绝对不能是追求城市化所产生的GDP。GDP必须是城市体制改革的产物，而非党政官员追求的结果。

原刊于《联合早报》2013年7月30日

中国的城市改革和城乡统筹

中国城市化的前提是城市体制改革，而不是简单的扩张。体制改革包括方方面面，但首要的问题是城乡统筹问题。这是一个结构性问题。

城乡统筹问题已经被确定为中国下一阶段工作的重点。它既是经济工作，因为城乡统筹可以成为下一阶段经济增长的一个主要来源；同时，它也是社会工作，因为城乡统筹可以解决农民工和城市的整合问题。

城乡统筹为什么会成为政策重点？首先是要解决所面临的问题。在这个领域，中国已经累积了太多的问题。1949 年以来中国在处理城市和乡村的关系方面，走过了几个主要的阶段。第一个阶段是改革开放前的 30 年，主要的特征是城乡隔离的二元政策，就是把城市和乡村分离开来，对两者实行不同的政策，总体上说，是牺牲乡村来促进工业化。这种政策的产生有当时具体的历史条件，可以理解。国家主导的工业化一方面促进了城市的发展，但城乡分割的二元制度同时也有效阻碍了城市化。当然，在农村，也没有能够建立有效的乡村治理制度。其实乡村治理制度的一个重要特点是，国家政权进入乡村的每一个角落，对乡村的每一要素（包括人）进行严密的政治和行政控制，其中，户口制度是这一制度的支柱。国家通过较高程度地剥削农民，完成了第一波由国家主导的工业化和城市化。

第二个阶段发生在改革开放开始到21世纪初。我们可以称之为自下而上的城市化。改革开放之后，工作重点转移到以市场经济为导向的经济发展。经济发展要求劳动力要素的自由流动，主要体现为农民进城成为农民工。20世纪80年代初，国家提倡小城镇建设，主要是为了适应当时乡镇企业发展的需要。当时开始了城市化，但规模不大。1992年初邓小平南方谈话和中共十四大之后，出现了大规模的城市化。90年代中期以“抓大放小”的国有企业体制改革，促使国有企业破产和转型的同时，推进了中小型国有企业的民营化，同时，外资也大量涌入中国，这就有效推动了农民进城打工，成为农民工。中国社会因此从原先的城乡二元社会演变成为三元社会，农民工既不是农民，也不是工人，而是社会的第三元。这第三元为世界经济和城市化历史所罕见。

三元社会高度不稳定

第三阶段就是现在正在进行的，在城乡统筹原则主导下的城市化。为什么要搞城乡统筹？这里有几个前提。首先是三元社会的高度不稳定性。三元社会已经出现了非常多的问题，尤其在东南沿海地区。例如，广东每年要吸收两三千万的农民工，农民工非工非农，既不是城市居民，也不是当地的农民，而是在城市和农村之间流动，因此，这第三元是最不稳定的因素。高强度的流动性本身就会产生不稳定的因素。缺少制度性社会保障的农民工，在经济危机的时候尤其显示出其不稳定的性质。在城市经济危机的时候，第一代农民工还可以回家务农，这不仅因为他们在家乡还有一块土地（不管大小），还因为他们有能力务农。但第二代农民工则不一样了，他们大多出生在城市，长在城市。即使他们在家乡也有土地，也已经和父辈不同，没有务农的能力了。他们越来越要求享受与城市居民同等的权利。现在第三代农民工都已经开始了。在这样的情况下，如果不能有效地把这第三元转型成为城市居民，社会的稳定必然会出现大问题。如何转型？城乡统筹成为关键。

其次是农村的衰败或者被衰败。农村的衰败，在一定的意义上不可避免。市场经济的规律决定了农村人口的外流。在世界范围内，工业化和城市化必然导致农村人口的外流。中国人多地少的特点更是加快了这个进程。现在很多村庄劳动力都外流，留下一些老人和小孩，道路、耕地、学校等被荒废。但也有很多村庄是"被"衰败的，这主要是由城市化对农村的土地需求所引起的。很多村庄，尤其是城市附近的村庄，往往以各种形式主动地或者被动地出卖土地。这些村庄原先并非城市的一部分，但现在越来越像城市，它们中的很多已经演变成"城中村"。大量的资本也流入农村，以各种形式收购农民土地，从事各种开发项目。无论是土地拆迁和土地开发所产生的问题，还是"城中村"问题，都必须加以重视。

第三个很重要的原因就是通过城乡统筹来达到经济的可持续发展。在过去的30多年间，中国取得了高速的经济增长。高速经济增长主要有两个来源，即内部的体制改革和外部的与国际经济的整合。但从近年来的情况看，这两个来源都在很快消退。经济改革在20世纪90年代中期找到了突破口，主要是国有企业体制的改革。但近年来这方面的改革越来越困难，在一些领域，不仅没有进步，反而有倒退的趋势。包括国有企业在内的既得利益，已经成为深化经济改革的阻力。公平地说，国有企业在国民经济中仍然扮演着一个不可或缺的角色，各级政府尤其是中央政府，往往通过国有企业来应付危机和解决一些问题，也就是说，国有企业是政府的经济杠杆。但是国有企业也在相当程度上挟持了国家政策。国有企业的大扩张已经严重遏制了民营部门的发展，遏制了市场发挥有效的作用，从而导致了国民经济的结构性失衡。尽管简单的扩张仍然是很多国有企业的发展之道，但很显然，扩张的空间已经非常有限，现在很难再继续依靠国有企业来取得可持续的经济增长。

要继续依靠出口来维持经济增长也已经不可能，实际上，这方面的情况更为糟糕。中国的主要出口对象欧美也面临着经济结构失衡的问题，而且都需要很长的时间来调整其经济结构。但到目前为止，这些国家仍然停留在应付危机的阶段，也就是说，这些政府所出台的政策属于“救火”性质。欧美市场对中国仍然很重要，但要依赖欧美市场来取得经济增长显然不可行。同时，尽管中国对其他发展中国家的出口在增加，但总量很难与中国对欧美市场的出口相比。

寻求经济增长新动力

在这样的情况下，人们必须思考中国经济发展的新动力来自何处的问题。近年来，城乡整合被很多部门视为下一步经济增长的主要动力源。历史上很多国家城市化的确在很长时间里提供了强劲的经济增长动力。工业化、城市化、中产阶级、消费社会这些都是经济发展过程中的要素。在过去的30多年里,中国的工业化史无前例,但城市化则因为很多制度因素(例如户口制度)远远落后于工业化的水平。现在强调城乡统筹,就是要在推进城市化的同时寻求经济增长的新动力。

如果城市化是为了可持续的经济增长和解决前面遗留下来的问题,那么就很好。但对很多政府官员来说,土地的城市化可能比人的城市化来得重要。很多年来,由于国家缺少有效的税制改革,地方缺少财政收入来源,土地财政一直是地方政府财政的主要来源。地方政府关注城市化主要是为了土地。土地被城市化了,但从土地上转移出来的人还没有被城市化。"城中村"的问题就是这样形成的。

对中国来说,城乡统筹非常重要,这不仅仅是一个经济发展问题,更是社会稳定问题。正如前面所讨论的,改革开放前造就了城乡分割的制度,20世纪80年代之后,城乡差距有所缩小,但从90年代初大规模的工业化以来,城乡两极分化变得越来越严重。这种情况不能再继续下去,不仅要缩小城乡差异,而且更要城乡整合和一体化。从国际经验来看,农村问题的最终解决依赖工业化和与之相关的城市化。中国的"三农"问题(即农业、农村和农民问题)关键也在于工业化和城市化。

但是,我们绝不能简单地把城乡统筹和城乡整合理解成为消灭农村。尽管有快速的城市化,中国农村人口仍然很庞大。城市化要有节制,过快的城市化会导致城市的农村化。简单地说,土地的城市化和人的城市化要同时进行。实际上,如果就广东等沿海省份而言,下一阶段的主要任务是巩固已有的城市化,消化既有城市化所带来的很多弊端。城市的升级和精致化,是中国大多数城市所面临的问题，简单的城市扩张会带来无穷的问题。

更重要的是，要意识到农村建设也是城乡统筹的重要部分。在强调城市化的同时，当前也该明确提出“保护农村”的目标了。城市化不是要消灭农村，而是要保护农村。国际经验表明，城市化到了一定时间之后，人们就会出现城市居民向往乡下生活的现象。同时，随着城市化水平的提高，农村生活的附加值也会发生变化。欧美高水平的城市化并没有破坏农村的生活方式，很多城市居民所渴望的是乡下的生活。这种现象在中国迟早会出现。2011 年底，中国城市人口已经超过总人口的一半（51.3%）。如果城市人口达到总人口的 3/4，农村的价值就会陡然增加。

现在人们开始强调政府提供公共服务的责任。在城市，提供公共服务比较容易，因为城市人口具有规模。但在人口很少的农村，提供公共服务有比较大的难度。很简单，人少的地方，提供公共服务的成本会非常高，很难实现可持续性。一定的人口规模是公共服务的前提条件。如果说城乡统筹要保护农村，问题的核心在于农村的公共服务供给，这才是人们需要思考的问题。这方面需要政策实践的创新，沿海省份的一些地方已经有很多好的经验。例如，广东有些地方做得相当有效，包括惠州的乡村教育和医疗制度。在这些地区，城市化在发展，但农村也在改善，城市化和保护农村平衡发展。从长远来看，这种方式要优于单纯的城市化，或者单纯的农村建设。

原刊于《联合早报》2013 年 4 月 2 日

中国农村的贫困与治理

笔者本人来自农村，一直以来对农村的发展非常关注。这几年笔者先后在南方的浙江、广东、广西等地的农村花了很多时间进行调研，考察农村的贫困现象。今天笔者想从基层治理与扶贫这个角度来谈一下农村的贫困问题。

扶贫不仅仅是经济问题

这些年，中国政府发起了一场全国性的反贫困运动，即精准扶贫。从世界范围来看，只有中国共产党才能做到这样的事情。尽管世界上大多数政府也认识到扶贫的重要性，但它们没有能力像中国政府这么做。从这点来看，精准扶贫运动体现出了中国的制度优势。

不过，我个人认为，扶贫不仅仅是一个经济问题，更重要的是一个制度问题。尤其对农村来说，贫困是一个治理制度的问题。农村的贫困也表明国家治理能力的不足，这对任何国家来说都是一样的。真正让人脱离贫困，用制度来保障他们不再返回贫困，这对任何国家来说都是不容易的。扶贫是一项非常艰巨的任务。

从宏观上说，中国的扶贫非常有必要。从微观上看，现在的扶贫并不是那么有效，或者说，以我们的期望来衡量，扶贫的表现还不如人意，如存在大量的政策寻租行为。我认为，扶贫的方法还需要与制度建设结合起来。没有农村治理制度的建设，扶贫很难实现可持续发展。

全球化与农村的贫困

首先一个问题是，如何理解今天中国农村贫困的根源？我认为，有两个因素非常重要。第一个是普世性的，主要是指全球化过程。大家可能会问为什么全球化跟中国的基层贫困能直接联系起来？这是因为 20 世纪八九十年代以后，全球化导致了农村的贫困。全球化对农村的影响主要在于全球化在农村劳动力与国际市场之间建立了一个最直接的联系，而这种联系以前是不存在的。全球化把农村的所有生产要素，包括劳动力和土地，与全世界直接联系起来了。

就中国来说，在很长时间里，珠江三角洲每年吸引了高达 3000 多万从中国各地来的农民工，这些农民工把自己最廉价的劳动力投入全球化的过程中。中国早期的“血汗工厂”都跟全球化有关。中国成为世界制造业的中心，开始不是靠技术，而是依赖中国农民的廉价劳动力和中国农村廉价的土地。诚然，今天我们的制造业中也产生了一些技术含量高的公司，如华为，但早期主要是靠劳动力和土地的要素优势。

当这些农民背井离乡到珠江三角洲一带打工后，他们确实能感受到更好的生活，因为挣的钱比务农要多得多。不过，根据笔者观察，到外地打工不足以使他们摆脱贫穷。尽管他们赚了一些钱，但没有制度基础保证他们完全脱离贫困。中国城乡二元的户口制度没有得到彻底的改革，很多人在珠三角打工十几年，一旦失去工作，依然很可能不得不回老家。无论是生活在城市里的农民工，还是回老家的农民工，很多人还都处于贫困的边缘，一旦失去工作，就会再次陷入贫穷。因为他们没有任何的制度保障。

当然，全球化导致农村的贫困是一个全球性的议题。西方发达国家，如美国，在2008年世界金融危机之前，其中产阶级规模超过70％，而现在50％都不到。这个就是全球化带来的问题。多年来，大家都关注如何从全球化过程中获取好处，而忽视了小城镇、乡村的发展。这也是现在西方民粹主义崛起的根源。

在应对全球化的负作用方面，特朗普的一些政策做法值得关注，尽管人们在价值观上不认同他的做法。比如他重新开放一些以前因环保问题和气候问题关掉的小企业，如煤矿。这些企业都在小城镇，它们在全球化的过程中被忽视而导致了相对的贫困。法国等欧洲国家的情况也差不多。

农村改革的失效

第二个因素是中国农村改革的失效。中国的农村改革在20世纪80年代最有效。从世界范围来看，80年代中国脱贫的农民是最多的。当时笔者身在农村，见证了两波改革，即第一波的家庭联产承包责任制，以及第二波的乡镇企业发展。为什么当时的农村改革非常有效呢？因为这两波改革对农民财富的积累是有贡献的，或者说，这两波农村改革是“积累性”的。但是90年代以后，农村基本上没有很大的改革，除了政府取消农业税，向农村让利，农村本身没有多大的改变。农村土地制度改革到今天为止，仍然没有实质性的进展。

我自己创造了一个概念来描述当今的农村贫困，我把它称为“流出性的衰败”。所谓“流出性的衰败”，就是说农村的生产要素，只有单向流出，而没有流入。我每次到农村都很感慨：农民一旦富裕了就会离开农村搬进城里。即便这些富裕农民有时候也会在乡下重新盖个房子，但这不是其长期据点。农村没有工作，年轻人就往外流。现在中国农村的生产要素都是单方面流出的，社会资本进入农村则是受制度限制的，而农村对人才没有任何吸引力。

政府在农村确实有投入，比如取消了农业税，但是农村自己基本上是没有任何投入的。实际上，资源一直是从贫穷的农村流向城市的，包括人、财、物。对农民来说，谁不向往城市生活呢！谁不想把自己的后代送往城市呢！这样下去，农村的衰败是不可避免的。

最近我在考虑中国城镇化如何开展的问题，因为这跟农村建设是非常相关的。如果城市化搞不好，农村建设也一定搞不好。如何建立一种资源分散性的城市化，而不是像现在这样永无止境地把所有的优质资源都集中在城市，尤其是大城市，这个问题值得我们探讨。

当前的扶贫，我们可以把它简单地理解为政府对农村的投入，或者通过扶贫的形式进行财富再分配。这种再分配可以通过行政的方式，也可以通过税收的方式。

扶贫非常重要，因为它是中国共产党继续治理农村的经济基础，可以避免发生传统的革命或者造反。传统上中国人是不会轻易造反的，只要能够生活下去。不过，中国几千年来造反不断，每个朝代都有不想造反的老百姓到最后起来造反了。我的观察是，目前农村不稳定的社会基础在扩大，这不仅仅是经济上的原因，还有现代教育和传媒的作用。

现在的农民跟 20 世纪五六十年代的农民不一样，他们也是受过教育的，其权利意识跟以前的农民不一样，尤其是第二代农民工。农民工回到农村后，还是希望享受城市的生活，比如说要有卫生设备，要有暖气、空调，但农村的条件确实有限。现在中国农村的环保问题越来越严峻，就是因为农民一家一户地在追求城市的生活方式。这从一个侧面说明了农民的权利意识在提升。

贫困导致社会不稳定

这几年中国的社交媒体有很明显的变化。过去，中国的高级官员们若出了事情，网络上的讨论会非常激烈，但现在大家对此类事件都见怪不怪了。但是，一旦农村和基层社会出现一些问题，比如山东的辱母高利贷问题、四川的中学生自杀问题，就成为全国性的大事。大家想一想这里面的深层含义：底层出了一些问题就会引发全国网民的怨愤，这是为什么？

现在政府维稳的能力在提高，但是政府除了传统的维稳方式外，也没有新的形式。问题在于，政府的维稳能力跟老百姓的动员能力之间的平衡怎样去把握？政府时刻都要关注着，成本很高。

农村的贫困会导致不稳定，也没有人会怀疑政府大量投入的重要性。但是，如果从基层治理这个层面去看待贫困问题，就会发现矛盾：一旦政府减少了投入，贫困又会重新出现。扶贫只是起一种缓解作用，不是在根本解决问题。

所以笔者一直强调把扶贫放在中国的基层治理制度里面去考察。农村治理所面临的局势是非常严峻的。我今天提出三个问题供大家思考：第一个问题，我们在农村的治理是否还是有效治理？第二个问题，现在农村的治理是不是我们所认同的那种治理？第三个问题，农村的治理究竟应当如何进行？

这三个问题看似简单，其实并不容易回答。因为现在许多农村地区出现了无政府状态，或者说政府不能发挥正常的作用。一些农村出现了“黑社会化”，甚至黑白不分的现象。当然，“无政府状态”，甚至黑社会的“治理”也是一种治理状态，只是这种治理状态不是我们所认同的。

中国基层“霸”字流行，这是很长时间以来的一个现象，也是大家一直在讨论的，即“恶霸”很多，如“区霸”“校霸”“路霸”“水霸”“电霸”“地霸”……这是很成问题的。这些“霸”也是老百姓所痛恨的。有些“霸”是黑社会性质的，但有些“霸”跟基层政府有关，甚至在有些农村，黑和白根本分不清楚。所有这些“霸”随意欺负老百姓，是影响农村稳定的一个毒瘤。

今天，因为有这些“霸”，扶贫的经济利益或者其他一些利益，一到农村都会被这些“霸”所捕获，根本流不到农民那里去。也是这些“霸”，影响了现在我们执政党像过去那样深入民间。

农村的扶贫与反腐败

从这个角度来说，我们应当在农村做三件大事。第一件是大力扶贫。这件事情正在做。政府的投入非常重要，没有投入，矛盾会越来越激烈。全球化的趋势是不可改变的，而全球化会继续影响农村，对中国也是一样。中国如果要成为全球化的领头羊，全球化对中国农村的负面影响一定要重视起来。

第二件是中国农村的反腐败。我认为，今天拍“苍蝇”的效用会高于抓“老虎”。“大老虎”已经抓很多了，也会继续抓下去，但老百姓的反响不会像以前那么大。我最近去各个地方观察后发现，反腐败运动刚开始时老百姓反响非常之大，但是几年下来，一些老百姓就开始问他们到底得到了什么？官员腐败的情况的确有所好转，但是反腐也导致一些官员不作为，致使老百姓去办事情不方便。

所以有些老百姓开始问，这样反腐反下去跟我们有什么关系？而底下的那些“苍蝇”或者“霸”，跟老百姓的生活是有密切关系的。因此，执政党在打“老虎”的同时，还要把这些恶霸打下去，把基层的腐败遏制住。

第三，更重要的是改变基层，尤其是要改变资源单向地从农村流出的情况。政府应当通过土地制度和其他制度的改革，允许各种生产要素实现双向流动。无论欧美还是其他国家，当城市化达到 70%左右的水平时，社会会出现一种现象，就是“富人的乡下，穷人的城市”，因为穷人需要城市，城市生活非常方便。如果社会环境改善，公路修起来，学校办起来，其他服务设施也跟上，小城镇的生活也会很不错。

如果现在不改变这种单向的流动方式，光靠政府一家去做扶贫，无论投入多大，效果都不会太好。所以，政府投入要与社会资本结合起来——当然也要预防社会资本的负面作用，因为资本的本质是剥削农民，这一点要通过各种制度设计把它规制好。

通过这样多方面的结合，就可以使中国农村的腐败现象控制在我们可接受的程度内。最终可能会出现我们现在提倡的美丽乡村。中国出现像欧洲国家那样理想的乡村，不是没有可能。

本文为作者在 2017 年 4 月 15 日广州举行的
“贫困治理与公共政策”学术研讨会上所作的演讲

第七部分

社会思想与道德危机

怎样才能实现中国文化的崛起

中国已经是世界第二大经济体。尽管人均国民所得仍然很低，但毕竟已经创造了世界经济史上的奇迹。那么有没有实现文化上的崛起？显然没有人能理直气壮地回答。中国经济崛起了，生活富裕起来了，但并没有赢得国际社会的相应尊重，也没有使得普通老百姓的幸福感明显增强。无论是对内政还是对外交，越来越多的人感到困惑。人们不禁要问，除了经济实力之外，中国能否提供给老百姓一种道德生活？能否提供给国际社会一种可供选择的文化或者价值？

答案显然并不令人乐观。从内部说，经济上的崛起已经导致了社会的道德危机。尽管社会经济的发展必然会导致旧道德体系的解体，那么新道德体系又是怎样的呢？没有道德体系，社会难以维系。从外部来说，缺乏一种吸引人的文化和其所体现的价值体系，经济崛起往往会被视为一件可怕的事情或一种威胁。国人也意识到了这点，因此努力向外宣传自己的文化。由于缺乏新的有吸引力的思想和价值，只好求助于传统文化，办孔子学院；在实际中，孔子学院又被简化成学习中国的语言文字。无论是办孔子学院的人还是从事其他媒体传播的人都不太清楚,他们要传播什么样的文化和价值。

王赓武先生把今天中国的崛起称为第四次崛起。历史上,中国至少有三次被公认为地区最强大的国家,因此人们也把中国的再次崛起称为“复兴”。既然中国崛起过,人们可以从崛起的历史中学到很多经验教训,诸如国家是如何崛起的?又是如何衰落的?

根据王先生的看法,第一次崛起是从公元前3世纪到公元3世纪,即从秦朝统一中国到汉朝。在汉朝,中国的影响力到了朝鲜半岛和东南亚部分地区。汉朝周边的很多国家进口汉朝的商品和技术,主要是丝绸、纸张、陶瓷以及陆军和海军技术。在这个阶段,中国给人印象最深刻的是经济和文化。

汉之后的400多年里,中国分裂为几个动荡不安的小国。但公元7世纪唐朝的建立宣布了中国的第二次崛起。唐朝的影响力传播到了日本和东亚其他地区,维持了近300年,这时的中国完全不同于汉朝。唐朝的强大和其外在影响得益于其高度的开放。唐朝不仅文化上开放,政治上也开放,被西方学者称为“开放的帝国”。佛教的传播和北方游牧部落在中原定居,这两种影响的强大混合力塑造出一个新的国家,显示出其高度的世界性。高度开放也迎来了一个贸易和工业不断增长的时代。来自遥远国度的商人和旅行者带来的新东西,不仅丰富了中国人的生活,而且为中国文化做出了贡献,由此造就了中国历史上真正的全盛时期。

1368年,明朝建立,中国由此实现了第三次崛起,持续了约400年。这期间,儒家思想重新被确立为国家的正统思想。这次崛起与前两次相比要逊色得多,因为中国的政治文化开始变得十分保守。闭关锁国的政策导致国家江河日下。尽管明朝加强防御,仍不断遭到来自周边的侵袭，并最终被满族人所征服。虽然建国之初的清朝非常强大，而且更具侵略性，但此后的统治中却更多延续了明朝的保守和闭关锁国政策，最终衰落下去。1840 年强大的英国进攻中国时，清政府统治下的中国已无还手之力了。

缺乏创新气魄的崛起

今天中国的崛起，与前面三次崛起相同的，是经济发展和随之而来的军事力量的增强。但至少到目前为止，还缺乏汉代那样的制度创新和唐朝那样的开放和文化崛起。尽管经济因为全球化而变得相当开放，但文化上偏于保守，缺乏包容并蓄的气度，导致内部缺乏强大的文化创造力。

今天中国的崛起模式，如果不加以反思和革新，有可能重复明朝的悲剧，即在国家真正崛起之前就开始衰落。明朝在体制和思想上的闭关锁国，使得国家失去了成为一个海洋国家的机会。明朝处于世界海洋世纪的开端。当时中国无论在国家还是社会层面，都比任何国家更具备成为海洋国家的能力。郑和下西洋是国家能力的象征，而在东南沿海“异常猖獗”的“海盗”，则是民间海洋能力的象征。但因缺乏思想和制度创新，王权庇护下的巨大既得利益，最终扼杀了中国通往海洋国家的道路。

文化崛起对一个国家的可持续发展的意义远远被低估。汉唐的崛起在于文化，其最终衰落也在于文化。如果文化不能崛起，必然对经济甚至政治产生严重的制约。从内部来说，没有思想的产生，就不会有制度上的创新，最终必然导致封闭和衰落。从外部来说，没有思想的产生，就不能提供有吸引力的文化和价值观。如果光有经济上的崛起和与之相关的军事化，就会被视为“霸道”和“威胁”，从而恶化国际关系环境。

人们可以观察到经济和文化同时崛起的案例（汉唐），也可以观察到经济崛起没有导致文化崛起的案例（明朝），经济崛起和文化崛起之间并不存在必然关联，两者不是一回事。即使没有经济上的崛起，同样可以有文化上的崛起。无论中国还是西方，很多伟大的思想和文化创造，都是在极其贫困的状况下进行的。

文化崛起三个非经济因素

文化创造与政府分权、文化开放、文化人独立这三个非经济因素更为相关。三个因素中存在其中一个，就可以促成文化创造的出现。分权和开放导致文化的崛起，这是中国历史的经验。历史上，每次分权状态出现，尤其是皇权衰落的时候，文化就呈现出复兴的情景。今天的人们并不希望通过国家政权衰落来获得文化的崛起；相反，人们大多希望国家政权的强大。一个强大的国家需要一个强大的政权来支撑。但分权和文化崛起之间的关系，的确说明了国家政权什么该管、什么不该管的问题。

中央集权和文化衰落也没有必然的联系。明朝的集权模式导致了文化衰落，唐朝的集权模式则走向了文化崛起。为什么？一是两者的集权模式不同，二是唐朝开放，明朝封闭。明朝政权深入文化领域，国家政权掌控了文化，同时明朝又实行文化上的“闭关锁国”。在唐朝，国家政权基本上不涉足文化领域，形成了高度自治的文化“市民社会”。同时，唐朝是一个开放的帝国，在文化全面向外开放的同时，能够把外来的文化整合进自身的主体文化。

一个更为关键的因素就是文化人的独立人格。如果人格是独立的，即使是专制和贫穷，也无法阻止文化的创造。俄国是典型的例子。沙皇时期的专制，没有阻止俄国知识分子的知识创造。俄国知识分子在专制制度下创造出辉煌的文学艺术、哲学思想。中国的文化人没能在专制下进行文化创造，与文化人对政府的高度依赖有关。中国历史上从没有出现过西方称之为“知识分子”的群体，即把思维创造作为终生职业的社会群体。

很显然，要实现中国文化崛起，关键在于调整政治和文化的关系。政府从来就不是文化创造的主体，要政府来创造文化纯属乌托邦。这并不是说政府和文化创造没有任何关系，恰恰相反，在中国的环境中，政府决定了文化创造的成败。

第一是政府权力的边界。唐朝的政府权力边界没有对文化创造造成巨大的阻力，但明朝和清朝则扼杀了文化创造。今天中国的政府边界缺乏限定，有关部门的权力涉足文化领域的每一个角落，这样很容易导致文化领域的高度政治化和官僚化，使得最原始的文化创新基因生长困难。

第二是政府的政策，政府支持什么和反对什么，都会对文化崛起产生深刻的影响。在国际层面，重要的是政府的政策是开放还是封闭。开放导致唐朝文化的崛起，封闭导致明朝丧失文化崛起。当前的现象是，政府太多的资源被用于控制，用于创新太少。即使投入创新的资源，也是用于政府认可的文化领域。但现实是，任何社会的政府官僚很少真正懂得文化创新。

一个值得反思的现象是，政府对文化事业的支持经常走向反面，导致其所支持的文化事业的衰落。为什么会这样，逻辑很简单：一旦这些群体可以通过依附政府生存，他们就失去了进步的动力，结果必然是衰败。其他国家也有政府支持文化事业，但一定是通过放权让专业人士来做。这种放权的方法不见得会导致文化的崛起，但不会导向衰落。在中国，政府也会放权，但目的往往不是文化本身，而是政治目标。

政府和文化之间关系处理不好，往往导致双输局面。政府控制文化导致大部分人对政府高度依赖，结果便是文化的衰落。而那些想保持一些独立性的文化人，要生存和发展，唯一的办法就是不得不与政府对抗，造就了另一种与政府相对立的文化，这也是一种过分政治化的文化。挑战政治现状成了这个群体文化创新的重要资源。很容易理解，这样的文化创新（无论是宗教还是艺术和文学）在中国本身不被政府接受，还会经常受到排挤，而在西方则被叫好。从一个客观立场来看，无论是政府自己所从事的文化创造，还是为了反对政治现状而从事的文化创造，都很难走向文化的崛起，反而在最大限度上制约着中国的文化崛起。政治本来应当只是社会的一部分，社会大部分空间应是非政治性的。即使是集权模式下，只要政治权力具有边界，文化创造仍然具有巨大的创造空间。

毋庸置疑，如果中国要走唐朝崛起之路而避免明朝崛起之路，唯一的办法就是进行文化体制改革，把文化从官僚体制中解放出来，把文化人从政治官僚过程中解放出来。只有这样，中国的文化才能真正崛起。

原刊于《联合早报》2008 年 7 月 15 日

谁应对年青一代的权钱膜拜负责

中国人具有根深蒂固的从来不检讨自己，而只会指责别人尤其是下一代的传统。每当有不符合传统道德价值的事情发生，就会有道貌岸然的人出来发表道德高论，似乎他们就是道德的代表和化身。如曾有两名武汉女大学生称若白毛女生活在当代，就该嫁给黄世仁，只要有钱，年纪大一些不要紧。于是乎，在社会上引出了一场具有道德高度的争论。令人惊讶的是，不管是在传统媒体还是在互联网，参加争论的人的倾向性非常一致，那就是指责年轻一代；他们的结论也同样具有一致性，那就是年轻人没救了。

指责下一代的人有意或无意地忘记了提这样一个问题：谁应当对道德的衰败负责？从年轻人成长经历的视角看，要对年轻人道德衰败负责的不是年轻人本身，而是造就道德衰落的老一辈。

官场成道德衰落的主要力量

任何人的道德价值观都不是与生俱来的。道德是社会化的结果，是社会灌输的产物。中国改革开放之后成长起来的年轻人中间（无论是80后还是90后），盛行权钱崇拜和道德虚无主义是事实；但同样重要的是要意识到，年轻人是被“培养”出来的。换句话说，年轻人对“权”和“钱”的崇拜意识是他们生长的环境所给予的。

权钱崇拜和道德虚无并不是新现象，从改革开放一开始就有了。在改革开放前，中国搞“贫穷社会主义”，人民的生活水准极其低下。当时的人们尽管维持着在今天的人看来较高的道德水准，但这是一种不可持续的道德水准，因为“贫穷”并不符合人性。因此，改革开放后，已经难以承受“贫穷”的一代开始了致富的过程。中国的改革开放似乎没有遇到很大的阻力，与当时中国人的普遍“贫穷”状态有很大的关系，所谓穷则思变。金钱很快就取代往日的道德，成为人们的价值坐标，金钱主义毫无困难地盛行起来。道德没有了，有了钱就可以为所欲为，于是乎，人们开始了金钱崇拜。

在尝到了初步富裕果实之后，中国人马上接受了以金钱为核心的“利益”概念。中国社会的基础很快就从意识形态（或者道德）转移到了利益。官方的很多政策在这个过程中扮演了一个主要的角色，最明显的就是 GDP 主义。在很长的历史时期里，经济的增长成了衡量各级官员的唯一重要的指标。GDP 主义已经高度制度化，尽管最近几年中国政府想努力扭转单向面的 GDP 主义，但成效并不大，各级官员的金钱主义概念已根深蒂固。（应当指出的是，GDP 主义是通过牺牲下一代人的利益来满足这一代人的利益。）

官员的腐败更显示出道德的解体。无论在国内还是在海外，中国官场的腐败是不需要作任何解说的，从金钱腐败的数量就可见一斑：官员腐败已经从 20 世纪 80 年代的几千、几万到 90 年代的数百万，再发展到今天的数千万甚至数亿元。权通过腐败转化成钱和财富。在这样的环境下，要下一辈不产生权力崇拜的心理实在是非常之难的。更为重要的是，在历史上，中国的政府不仅是负责治理的，而且也承担着教化的功能。官场既然这样腐败，自然就成为导致道德衰落的最主要的力量，不是有小孩立志长大了“当贪官”的案例吗？

权和钱各自驱使着道德的衰落，而权和钱之间的互相交易功能更是加速着这个进程。对年青一代来说，无论是“权”也好，“钱”也好，只要能够得到其中的一个，或者与其中的一个靠上边，就有了自身的价值。

个人奋斗不能带来希望

除了权和钱之外，中国整个社会经济结构也在迫使年轻人向权钱膜拜。在具有高度流动性的社会里，道德的主体是个人。要一个个单独的个人变成道德人，就要给他们以希望。如果个人可以通过自己正当的努力实现自己的希望，那么这个社会必然具有一定的道德水准。如果个人失去了这个希望，或者说无论他做怎样的正当努力也实现不了这个希望，那么道德概念就会消失得无影无踪。从很多方面来说，中国的年轻人正处于这样一种道德的困境。

例如住房问题。住房是一个人的基本生存空间，古人把“居者有其屋”和人的道德联系起来是很有道理的。如果人没有一个基本的生存空间，道德又能基于什么呢？而中国的住房政策在短短的20多年时间里，非常有效地扼杀了年轻人的这个“空间”希望。有关方面始终没有出台有效的、具有长远眼光的住房政策，任由“权”和“钱”操纵、主宰人们的居住空间。对今天中国的大多数年轻人来说，在飞涨得毫无止境的房价面前，光靠自己的努力是很难得到一个体面的生存空间的。在这种情况下，没有人可以责怪他们对权钱的崇拜，因为权钱是他们得到生存空间的工具。

教育也是一个例子。前段时间，人们发现大学毕业生和农民工的工资和收入水平有拉平的趋向，甚至出现了农民工的收入较大学生高的情况。这和从前的“脑体倒挂”的情况不同，因为那时出现这种情况是人为控制的结果。在今天市场机制调节劳动力市场的情况下，这种现象的产生只能说是中国教育体制的问题。人应当接受尽可能多的教育，这可以说是一个基本的道德判断，但当接受教育和不接受教育两者的工资和收入水平拉平，甚至前者比后者更低的情况下，道德就必然被虚无化。

实际上，越来越多的迹象表明，中国的年青一代正面临越来越大的困境。中国的改革开放曾经造就了一个开放的体制，给年轻人以希望。但现在整个社会似乎被各种既得利益所分割，他们把持着各个领域，社会的开放度较之改革之初已大为缩小。从前是控制扼杀年轻人的希望，现在则是自由扼杀着他们的希望。年轻人很自由，却没有机会。尽管也不时有人为自己找到一条出路（正当的手段和不择手段的马基雅维里主义，包括对权和钱的依附和屈从），但对很多年轻人来说，希望则是越来越少。

在此情况下，道德从何而来？不能说有关当局对道德不够重视。中国方方面面的话语仍然充满着各种道德说教，但对年青一代来说毫无价值。道理很简单，他们所读到的道德教条和他们所看到的现实，两者的反差实在太大。高不可及的道德教条和毫无道德的现实生活，反而加深了年轻人对道德的怀疑和价值虚无主义。从很大程度上说，年青一代是幸福的，但也是悲哀的：他们生活在一个自由主义和物质主义的社会，但这个社会同时又是一个价值混乱、缺乏道德标准的社会。不过，感到更加悲哀的应当是老一代，因为是他们和他们造就的社会培养了年青一代。老一辈否定了自己，更否定了新一辈。

提出价值和道德衰落问题绝对是好事情，但要意识到，出现这些社会现象不仅仅是道德价值的问题，而有其更深刻的社会环境和制度背景。从更高的层次来说，这个问题关乎一个国家和民族是否可以生存和可持续发展的问题。道德来自希望，对未来的希望。抱怨、指责新一代毫无用处，如果要对下一代负责，那么就要为下一代营造一个能够使他们感觉得到希望的社会和制度环境。而这，又是谁的责任呢？

原刊于《联合早报》2009 年 11 月 20 日

为什么一个道德国度面临道德解体危机

近来中国的媒体在讨论一个在世人看来不能再简单的问题，即“老人摔倒，要不要扶”。对数千年之前的孟子而言，“幼童要掉到井里，要不要拉一把”，这是一个不用提的问题，或者说这根本不是一个问题。人类的很多行为和动作，出自人类的恻隐之心或者本能，根本不用做任何理性的思考。因此，幼童落井要拉一把，老人摔倒也要扶一把，都是不需要人类理性来思考的，恻隐之心和本能的驱动足矣！科学家们发现，类似的恻隐之心和本能，甚至存在于动物群体中。很多动物群体对环境都已经发展出群体生存和发展所需要的本能，互助互救就是其中很重要的一项。

为什么中国社会要讨论这样一个本来根本不用讨论，或者不是问题的问题？原因极其简单，因为这个问题已经在中国社会变得如此复杂而必须诉诸人类理性了。这些年来，很多案件的发生如南京的“彭宇案”和天津的“许云鹤案”，不管其背后的故事如何，都似乎和人类的本能反应相对立。媒体上充斥着很多匪夷所思的标题，例如，“19 岁大学生扶起倒地老人，法院判赔 7 万多元”“老人摔破头围观群众无人扶，家属表示理解”“孩子路见倒地老人上前帮助,被家长嘲讽训斥”“解放军士兵扶昏倒老人被迫赔3000元,部队找证人讨回公道”,等等。

当然,这并不是说,在中国老人倒地就没有人扶了。我们相信,还是有很多人愿意扶倒地老人的。但不管怎么说,出现了这样的现象,提出了这样的问题,只能表明社会的道德出了大问题。“恻隐之心”是人类道德最本能的体现,连这个都被怀疑、被摧毁了,这个社会还没有问题吗?因此,我们不禁要问:这个社会怎么了?

这确是一个需要人们理性思考的问题。中华文明长达数千年不中断,中国历来视自己为一个道德的国度,世界上其他国家也是这么看待中国的。现在为什么会演变成一个缺乏道德的社会呢?一个社会道德的形成有其复杂的原因,社会道德的衰落也如此。我们至少可以从如下几个方面来回答这个问题。

对商业文明负面影响缺免疫力

首先,在商业文明面前,中国传统道德的衰落有其必然性。中国数千年来一直是农业文明,从来就没有经过商业文明的洗礼。儒家道德可以说是农业文明的精神结晶,表现在社会结构方面就是“士、农、工、商”的等级社会秩序,从商者被排在最后,最不重要。其他方面的制度设计,也是为这个等级秩序服务的。在历史上,尽管不同朝代对商业具有不同的态度,一些朝代敌视和排斥商业,而另一些则比较能够容纳和重视商业,但商人在儒家意识形态中的地位,从来就没有变化过。商业社会对道德的负面影响甚至冲击是必然的,但历来统治者使用的是排斥商业的做法。这种政策在遏制商业发展的同时,也使得传统文明没有能力容纳和接受商业文明。商业文明一旦来临，传统文明对其所带来的负面影响没有任何免疫力。

如果和西方作一比较会看得更清楚。近代以来西方的社会政治秩序，可以说是商业文明的产物。在西方，近代意义上的商业阶层在传统帝国解体之后的废墟上崛起。与此同时，封建价值观很快衰落。商业文明要求对事物具有一种世俗的态度，于是宗教改革成为必要。宗教改革符合商业社会的需要，使得宗教能够容纳商业精神。但改革之后的宗教，也为商业社会塑造了一种新的道德价值体系。因此，西方宗教改革和转型与商业文明的兴起分不开。

基督教转型得最为成功，韦伯的著作《新教伦理和资本主义精神》论述的就是这一点。改革后的宗教，在接受商业行为的同时，也约束着信仰者的商业行为。尽管商业行为、盈利和挣钱都被合理化，但挣钱本身只是工具，而非目的。商业行为和挣钱的最终目的，还是救赎人本身的灵魂。而伊斯兰教的转型，就不像基督教那样顺利。在很大程度上，伊斯兰教直到现在不仅没能有效转型以容纳商业社会，反而有更加传统化的趋向，与商业社会和世俗行为陷入深刻的矛盾。

新道德体系还没有建立

中国传统道德现在受迅速崛起的商业文明的影响，其解体的速度令人吃惊。这里不得不提到当代商业文明之前的长达世纪之久的政治冲击。自清末之后中国被产生于欧洲的近代国家打败后，无论是政治精英还是知识精英，都把中国落后挨打的原因，归结于传统道德或者文化。因此从五四运动到改革开放，儒家传统道德受到一波又一波的政治冲击。

近代以来长期的革命和战争也使得道德的确立成为不可能，因为革命和战争就是要推翻旧秩序。1949 年中华人民共和国成立后，人们才觉得需要确立新道德。不过，当时的做法是以意识形态替代了道德，依靠神圣化了的世俗意识形态，对干部官员和普通老百姓的行为构成制约。持续的政治运动摧毁了传统道德，而神圣化的意识形态一旦消失，社会便面临失范的危险。这就是我们现在面临的状况。

但是，还有一个更为重要的问题，那就是为什么我们无法确立一个新的道德体系？在西方的道德重建过程中，除了宗教改革的作用，政治也扮演了很大的角色。随着世俗化的深入，政治在道德重建过程中的作用也越来越大。政治的作用主要是通过两个途径，一是法治建设，二是自律社会的形成。

今天，人们可以从法国思想家孟德斯鸠的《法意》（或者《论法的精神》）中认识到，当时西方社会把法治的重要性提高到了何种地步。世俗化意味着人们日渐脱离宗教的影响，在这样的情况下，法律变得日益重要。从前是宗教扬善抑恶，现在法律取代了宗教的角色。而法律是通过政治过程形成的，用来规范社会成员的日常生活。更为重要的是，法律并不仅仅是那些写在纸上的条规，而是一种如孟德斯鸠所说的深入人心的“精神”。

如果法律是一个自上而下的政治过程，那么自下而上的自律社会的形成，对道德的形成和成长同样重要。实际上，道德无非是社会成员相互自觉形成的行为规范，同样也通过社会的压力机制而发生作用。要形成社会自律，社会必须具有自己独立的空间，一个不受政治干预的空间。西方社会一直强调社会力量，从早期的资本主义（在马克思看来，“资本主义”即“市民社会”）到现代的非政府组织，都是社会力量的载体。

受保护的社会才能产生道德自律

西方道德力量的强大并不在于政府的推动，而在于社会力量的强大。实际上，在西方，一直是社会力量在推动政治和政府的道德化，而不是相反。在此也应当指出政治在保护社会过程中的作用。社会保障、医疗、教育、住房等方面的社会主义，或者具有社会主义色彩的制度，是保护社会的制度保障。而这些制度的确立，都是通过政治过程完成的。这些社会制度的意义在于，社会成员只有在获取了生存和生活的基本需求之后，道德概念才会得到强化，即所谓的“衣食足而知荣辱”。

西方近现代道德的发展，对中国应当有参照意义。作为世俗文明，中国历史上宗教只在一些特殊的社会群体（即各种类型的宗教团体）中发生作用，而在社会总体道德建设过程中，从来就没有占据主要地位。改革开放前的政治破坏了传统道德，改革开放后的政治又没有发挥道德重建的作用。

首先是没有花大力气进行法治建设。尽管也一直在强调法制和法治，但法制和法治的现状很难使人相信其有助于道德的发展。在很大程度上说，中国的法制不但没有“扬善抑恶”，反而在实际生活中起到了“扬恶抑善”的作用。本文开头所讲的“扶起摔倒的老人受到法律惩罚”的故事，就是典型的例子。

法治没有进展，同样重要的原因是新自由主义进入法律领域，无论是在立法还是司法。新自由主义进入中国的社会领域是很显然的，例如医疗、教育和房地产等，但人们往往忽视的是新自由主义对法律领域的影响。在很长时间里,立法的主导原则就是推动经济发展,促进劳动生产力,而社会正义和公平则被忽视。在很大程度上,法律领域可以说是金钱主导一切,变相的GDP主义也在法律界盛行。例如中国的大部分律师,都想从事经济法或者与此有关的法律活动,不想甚至回避刑法和民事,除了政治原因之外,金钱是一个非常重要的因素。以钱为本必然导致法律界的全面腐败。一个应当以保障社会正义为目标的制度体系如果全面腐败,社会正义必然荡然无存。

不容否认,在现实中法律面临政治和金钱的双重压力,往往要么成为政治的工具,要么成为金钱的工具。中国社会只有法律的条规,而没有"法意",法的精神。西方意义上的"法律秩序"(law and order)在中国并不存在。当法律成为权力或者金钱利益的工具时,谁来保证"善"的行为?又有谁来惩罚"恶"的行为呢?

社会空间的缺失也使得道德无处生存。在数千年的儒家文明里,王权的专制更多是理论上的,实际往往是"统而不治"。中国社会具有高度的自治性。在社会底层,乡规民约调节和约束着人们的行为,各个行业也有自己的行为规则。在当今社会,传统道德已经失去了生存的基础,由于自治空间的丧失,社会成员的自觉和自律很难形成,新的社会道德体系也难以产生。

如果说法律要保障的是合乎人类道德观念的秩序,那么社会道德要调节的是社会群体之间,或者社会个人之间的互动和行为模式。既然社会道德难以形成,那么社会群体和社会个体之间的交往,就容易表现为赤裸裸的物质利益或者权力行为。

道德是任何一个文明的内核,其他各方面制度,无论是政治制度、经济制度还是社会制度,都是这个道德内核的外延。现在我们面临传统道德解体而新道德无法建立的危机，这也是中国文明的危机。如果商业文明不可避免，那么就要重建一个能够容纳商业文明，但又能遏制商业文明所带来的负面影响的新道德体系。世界历史表明，道德的重建并非经济发展的必然结果，而是人类主观努力的结果。如果新道德体系不能确立，那么无论多么强大的经济力量，都不能促使中华文明复兴。

原刊于《联合早报》2011 年 10 月 4 日

道德解体的根源

中国社会道德面临解体危险，道德必须得到重建。要重建道德，首先必须分析导致道德解体的根源。不过当社会被愤怒氛围裹挟的时候，人们很难理性地看问题，也很难理性地选择道德重建的合适途径。对道德的衰落不能冷漠，道德的重建也需要紧迫感和激情。不过，激情很容易导致人们对道德衰落或者重建的意识形态化的诊断。要找到有效的重建方式，就必须对道德衰落的根源进行理性的分析。

虽然社会各方面都认同道德衰落的各种现象的存在，但对社会现象的分析和诊断却缺乏共识。那么，当下人们是如何看待今天社会道德衰落的根源的呢？简单地说，左派指向市场经济，认为市场经济是根源，而自由派则指向权力，相信是政治权力导致道德衰落。尽管还有其他看法，但左右两大派看法占据了今天社会的大部分讨论空间，而且两派极其分化，没有任何共识。它们之间的争论与其说是对具体社会环境和政策的争论，倒不如说是对各自所信仰的意识形态和价值观的辩护。双方对道德问题的解读大多停留在规范和道德层面，经验性的研究并不多见。结果，对道德的重建并没有真正的用处。

“左”派的解释：市场经济是根源

一般而言，左派的理论来自马克思及其相关的新马克思理论的各个变种。马克思强调资本对社会道德的负面影响。资本的本质就是要把一切事物，包括社会关系商品化和货币化。社会关系的商品化和货币化导致了社会道德秩序的衰落甚至解体。这个分析并没有错。从这个逻辑出发，中国的左派指向了改革开放以来的市场经济的发展。比较极端的左派相信这些都是邓小平的错。如果不是邓小平把市场经济引入中国社会，社会道德不至于面临解体的危机。因此，这些人开始怀念毛泽东，把毛泽东时代的中国想象成为一个具有社会秩序和道德高尚的社会。甚至有人提出要回到毛泽东时代。这种看法在年长者那里比较流行，怀旧是今天中国社会的一大趋势。更重要的是，这种情绪在那些并不了解毛泽东时代的年轻群体的心里滋长。和年长者不同，年轻人认同毛泽东不是根据生活经历，而是根据对毛泽东思想的文本解读。

但左派面临两大问题。第一是如何解决道德衰落带来的问题。马克思从资本的本质出发分析了道德解体的根源，但并没有找到有效解决方式。马克思主义的解决方式是消灭资本主义，消灭市场。因此，几乎所有共产主义国家当时都把消灭资本主义作为自己的政治目标，但很显然，这个人类历史上的大试验已经被证明为失败的。无论是斯大林版本的苏联、东欧社会主义还是1978年之前的中国社会主义，最后都演变成贫穷社会主义。

贫穷社会主义之下有没有可能产生有效的社会秩序和高尚的道德？极少可能。在西方，市场经济对政治权力，或者资本对政治权力构成制约。但在贫穷社会主义下，政治权力和经济权力一体化，既常导致社会空间的消失，又常导致权力的腐败。更为重要的是，在当时普遍贫穷的状况下，人们的基本生活得不到维持。贫穷生活显然产生不了道德。只是当时人们的道德水平低下状况和非道德事件并没有像今天这样被广泛报道出来。实际上，虽然一些人怀念改革开放之前的时代，但有多少人真的想回到过去时代，再去过那个时代的贫穷生活呢？对大多数人来说，对那个时代的怀念只是反映了对当下境遇的不满而已。

第二是不管有多么大的缺陷，市场经济是人类迄今为止被证明为最有效的创造财富的机制。没有市场，就没有有效的财富创造机制，就没有小康生活。无论在西方还是亚洲，市场经济造就了庞大的中产阶级，也就是中国所说的小康社会。如果没有市场，国家所主导的经济活动更会导致出现另一类更为严峻的不公平，即东欧学者所说的“新阶级”。这是一个以政治权力为基础的官僚阶级，垄断着国家的大部分经济资源。今天中国的左派可能会举出一些例子来证明国家主导经济的优越性，但是有两点需要说明。第一，政府（权力）主导的经济发展，在一定的阶段是可以达到高速的发展，新中国成立初期有一段时间中国也经历了经济的高速发展，问题在于是否具有可持续性。从历史经验看，一个国家，光有政府主导的发展没有可持续性。第二，今天中国一些富有的村、镇和市在政府主导下得到了很快的发展，其主要原因并不在于政府主导本身，而是政府充分利用了这个村、这个镇、这个市之外的市场机制。没有市场机制，它们同样得不到发展。

简单地说，要通过消灭市场经济而转向国家权力来解决道德秩序问题，除了怀旧和理想主义色彩，并没有可行性。

自由派的解释：政治权力是关键

那么，自由派的观点又是怎样的呢？与左派相反，自由派指向权力，认为是政治权力导致中国社会的道德衰落和解体。他们认为，政治制度是道德衰落的关键。他们把很多的社会问题包括道德衰落视为政治权威主义阻碍市场经济充分发展的结果。因此，他们提倡通过市场化和民主化来解决道德重建问题。市场化的目标就是将政府与经济脱钩，而民主化的目标则是制约政治权力。如果左派的样本是1978年之前的中国，那么自由派的样本则是实行市场经济和民主政治的西方国家。

不过，自由派也同样解释不了很多问题。中国的很多道德问题固然和政治权力有关，但市场也并不是解决道德秩序的唯一途径。市场化通过遏制政治权力解决了一些道德问题，但同时也产生着其他问题。历史地看，市场的发现改变了人类的经济发展史，为经济发展提供了强大的动力，但同时，也给人类既有的道德秩序带来巨大的挑战。马克思曾经把西方很多道德问题归之于市场化。“看不见的手”（市场）的发现者和提倡者亚当·斯密的著作《道德情操论》，强调道德情操在一个社会运作过程中的至关重要性。在西方道德体系发展过程中，宗教发挥了很大的作用。西方的宗教改革为资本主义的崛起提供了精神条件，但资本主义的兴起对以宗教为基础的社会秩序产生了很负面的影响。随着工业化和城市化的发展，社会流动的增加，尽管宗教还是一种非常重要的道德资源，但政府或者说政治权力扮演了很重要的角色。政府主要是通过对社会提供保护机制，例如社会保障、医疗、教育、公共住房等人们称之为“公共产品”（public goods）的公共服务，为道德重建提供了社会基础。社会保护机制极其重要，否则西方道德的转型是不可能的。政治权力并非和道德相悖。西方从早期原始资本主义发展到后来比较人性化的福利资本主义，这本身并不是资本主义发展的内在逻辑。西方所经历的转型是社会改革和政治改革的结果。

从今天美国和西方社会的道德状况看，市场化和道德之间的紧张关系依然存在。例如 2008 年以来的金融危机可以理解为金融部门过度市场化的结果，或者说缺少政府对市场有效规制的结果。金融危机对西方现存的社会秩序和道德体系产生着负面影响，包括商业道德和一般人的社会道德。

回到中国的情形，自由派既很难回答“左”派所提出的很多问题，即市场化对道德秩序的负面影响，其所提出的去政治权力化的主张在实际生活中又毫无可操作性，只不过是一种过度的理想罢了。

无论左派还是自由派，双方在规范层面上都有些道理，但双方都没有能够找到解决方式。一方是怀念过去的时代，一方是向往西方，没有别的了。

经济领域和社会领域缺少边界

实际上，如果人们能够从经济、社会和政治三者的互动关系来看问题，会比较清楚。无论从西方的历史还是中国的经验来看，政府权力站在哪一方，是经济还是社会，就会产生不同的政体，也就会改变经济和社会领域的平衡。所以政府和政治权力很重要，是个平衡器。这三者一旦失去平衡，道德的社会基础就会遭到破坏，社会秩序和道德就会解体。

中国社会道德解体的最主要根源在于经济领域和社会领域之间没有边界。改革开放以来，中国创造了世界经济史上的奇迹。这个经济奇迹的创造，政府是其背后的主要推动者。要推动经济发展，政府不得不站在经济这一边，也就是和资本、企业家（无论是外来的还是本土的）结成紧密的关系。这样就产生了人们所说的“权势一体化”的局面。权势一体化不仅导致经济和社会之间的失衡，而且也导致了政治与社会之间的失衡。不难看到，中国早期的改革者没有把经济领域和社会领域区分开来，把经济政策引用到社会领域，导致社会领域的过度市场化，以至货币化。也就是说，自由派所提倡的新自由主义经济政策闯入了中国的社会领域。在西方，新自由主义只在经济领域发生作用，主要表现在政府推动的私有化运动。但在很多社会领域，新自由主义遇到了强大的社会抵制，教育、社会保障和公共住房都没有能够私有化。中国的情况相反，在经济领域，新自由主义遇到了强大的国有企业的抵制，但在社会领域则不一样。中国社会没有抵抗能力，新自由主义在政治权力的扶持下很快就攻占了诸多社会领域，包括医疗、教育和住房。这些领域都是要求政府大量投入的，但在中国则成为暴利领域。社会被破坏了，社会的道德基础就没有了，其解体也就很容易理解了。

更为严重的是，无论是资本还是权力，都是通过 GDP 主义这一巨大的动力机制摧毁着中国社会秩序的。GDP 主义就是社会的经济数据化。政治人物需要 GDP 数据，企业家需要 GDP 数据，经济学家、律师、教授等社会阶层需要 GDP。就连一般社会成员也需要 GDP。在一个以钱为本的社会，无论是组织还是个人，缺少了经济数据，就变得毫无价值。“不要做对我毫无经济价值的事情”，这已经成为很多人的座右铭了，因而医生可以因为病人的钱不够而中止手术，律师可以为了钱而出卖灵魂、普通人因为担心被索赔而不敢扶起倒地老人，教授为了致富而把学术和教育当成了副业，等等，中国所特有的社会现象都是多种变相的GDP主义的产物。

但是显然，人的价值是不能数据化的，一旦数据化，人的存在就失去了任何意义，也就是“去意义化”。一个“去意义化”的社会便是毫无道德秩序可言的。这就是今天中国社会各个阶层普遍经历的极度不信任、极端恐惧、极端孤独的终极根源。任何个人或者家庭，一旦处于这样一种状态，社会道德和信任就会变得毫无相关了。

在人类经济社会发展历史上，市场和社会领域的相对分离是一个伟大的发明，这种分离使得人类能够逃脱泛道德化的社会行为，为经济的发展提供了精神基础。但另一方面，社会也必须受到保护，经济和市场必须有一个边界。经济领域可以也必须加以市场化，甚至货币化，但社会领域则必须也可以拒绝过度的市场化和货币化。无论在哪里，这种边界的存在是一个社会继续生存和发展的基础。换句话说，无论怎样的社会，不管是民主还是非民主，没有这样一个边界，社会秩序和道德解体的危机必然发生。

可以确切地说，中国社会道德的解体是经济、社会和政治三者之间以GDP主义为核心原则之下相互作用的结果。这里GDP主义是核心因素。如果这三者之间所有互动的核心是GDP，那么，道德的解体成为必然。反过来说，如果要确立一种新道德或者重建道德体系，那么就要改革这三者之间互动的原则，也就是要“去GDP主义”，代之以另一种能够促成新道德成长的原则。从这个角度来看，目前左右派之间意识形态化的争论无助于中国社会道德的改善。改革经验都证明，无论是“左”派还是自由派，一旦主导中国社会，在克服了一种道德危机的同时又会制造另一种新的甚至是更深刻的道德危机。要重建道德体系，人们还得另寻他途。

原刊于《联合早报》2011年11月29日

如何重建社会道德体系

社会道德解体了，但社会必须具有道德才能生存，道德必须得到重建。如何重建道德，是中国社会面临的一个极为严峻的挑战。

如何重建道德，首先必须跳出目前的左右争论。实际上，左右派各自意识形态的背后是利益，特殊阶级的利益。要重建道德，首先必须认识到道德的普适性。换句话说，道德重建必须去阶级化。因此，中国应当对接受了近一个世纪的马克思主义阶级斗争学说重新分析。马克思科学地阐释了市场对社会道德的负面影响，但并没有找到道德重建的有效方式。马克思提倡阶级斗争，把道德分解成资产阶级的道德和无产阶级的道德。但到目前为止，历史发展表明，阶级斗争无助于道德重建，阶级斗争表明社会的对立，而在一个阶级高度对立的社会，很难进行道德建设。

阶级论也不仅仅是马克思主义的观点。很多自由主义者尽管不强调阶级，甚至因为马克思所提倡的阶级论对资本主义或者市场经济不利而反对阶级论，但正如马克思所指出的，资本主义实际上是阶级形成的一种主要根源。如果自由主义者没有能力来缓解或者调和由资本主义产生的阶级，那么资本主义和市场经济就会发生重大社会危机。

实际上，在道德面前，所有社会成员应该是平等的，无论贵贱，无论贫富，他们都是人，都是需要道德而生存的。这似乎类似一种宗教解释，但实际上人们不需要用宗教来解释社会存在的道德需要。任何文明开始之初，人们都用普遍的人性来解释道德的需要。

社会分化导致道德解体

市场经济必然导致社会分化。在市场经济产生之前，尽管也不存在绝对平等的社会，但社会成员之间的差异，尤其是经济差异并不是很大，这是因为大多数社会成员都生活在很低的生活水平上，用学术的话来说，是一种生存（或者生计）经济。市场经济是人类创造财富的最有效的机制，但也导致了收入分配差异拉大、财富分配不均。社会分化导致社会道德解体。

如何应对这种道德解体？历史上有两种方法。一是马克思主义路线，即消灭资本主义，消灭人剥削人的社会现象。但历史发展证明，消灭了市场经济，社会就没有发展的动力。国家在一段时间内可以通过政权动员来发展经济，但没有可持续性，最终社会会沦入普遍贫穷。在人人贫穷的状况下，只能产生虚假的道德。另一种方式就是，用社会主义来遏制和消化资本主义和市场经济对社会道德的冲击。这是西欧发达社会的经验。通过长期的社会主义运动，欧洲社会从早期马克思和狄更斯所描述的“悲惨世界”式的原始资本主义，过渡到福利资本主义。没有欧洲的社会主义运动，很难想象资本主义和市场经济能够生存到现在。社会主义运动的一个主要贡献，就是确立了一个社会领域。当市场经济或者资本主义仍然在经济领域发挥其作用的同时，通过提供保护社会的机制，避免社会领域的过度市场化和货币化，从而保护了社会领域。尽管人们非常强调宗教在提供西方社会道德资源方面的作用，但如果没有近代以来的种种保护社会的机制，很难保证社会道德的生存和发展。

回到中国，要重建道德，我们也不得不在这些方面做文章。很难想象通过消灭市场经济就能重建道德，这已经被证明是不可能的。实际上，消灭市场经济本身需要一场深刻的社会革命，而这个过程本身就会制造出无穷的非道德。

道德重建，谁是主体?

重建道德，谁是主体呢？既然道德的解体是资本力量、政治力量和社会力量三者互动的结果，那么道德的重建也离不开这三个角色。在西方的道德重建过程中，政治和社会的力量扮演了最为重要的作用。资本尽管是道德解体的主要根源，但道德的重建还是需要资本的力量。道德重建包含经济成本，这种成本必须由资本来承担。西方福利社会的基础还是市场经济，没有足够的财富，就不会有福利社会的可能性。

在中国，政治权力或者政府能够在道德重建过程中做什么呢？至少可以从两方面来看。首先，政府需要构建一个有利于道德产生和发展的结构，那就是经济、社会和政治三者之间的平衡。任何社会具有三种力量，即经济力量（钱）、政治力量（权力）和社会力量（人口）。这三者的相对平衡有助于社会道德的产生和发展；反之，道德就会面临解体。

从这个角度来看，中国的各级政府没有在资本和社会之间做好平衡的角色。在任何社会，不管实行怎样的政治制度，较之于资本力量和政治力量，社会力量总是最弱小的。这也是一旦社会力量起而反抗其他两种力量，往往表现出暴力性的原因。很显然，暴力往往成为社会保护自己的最终的手段。在中国，社会力量本来就远比其他力量弱小，一旦资本和政治两种力量结合在一起，社会力量就会变得更加微不足道。多年来社会对资本和政治力量的不信任甚至暴力化，就是权钱结合带来的必然结果。在这样的情况下，道德就趋于解体。

在中国，政治力量和资本力量相结合还产生了其他两个结构的失衡，即国有部门和民营部门的失衡，大型企业和中小型企业的失衡。在西方，私人资本对政治力量是一种有效制约，中国的私人资本极其微弱，对政治权力不仅没有制约性，反而高度依赖于政治力量。由于在中国，国有企业是大型企业，而民营企业大多是中小型企业，结果也必然造成大型企业和中小型企业之间的失衡。在任何社会，中小型企业是社会大部分人生存的经济空间。中小企业弱小，表明中国社会的大部分所拥有的经济空间极其微小。因此这些关系的失衡，对社会道德的生产和发展构成了结构性制约。

如果说经济领域和社会领域的分离是经济发展所必须，那么政府就要提供足够的保护社会的机制。这就要求政治领域和经济领域相对分离，只有当这两个领域相对分离的时候，政治力量才有可能在社会和资本力量之间作为一个仲裁者，平衡两者的力量。在当今世界，西方国家因为实行大众民主，政治倾向于与社会力量结合；在中国，政治力量则倾向于与资本形成联盟。这两种极端都会产生很多的问题：西方的民主经常成为民粹主义，民主政治成为福利政策的“拍卖会”，使得其经济体系不堪负担；中国资本和政治力量的紧密结合，则有效地破坏着社会基础。自由派经常忽视第一个问题，左派经常忽视第二个问题。

政府可以做、也必须做的另一种努力，就是为社会道德提供有效和足够的制度保障，这方面主要体现在法治和法制建设上。好的制度必须要扬善遏恶，而不是相反。要扬善遏恶，就需要制度的根本性变革，尤其是健全的法制。那些不愿意接受艾滋病人的医院，那些因为病人的钱不够而中途中断手术的医生，那些诬告扶起倒地老人的人……所有这些行为都必须受到法律的制裁。如果法律不能制裁这些，那么就无异于鼓励非道德。中国的立法者有太多的事情需要做。

道德建设还需依靠社会力量

政府可以提供一种有助于道德产生的经济结构和法律结构，但很难提供一种道德力量。中国传统社会主要由儒家提供道德，但是这种传统模式已经不再可行。当农业社会消失的时候，作为一种政治意识形态的儒家就失去了政治道德舞台。当然，儒家可以作为一个私人道德基础存在于社会。

如同任何社会，政府必须在公民教育方面扮演重要角色，而不仅仅是进行政治教育。中国长时期的、由政府主导的政治教育包括爱国主义教育，虽花了很大力气，但很难说取得了成功。就拿中国对日本的认同来说，这些年来，中国人不远千里到日本购买马桶盖、电饭锅、感冒药等日本商品，疯狂程度令各国惊讶。对欧美国家的商品也如此。并不是说买日本商品或者到日本购物，就等于不爱国了。现在的中国人有能力把对一个国家的政治认同，与对这个国家的产品认同分离开来。实际上，如果爱国主义不能超越“不买日货、买国货”的初级阶段，就会是贫穷的爱国主义。不过，在东亚的环境里，人们的购物行为也确实能够反映出有关爱国主义的一些问题：在韩国很少看到日本车，人们都以买国货为荣。

从日常行为来判断，很多中国人的爱国主义仍然淡薄，甚至虚无。

20世纪30年代，蒋介石曾经发起一场近似法西斯主义的“新生活运动”，即一场道德重建运动。就算没有其他因素干扰这场运动，运动的失败也是必然的。原因很简单，道德是社会成员互动的产物，很难通过自上而下的力量来施加于社会。

中国社会道德的建设还是需要发挥社会的作用，通过自下而上的途径。从社会力量来说，要拯救道德，必须有两个前提。一是社会必须具有足够的空间，道德才能发展起来。改革开放以来，社会空间有了很大的增加，各种非政府组织也在涌现，不过，社会空间的增长，主要在那些不敏感或者敏感性弱的领域，在关键的道德领域，社会空间还是非常有限的。政府实际上已经没有能力提供道德力量，这就出现了道德真空。政府到最后必须意识到这一点，要逐步正式从道德领域退出，让社会来承担提供道德资源。但必须强调的是，如上所述，政府必须在公民教育方面起到关键作用。

其次，道德重建还需要一场持久的全社会的市民社会运动。市民社会运动在西方社会道德转型和重建过程中，扮演了极其重要的角色。道德的重建和每一个社会个体息息相关，因为没有道德，社会就难以生存和发展。作为整体，中国市民社会的道德意识远比其他社会薄弱，但从社会对诸多非道德事件的反应来看，道德意识还是存在的。潜藏在社会成员中间的道德意识只有被动员起来，才能形成气候。市民社会的道德运动，有望建设公共空间的道德，也就是公德，这是中国社会目前最需要的。

在一个没有道德的社会，无论你有多大的权力还是多大的财富，都难以生存。没有道德、没有信任，社会就会到处是陷阱。因此，重建道德也就是社会自救。要么自我毁灭，要么自我拯救，人们所面临的选择并不多。在社会经济现代化过程中，任何社会都要经历道德重建的过程，中国也应当是时候了。

原刊于《联合早报》2011 年 12 月 9 日

中国应当进行人本主义教育运动

在任何社会，国家的转型包括两个重要的方面，即组织和意识形态。在组织方面，中国就是要从一个非规制型国家转型成为规制型国家。在这方面，人们已经有很多讨论，笔者也多次论述过。这里想要强调的是意识形态方面的转型。

无论是管治党政官员还是社会群体，意识形态的重要性是不言而喻的。意识形态一旦被内化成为行为规范，就会起到自我规制和自我约束的作用。没有自我规制和约束，任何外在的制度制约都不能发生有效的作用。因为没有任何一个制度是完美无缺的，作为自私的人都可以找到制度缺陷，牺牲公众利益，牟取私利。这也是为什么即使在规制发达的西方国家也频频发生因追求私利而导致各类危机的原因。再者，意识形态也可以造成有效的社会环境约束。意识形态赋予社会成员有效的准则来判断干部官员的行为。有了这种准则，社会就可以在抵制和抗议党政干部的不正当行为的同时为规制者提供信息。

毛泽东时代的意识形态就是这样发生作用的。在毛泽东之后，多数人都把意识形态视为一种负面的东西。这可以理解，因为这是对毛泽东时代过分意识形态化政治的一种反动。但是出问题的并非意识形态本身，而是意识形态的内容。毛泽东时代的意识形态以阶级斗争为核心，强调人与人之间的斗争，结果造成了社会的对立和动荡。从邓小平时代一直到21世纪初，尽管不再强调意识形态，但实际上经济GDP主义成为主要的意识形态，也成为党政官员的潜意识。在这段时期，执政党不时进行不同形式的政治教育运动，但基本上局限于党内本身，并且大都雷声大雨点小。

人本主义并未落到地方

中共十六大后，执政党为人本主义正名，努力推动中国走上人本社会主义道路。对执政党来说，人本主义的要求就是“立党为公、执政为民”。同时人本主义也是一种新的发展模式，就是说包括经济社会在内的各方面都要以人为本，发展的目标是人。人本主义也体现在后来所总结的“科学发展观”中，因为科学发展观的目标也是人。

从提出人本主义到现在已经多年过去了，尽管高层想方设法把人本主义体现在各种政策中，但到了地方就无影无踪了。虽然“以人为本”和“和谐社会”等概念满天飞，但大都是官样文章，哄骗中央和百姓的。在地方党政官员中间，很少有人能够把人本主义内化为人的行为准则，更不用说是体现在地方政策和官员的个人行为中了。

无论是政治还是经济，任何社会的主体都是人。任何体制要生存和可持续发展，都必须把人当成主体。金钱主义、以钱为本和市场万能主义都足以对一个社会的政治产生毁灭性的影响。在经过了市场经济熏陶后，中国人现在知道了利益的重要性，也知道利益制约利益的作用。但显然以一种利益制约另一种利益并没有见效。利益之间的制约或许会导致公共利益(public goods),但也有可能导致公害(public bads),就是说一个更比一个坏。因此,被今天的人们誉为自由主义祖师的亚当·斯密一方面强调"看不见的手"即市场的作用,但同时更强调道德教育的重要性。实际上,西方自由主义一方面强调自由,另一方面,其各种道德教育也无处不在。

在制约市场经济或者资本的权力方面,人本主义是西方克服早期资本主义缺陷的最强大的意识形态武器。人本主义促成了资本主义的转型,并且成为欧洲社会主义的核心理念。欧洲尤其是北欧国家人本主义传统深厚,较之那些人本主义较浅的资本主义国家,北欧国家的人本社会主义表现更为典型,政府更加清廉,社会更加稳定。

应当唤醒人的自觉

中国目前以钱为本的局面如果继续下去,不仅仅危及执政党的地位,更关涉社会的存亡问题。如同西方社会,中国也具有丰厚的人本传统。但自近代以来,因为革命和战争等多种因素,传统人本主义荡然无存,西方的人本主义又没有学过来。在五四运动以来长达世纪之久的历史时期里,中国经历了各种各样的教育运动,但就是没有人本主义教育。

就是因为没有人本教育,党政官员那里很少有人的权利概念。在他们决策、行为的时候,根本就不会想到公民的各种权利,包括社会权利、经济权利和政治权利等。没有人本概念,再加上中国的各种制度因素,党政官员自然形成了以钱为本和以权为本的概念。

在没有人本概念的情况下，对钱和权的追求，必然导致对人民权利的漠视甚至侵犯。同样，当公民开始追求权利时，政府和人民之间的冲突就变得不可避免了。

无论从国际经验还是国内需求来看，中国非常有必要开展一场持久的和大规模的全国性人本主义教育运动。没有这样一场教育运动作配合，其他方方面面的制度建设很难成功。人本意识就是权利意识，一方面保护自己的权利，另一方面不去损害他人的权利。这是人的自觉，实际上，这也是从五四运动以来中国社会的一个普遍期望，也是直到今天还没有完成的一个事业。

原刊于《联合早报》2008 年 9 月 30 日

文化中产与中国经济的未来

人们常说，一个人能走多远，取决于其思想能走多远。也可以说，人的思想能走多远，也决定了一个国家的经济能走多远。尽管这并不是说要求每一个人都有思想，但社会必须具有一个有思想的文化中产，引领社会的进步，否则物质意义上的进步不见得会导向整个社会的进步，说不定还会走向社会灾难，例如，非理性地追求单向面的发展，追求各种“乌托邦”等。

文化和经济增长之间的关联，无论是从积极的层面还是消极的层面，已经有很多学者加以论述。德国社会学家马克斯·韦伯（Max Weber）的《新教伦理和资本主义精神》，描述和分析了新教伦理文化对西方资本主义发展的贡献，而企业家群体就是新教伦理的文化载体。相反，美国经济学家凡勃伦（Thorstein Veblen）的《有闲阶级论》，直陈当时奢侈文化对经济增长的负面影响。当代经济学家弗里德曼（Benjamin Friedman）的《经济增长的道德后果》，讲述了经济和道德之间的关系：贫困和低度发展制约人的道德水准；反过来也一样，人的道德水准也会制约经济发展。

人们也不难在发达社会观察到一个现象，即富裕与人的关系。

经济发展到一定的阶段，人的变化就变得重要起来，因为人的文化无法提高，经济就很难再上台阶。经济发展靠消费和技术创造。就消费来说，人的吃、穿、行是有限度的，而文化消费是无限度的。技术创造更是文化中产的产物。在后工业社会和信息技术时代，没有文化想象力，技术创新变得极其困难。一句话，富裕社会依赖健全的文化人格。今天，西方社会的主体是文化中产群体。一些研究发现，尽管西方社会经历了全球化和各种经济困难，但高端技术和高端资本并没有流失。这是西方并没有如人们所想象的那样快速衰落的原因。文化中产便是高端技术和高端资本的载体。

文化中产对中国的现实有什么样的参照意义呢？在过去 40 多年里，中国创造了经济奇迹，从贫穷大国转型成为世界第二大经济体，人均 GDP 也接近 1 万美元。更为重要的是，自改革开放以来，中国经过大规模的扶贫活动，已促成近 8 亿人告别绝对贫困。也就是说，物质生活意义上的中产（或物质中产）人数已经不少。

文化贫穷致公共道德感缺失

很可惜的是，很大一部分人，虽然已跻身物质中产群体，但在文化上仍然是“无产”，甚至是“流氓无产”。即使是最富裕的群体，也很难说在文化上已经逃避“无产”的格局。问题在于，在“文化无产”的格局下，中国如何规避“中等收入陷阱”？如何从数量型经济增长转型成为质量型经济增长？物质中产如何通过深度文化消费，来超越今天的奢侈消费？如何通过培养文化中产来培育一个健康的消费社会？所有这些都关乎中国经济的未来，甚至整个国家和社会的未来。

文化贫穷，赤裸裸地表现在日常生活的点点滴滴中。中国所说的“不文明现象”，不仅发生在社会底层，更发生在富人群体。不难观察到，在高档住宅小区，很多人在物质生活方面已经达到中产或超越中产水平，但文化生活仍然具有贫穷甚至流氓的特点。他们不理性、不守法，贪图一些小利益和小便宜。小区内没有一点公共秩序感，自己的房子内部可能富丽堂皇，出了门则是脏乱差。自己房子已经足够宽敞，却竭力侵占公共空间。没有公共秩序是公共道德感缺失的产物，而公共道德感是文化中产的产物。

缺失文化中产使得社会在“极左”和“极右”两个极端之间摆动，人们高度情绪化，缺少该有的理性。这种情况体现在穷人和富人之间的关系上。穷人仇视富人，富人也仇视穷人。一个见不得人家好，老想着如何搞再分配，抢夺财富；一个没有任何同情心，信仰“钱能办事”，无法无天。

缺失文化中产也体现在官员和民众之间的关系上。官员的权力腐败，也与文化的贫困有关。民众希望官员道德高尚，发扬品格，为人民提供服务；而各级领导也不得不实行低工资政策，无论是出于民众的压力，还是出于自己的利益考虑。官员需要道德高尚并没有错，但想在低工资政策下依赖官员的道德高尚来治理国家并不可靠，甚至很不可靠。官员也是人，也需要利益导向，只是他们的利益需要有节制。“低工资”就容易走向人们所说的“潜规则”，即腐败；而腐败导致民众的怨恨，加剧政府与民众之间的紧张关系。

幻想、空想、假想也都是文化贫困产物，因为文化贫困导致人们不知道如何理性地思考，没有兴趣和能力做理性思考。中国历史上的所有乌托邦都是幻想、空想和假想的产物，这和西方理性主义时代的近代乌托邦有天壤之别。包括早期空想社会主义在内的所谓乌托邦，其实都建立在有限的社会实验之上，只是到了可复制(或者推广)阶段，才出现“乌托邦”的概念。没有现实可行性的理想是空想，只有具有现实可行性的才是理想。

更可悲的是，这些“无产文化”已经变成根深蒂固的“文化”，变成了一种思维方式和行为方式。这种文化已经没有了传统底层文化的朴素与善良，所呈现的是精致的恶。这里要强调的是，衡量文化中产的标准绝非教育水平。文化和教育有关联，但不是一回事。在今天“无产文化”环境主导下，出现了一种情况，即教育程度越高，就越自私和自利，也就是人们常说的“精致的利己主义”行为。

文化中产与原创的关系

中产文化和中国经济发展有什么关联呢？在西方，人们从多个方面探讨这个问题，但这里我只想讨论一个简单的问题：为什么中国少有原创性的思想和技术？如果把缺少原创性思想和技术置于这些年中国一直在讨论的供给侧结构性改革的内容中，就比较容易理解对经济的影响。简单地说，原创属于供给侧，缺少了原创，就等于没有来自供给侧的动力。

为什么缺少原创？这个问题可以有无数的答案，但最终都可以归结为一点：鲜有人能够“仰望星空”。

就技术而言，人们对利益都非常敏感，有了技术马上可以应用。近来美国诬蔑中国偷美国的技术，实际上中国是美国技术最大的应用市场。一些人说中国是世界上最大的制造业基地，这是过分夸张了；确切地说，中国是世界上最大的组装基地。在西方技术扩散到中国的过程中，大量山寨版的产品充斥市场，并不能尊重人家的知识产权。

这个情况在几乎所有发达国家都发生过，例如美国、德国等后发展中国家早期也学英国，日本学美欧，韩国学日本等。问题是，这些国家很快走过了学习阶段，进入原创性阶段。但在中国，人们在很长一段时间对原创性的东西缺乏兴趣，更缺乏能力，结果既处处受制于人，也始终停留在生产低附加值的产品上。直到这两年中美之间发生贸易战，很多人才发现自身与美国的差距还是那么巨大，而且在很多方面难以逾越。

今天，美国与中国进行贸易战的最终目标，就是把中国的产业定位在产业链和附加值的低端，只要中国的技术不挑战美国、不超越美国，美国还是世界的领导者。当然，中国越来越多的人现在意识到原创技术的重要性，下决心进行大投入搞研发。愿望是一回事，能否实现是另一回事。即使现在奋起直追，也需要假以时日。更重要的是，在没有文化中产的情况下，现在的局面是否可以坚持下去，仍然是未知数。

文化无产更表现在社会科学上。一句话，文化无产导致了话语权的缺失，无论在内部还是在国际社会。很多学者只扮演了西方知识买办的角色，忙于贩卖知识。尽管中国进行着史无前例的转型，西方想方设法要理解中国，但中国学者就是提供不了有效的知识。西方对中国从西方进口的知识并不怎么感兴趣，因为他们本来就已经很熟悉，更因为这些知识无法解释中国的现实。

文化无产未能生产新知

另一方面，马克思主义研究可说是传统意义上的官学，中国实际上也是马克思主义研究大国，拥有世界上最多的马克思主义研究机构和研究人员。不过，平心而论，投入了如此大量的人力、财力、物力，最终产生的原创性研究还是不多的。

知识界未能生产能够解释中国的知识体系，很多人把原因归之于政治和管理体制。政治环境和管理体制固然很重要，但不是唯一的原因。如果人们认为，缺少有效知识只是没有言论自由所致，那就把问题过于简单化了。如果知识界不能反思自己在知识生产方面的兴趣、能力、方法论等问题，外在环境再好，也无助于有效知识的生产。

例如，20世纪八九十年代大家都抱怨知识界太穷，不能集中精力来做学问。现在，大多数知识分子的条件已经大大改善，尤其是那些名教授，但条件的改善是否有助于知识的生产？一种荒唐的现象是，钱越多，知识界就越腐败。从前钱不多的时候，大家还可以专心做些学问；现在钱太多了，大家就转向用各种方法敛钱。这么一来，学问自然要荒废了。

实际上，社交媒体时代的来临，使得知识界下行速度在加速。为了争名气或争金钱，很多人纷纷加入抢流量的队伍，一些学校甚至公然用流量来衡量学者的业绩。知识阶层一味地庸俗化，只是为了取悦大众。

怎么办？唯一的办法就是首先培养一个文化中产阶层，在文化中产的基础上，培养一批文化贵族。当然，这里所说的贵族，并非传统意义上的物质贵族，而是如德国哲学家康德（Immanuel Kant）所说的，一个能够有时间、有兴趣和有能力“仰望星空”的群体。唯有这样，经济才会有希望，国家和民族才会有希望。

改革开放以来，中国先提“四个现代化”，后来又加上制度等现代化，但就是遗忘了人的现代化。文化中产无疑是人的现代化的主题，就是要培养健全的人格。没有健全的人格，国家很难走向富裕和维持富裕。要培养文化中产，就要从精英做起。西方就是这样走过来的，亚洲社会包括日本、韩国也是这样走过来的。精英不仅仅意味着拥有权力、拥有财富、拥有知识，更重要的是，精英必须具有责任感和担当精神。一旦社会的精英失去担当精神和责任感，再好的社会也会出现问题，当代西方的民粹主义就是这种局面。其他社会如此，中国也是如此。

原刊于《联合早报》2019 年 12 月 3 日

第八部分

社会矛盾、冲突与暴力

“堰塞湖现象”与社会抗议

近年来，社会抗议运动已经成为一股世界潮流，从美国、欧洲到亚洲，没有几个国家能够避开。尽管社会抗议运动一直是社会进步的巨大动力，但对任何社会来说，无论是对抗议者本身还是对社会整体，社会抗议都是有成本的。对前者来说，除了极少数组织者之外，大多数参与者（包括旁观者）并不能获利，却要花费时间和精力。社会抗议的组织者一方面面临更大的风险（如遭逮捕和起诉等），另一方面也可以获得社会声望，获得日后从政的机会。多数人除了增加一些生活经验之外，则没有任何机会。对社会整体来说，社会抗议可能对社会稳定和社会正常运作（包括政府）产生负面影响。

社会抗议或许不可或缺，但一个社会不能总是处于抗议状态。对社会的大多数人来说，如何理解和化解当代不同形式的社会抗议活动就变得非常重要。

人们或许可以把社会抗议运动及其可能产生的结果，理解为自然界频繁发生的“堰塞湖现象”。堰塞湖是由火山熔岩流或地震活动等因素，引起山崩滑坡体等堵截河谷或河床后贮水而形成的湖泊。堰塞湖的形成通常有四个过程：一是原有水系的存在；二是原有水系被堵塞物堵住；三是河谷、河床被堵塞后，流水聚集并且往四周漫溢；四是储水到一定程度便形成堰塞湖。

堰塞湖的堵塞物不是固定不变的，它们也会受冲刷、侵蚀而溶解、崩塌等。一旦堵塞物被破坏，湖水便漫溢而出，倾泻而下，形成洪灾。伴随次生灾害的不断出现，堰塞湖的水位可能会迅速上升，导致重大洪灾。灾区形成的堰塞湖一旦决口，后果严重，对下游形成洪峰，极具破坏性。

如果把社会抗议群体比喻成“堰塞湖”，就不难得到一些有益的启示。不管人们喜欢与否，“堰塞湖”的出现不可避免；同样，社会抗议一直是人类社会不得不接受的一个现实。对人类来说，问题并不在于“堰塞湖”是否会出现，而在于如何消解其可能产生的后果和灾难；同样，对统治者来说，问题也不在于社会抗议是否会发生，而在于如何利用社会抗议所产生的积极效果，来管控社会抗议所产生的负面效应。

社会抗议运动本身也是可以有所启示的。抗议运动如同“堰塞湖”，内部充满变化动力。“堰塞湖”的形成只是一种自然的现象，本身没有任何目的，但其活动则有可能导致“堰塞湖”的“决堤”，最终导致其解体和消失；另一方面，社会抗议运动是有目的的，但因其内部变化动力，社会抗议可能最终走向自己的反面，导致自身的消失。

“发声”和“退出”的相互关系

对“堰塞湖”的处理，不管是用“外部手术”还是内部变化动力，人们都可以找到一些普遍性的规律，而这些规律对理解社会抗议运动具有很大的启发性。

第一,“堰塞湖”内部的面积和水位深度,与其所能产生的影响呈正相关。面积越广、水位越深(高),内部的变化动力越强,对堵塞物所能产生的压力也就越大,也就越容易导致“决堤”。社会抗议也是如此。所有社会抗议都是人们对现状不满引起的。很多抗议开始时可能只是抱怨,要求并不高;如果这些要求得到满足,社会抗议就可能消退了。

这是一种“一次一个要求”的抗议。不过,也有可能在一个要求得到满足之后,出现了第二个或第三个要求,也就是说,抗议者的要求可能越来越高,直到不能满足为止。但不管出于何种原因,如果要求得不到满足,抗议者的积怨就会越来越深,对社会的冲击力也将越来越大。

在不同政体下,社会抗议的“积怨”程度也会不同。在民主社会,因为社会抗议是一件比较简单的事情,而且风险不高,甚至没有风险,所以社会抗议经常发生。在这样的社会,人们的忍受度一般极低,一旦对社会产生不满,就会随意表达出来。不过,从经验来说,这种被人们广为称颂的社会抗议环境(例如组织自由、集会自由、民主等)并不见得有效,或者说,容易发生的社会抗议,其效果也相对无效。在很多社会,社会抗议已经变成人们日常生活的一部分,并没有什么效果。

为什么会这样?这里可以借用政治经济学家赫希曼(Albert Hirschman)所提出的“发声”和“退出”的概念来理解。赫希曼认为,当人们发现一个公司、组织或政府所提供的产品(服务)的质量下降时,人们便开始“发声”(voice)或者“退出”(exit),以表示不满。“退出”很简单,就是离开,转而购买能够提供更好质量产品(服务)

的公司、组织和国家。“发声”就是抱怨公司和组织，意在改进公司和组织所提供产品（服务）的质量；“退出”则不同，无论是间接的“退出”还是无意的“退出”，都会阻碍公司或组织去改善业绩。

因此，尽管“退出”和“发声”都是人们的选择，但结果很不相同。两者之间经常存在矛盾，互相破坏，“退出”尤其能够破坏“发声”。如果“退出”很方便、很容易，“发声”就不容易发生，因为“发声”往往需要时间和精力。这种情况很容易出现在现实社会经济生活中。例如，如果离婚足够简单，夫妻双方就很可能不会通过“发声”（沟通或和解）来挽救婚姻。在美国历史上，早期工业化过程中，因为西部开发提供了足够的机会，所以与欧洲不同，美国并没有出现强大的工人阶级运动。

在很多情况下，“退出”的选择倾向于破坏“发声”。赫希曼认为，这可以用“水利模型”来表示，公司、组织和国家所提供的产品（服务）质量的降低产生了社会抗议的压力，抗议的压力则会导致“发声”或“退出”；而如果通过“退出”选择所消解的压力越多，形成有效“发声”的机会就越小。

“退出”选择的存在，在很大程度上可以解释民主社会抗议的无效。民主社会往往拥有多党制，权力在不同政党之间轮换。很多社会抗议往往具有“党派”性质，要么为党派所发动，要么为党派所利用。即使不具有党派色彩的社会抗议，其参与者的选择也相对简单。例如对党派 A 不满，就简单地选择“退出”，转而支持党派 B 或 C。

这种选择使得社会抗议的强度不会那么大，但政治效用也相对减少。人们总是预期换一个政党执政情况会变好，他们的要求能够得到比较好的满足。但问题是，由社会抗议者支持的政党一上台，也会面临同样的环境，反对党也会做原来的执政党做的事情。因此，政治权力在不同党派之间的转移尽管表达了民主性，或者说反映了社会抗议者的“声音”，但执政的实际效果不会得到改善。

威权主义社会的“发声”

与民主社会相比较，权力集中或学界所说的威权主义社会，到了社会抗议阶段往往已经是“深仇大恨”。在威权主义社会，“发声”往往受到很多限制，而且即使发出了“声音”，发声者面临的风险也很高，所以理性的人往往选择不“发声”，直到不可忍受、非发声不可的时候。考虑到威权主义社会的民众也是最有忍耐力的，一旦到了“发声”的阶段，这个时候的“声音”往往是最激烈、最有破坏性的。

不过，威权主义社会的“发声”不见得无效，在一定条件下甚至比民主社会更有效。这主要由两个因素决定。首先，威权主义国家的社会群体面临“退出”问题。这些国家要么是一党制国家，要么是一党独大国家。在前者，根本就不存在“退出”的选择，因为没有反对党的存在。唯一的“退出”就是向国外“移民”，但这个选择反而降低了对原来社会的压力，这种“退出”对原来的社会毫无益处。在后者，因为一党独大，人们对合法存在的小党的效用存有怀疑，往往也不做“退出”的选择。这种局面决定了威权主义国家“发声”的“艺术”和“质量”。因为具有风险，人们就要讲究“发声”的艺术，用他们认为最有效用的方式“发声”；而“发声”的艺术也往往提高“声音”的质量。

其次，执政者的忧虑和主动解决。威权也意味着责任。如果执政者足够理性，就必须做到两者之间的平衡。无论是一党制国家还是一党独大国家，执政党没有任何理由推卸责任，或者说，执政党是唯一的责任主体。执政者深知“一旦发声便是深仇大恨”的道理，也深知“决堤”所能爆发出来的能量和所能造成的破坏，因此，为了避免大面积“决堤”现象的产生，执政党就必须主动“倾听”社会所发出的“声音”，主动解决问题、满足社会的需要。

唯一不同的是，“发声者”或“声音组织者”所面临的风险更高。因为执政党不希望现存“声音”成为一种有组织的力量（潜在的反对党），所以往往对这些角色实行高压管控政策。西方一般认为威权主义国家的“声音”无效，这个论断并不符合经验证据，因为从经验来看，威权主义国家的诸多“声音”在一定条件下，也能促成诸多有意义的实际政策变化，有些变化甚至较之民主国家更能反映社会的变化。

第二，“堰塞湖”内部和外部的水位落差与其产生的影响呈正相关。很简单，“堰塞湖”内部水位与外部水位落差越大，“决堤”时刻所产生的冲击力就越大；反之，两者的落差越小，“决堤”的可能性就越小，即使“决堤”，所造成的冲击力也不会太大。

社会运动的强度其实也是如此。如果社会运动所提出的要求与他们已经拥有的差异过大，社会运动往往很激烈，例如在一个社会的民主化初期（也就是从没有民主到有民主的转型时期），社会运动往往很激烈，甚至很暴力；反之，如果社会运动所要求与他们已经拥有的东西差异不大，社会运动往往趋于平和，例如一个已经民主化的社会，社会运动（即要求更多的民主）不会像初期那样激烈和具有暴力性。

理解这种“落差关系”对执政者防止社会剧变、维持秩序具有启迪意义，即“落差”问题不仅可以解决，也可以预防。

其一，执政者可以对社会抗议进行“疏导”，正如可以人工炸掉“堰塞湖”的堵塞物。炸掉堵塞物就是让“堰塞湖”内部的水和外部的水融合在一起。如上所说，这里的“成本”就是如何处理社会抗议运动的组织者。其二，提高外部的水量，让外部的水位和“堰塞湖”内部的水位差不多一样高，使得内部水量对外部没有冲击力，甚至让外部水位高过内部水位，这样彻底消除“堰塞湖”。

这种现象并不难观察到。例如，在20世纪60年代至70年代，因为中国内地经济落后，生活困难，人们大规模（非法）逃到香港地区，但改革开放之后，内地经济发展迅速、生活水准急剧提高，现在已经没有这样的问题。这种情形也可以应用到海峡两岸关系。随着中国大陆的持续发展，公民各方面权利逐渐实现，香港、台湾和内地（大陆）的关系会发生根本性的变化，香港和台湾社会运动的性质也会发生变化。

原刊于《联合早报》2019年8月6日

▒社会抗议运动:西方与中国

今天,社会抗议运动无处不在,无时不在。阿拉伯世界的社会抗议方兴未艾。中国尽管强化着"维稳"机制,但社会抗议并没有减少。长期以来一直以自由民主著称的西欧社会,也开始经历新一波不同形式的社会抗议运动。法国的种族、宗教骚乱已经有年。前不久,英国很多大城市,包括"绅士之都"的伦敦,也发生了大规模的社会暴力骚乱。

我们所处的这个社会怎么了?学术界众说纷纭,没有定论,但很显然,各种传统社会抗议理论,似乎已经很难解释今天的社会抗议了。

政治人物则往往给各种社会抗议过分简单的政治性解读,尽量推卸政治责任。当非民主社会发生社会抗议的时候,西方往往将此称之为民主化运动。在西方,无论是学界还是政界,一直把非民主国家的社会抗议运动视为那些国家政治权威主义的产物。

英、法等国发生骚乱,又是什么原因呢?与种族和宗教相关的骚乱、内生的恐怖主义活动等,被视为多元文化主义的失败。发生在英国的以白人为主体的骚乱,则被英国首相简单地视为是社会

“道德衰落”的结果，更多的人也同样简单地认为是这个社会出现了“病态”。

社会抗议运动是社会变迁的产物。只要社会在变迁，任何社会都难以避免社会抗议。如果社会变迁具有普遍性，那么社会抗议也必然具有普遍性，就是说，不同社会不同形式的社会抗议背后，都能找到一些共同的根源。再者，今天的社会抗议和一个社会的政治、经济制度似乎没有多大的关联。暴力性抗议与和平性抗议，也只是程度不同而已，甚至只有一线之差。

是哪些具有普遍性的因素催生着社会抗议呢?

在众多的因素之中，恐怕没有比全球化更重要的因素了。全球化至少导致了三方面的社会对立。

全球化导致社会对立

第一是贫富对立。全球化造就了社会的高度分化。如同历史上的几次全球化，最近这一波全球化首先是由资本推动的。马克思时代把全球化和资本的扩张与国际化联系起来，这一点到现在也没有任何改变。正是因为全球化意味着资本的流动，从而是财富的流动，任何一个社会都必须进入这个进程。如果没有进入这个过程，那么就意味着贫穷。再者，除了实行强政治控制的少数几个国家，没有一个国家能够免于全球化的冲击。一些国家是主动全球化，而另一些国家是被动全球化；主动全球化的国家，要比被动全球化的国家能够取得更快的发展。

全球化促进了全球性市场的形成，为各国带来了巨大的财富。但是，全球化所带来的经济利益也导致了高度的贫富分化，一些国家在全球化过程中获取了巨额的财富，另一些国家获取的则比较少，也有一些国家成为牺牲品，它们的财富被全球化席卷一空。同样，反映在每一个国家内部，一些能主导全球化的社会群体（主要是跨国公司）在这一过程中获取了大量的财富，那些能够参与这一过程的社会群体也能分配到一些财富，但也有社会群体成为全球化的牺牲品，他们的财富被另一些社会群体通过全球化的过程剥夺掉。全球化之下，穷国和富国之间的国家差异、穷人和富人之间的社会差异已到了严重的程度。因此很容易理解，现在世界上有那么多的社会群体要抗议全球化。

第二是社会群体的对立。社会群体的对立一直存在着，但是全球化已经造成新类型的社会群体对立。全球化不仅仅是资本的流动，也是人力资源在全球范围内的流动。当越来越多的外来人口流入一个社会的时候，这个社会就会发生很大的变化。例如，随着外来人口的增多，传统社会基础开始动摇。新移民不仅为原来的社会带来了就业竞争压力，也使得原来社会的基础设施不堪负担。

更为重要的是，人口的流动不仅仅是作为物体的人的流动，更是作为价值和文化载体的人的流动，这更造就了文化和价值层面的冲突。欧洲就是一个明显的例子。一些欧洲国家原先提倡文化多元主义，认为民主自由制度是文化多元主义的最好制度载体。但是现在，一些国家已经明确宣布文化多元主义的失败，另一些国家实际上已经失败，只不过不好明确宣布罢了。

全球化也导致一个社会内部社会群体之间的对立。中国表现得最为明显。改革开放之后，中国成为世界制造工厂，大量的农民工涌入城市，成为经济全球化的一部分。在很大程度上，支撑着中国全球化的是大规模的内部移民。但内部移民运动导致了新来移民和当地社会的冲突。如果内部移民群体是属于不同种族的人，那么更会导致不同种族之间的冲突。这些方面在珠江三角洲表现得淋漓尽致。类似的情况也发生在一个区域内部的流动，例如欧盟各国之间、东盟（亚细安）各国之间的劳动力流动，在促进经济发展的同时也导致各种社会矛盾和冲突。

第三是精英和大众的对立。无论是贫富对立还是具有不同文化和价值的社会群体的对立，在历史上都存在着。要管理这种对立，避免其演变成为冲突和暴力，是政府的责任。政府的概念和法律秩序（law and order）紧密相关，或者说提供法律秩序是任何一个政府最基础的功能。历史上，政府在福利制度的产生和发展、意在减少贫富分化的税收政策、促进宗教与种族和谐的法律秩序等所有这些方面，都发挥了关键的作用。在全球化时代，政府又在履行一个什么样的角色呢？

新自由主义为害甚大

简单地说，政府站到了资本这一边，或创造财富，或转移财富，或掠夺财富。驱动各国政府GDP主义行为的意识形态是新自由主义。新自由主义本来是一种资本的学说，重效率，轻公平。当代新自由主义一切以货币化为依归，要使社会中的一切要素通过货币化而处于流动之中，通过要素的交易达到高速的经济发展和财富的积累。新自由主义对作为人类共同体的社会的影响非常深刻。社会领域不同于经济领域，原因很简单，经济生活只是人类生活的一部分，或许是很重要的一部分，但并非全部。除了经济生活，人们还有其他各个方面的生活。资本会冲垮所有社会领域，把一切货币化。在这样的情况下，政府必须发挥作用，和社会一起来遏制资本进入非经济领域。

但可惜的是，很多政府本身成了新自由主义的主要推动者。一旦新自由主义变成政府决定经济政策的意识形态，资本的力量便会势不可当，快速有效地侵入社会各个领域。美国里根总统时代、英国撒切尔首相时代的私有化运动，是当代新自由主义的起点。20 世纪 80 年代以后的全球化和金融资本主义，把新自由主义推到顶点。直到发生 2008 年开始的全球性金融危机，人们才发现新自由主义有那么多的害处。此前，无论政府还是社会似乎都在享受其好处。

政府和资本结合的结果，使得社会很快失去均衡。一个社会要有效运作，社会、资本和政府三者之间必须保持相对均衡。新自由主义使得财富大量积聚在资本手中，一些观察者指出，我们身处的这个社会的最主要分化，是亿万富翁和穷人之间。这个说法尽管有些夸张，但并不是没有道理。这就产生了三个主要的问题。

首先是政府自我弱化。政府帮助资本积累财富，尽管政府本身也获益匪浅，但政府已经没有力量来对付资本。政府的一个责任就是规制资本，但现在已经没有这样的力量。相反，政府成了资本的奴婢，服务于资本。如同 2008 年金融危机以来的情形所反映的，一旦资本出现问题，政府就必须动用纳税人的钱来救资本。很多资本（企业）已经发展到过大而不能倒，一旦倒塌，整个社会就要遭殃。政府因此有足够的理由来救资本。问题在于，资本被救活之后，不会倒过来帮助政府，更不会来帮助社会，资本还是按照自己的逻辑前行。

第二，社会不满政府。政府和资本站在一起，社会不满政府就很容易理解。收入分配过大、社会分化而缺乏正义、就业不足等，这些都足以使得穷人不信任政府。同时，因为财富大量集中在少数人手中，原来庞大的中产阶级也受到威胁，其规模缩小，财富缩水。中产阶级也同样对政府不满。这一现象在西方尤其明显。社会对政府的不满进一步弱化了政府，因为没有得到社会的充分信任、支持，政府就没有足够的合法性来制定有效的政策。对资本的依附和缺乏社会的支持，是西方弱政府的两个主要因素。

基于社会媒体的新兴社会已形成

第三，积累了大量财富的富人也似乎失去了生活的意义。现代社会抗议运动的一个主要特点，就是其很多参与者属于富家子弟。在西方宗教环境里，财富本来只是一个工具，而不是目的，创造和积累财富是清洗人类“原罪”的工具。但是在新自由主义意识形态里，创造和积累财富本身成了目标。当钱的目标是更多钱的时候，人也就成了单纯的“经济人”。不过，当钱体现不了人在其他方面的价值时，富家子弟也开始对社会不满了，也开始参与社会抗议运动。

富人、中产阶级、穷人，这些具有不同利益的社会群体，为什么能够在社会抗议运动中走到一起？这里，人们不得不注意到一个新社会正在形成，这是一个基于新媒体或者社会媒体的新兴社会。社会媒体的产生和发展的时间并不很长，但已经造就一个庞大无比的虚拟社会。在这里，人们可以互相不认识，但可以立刻变成非常有效的组织。人们频繁地互动着，寻求着新的价值、新的宗教、新的生命意义。对一些年轻人来说，不管他们来自怎样的社会、文化、宗教等背景，他们可以讨论任何社会、经济和政治问题，塑造着各种新的共识。当然，这不仅仅是虚拟的，在一定条件下，他们也会把共识转化成行动。他们希望在抗议中获得生命的意义，在抗议中获得未来。实际上，他们一直在寻找着、制造着各种机会。

很显然，这个新型的（虚拟）社会和传统社会已经并存，并且已经开始处于竞争之中。不管人们承认与否、喜欢与否，这个新兴社会已经具有非常巨大的政治能量。任何传统社会和政治体制，如果不能向这个新兴社会作调整，就会面临社会抗议危机。当然，历史地看，社会抗议也没有什么值得恐惧的，这是社会发展内在的一部分，甚至是正常运作的需要。社会抗议运动使得一个社会不断暴露其内在的矛盾，使得现存体制能够直面问题，与时俱进，改革自身而得到继续的生存和发展。

从这个角度看，中国政府近年来提出的“社会管理”的概念具有相当的政策理性。当然，如果从全球性的社会抗议运动来看，任何社会迟早都会面临这个重大的社会治理课题。或者说，如何治理社会仍然是人类所面临的共同挑战。

原刊于《联合早报》2011 年 8 月 29 日

■ 对社会冲突要有清醒的认识

毋庸置疑，中国已经进入社会冲突时期。近年来，不同类型的社会冲突和抗议运动以不同形式爆发出来。社会抗议运动的频繁性的确令人担忧。正是在这样的背景下，中国领导人提出了要建设和谐社会。当然，和谐社会并不是说就没有任何社会冲突了，也并不是说任何形式的社会冲突都会影响和阻碍和谐社会的建设。但如果冲突频繁发生，政府又没有有效的办法来管理和控制冲突，那么和谐社会的建设肯定会成问题。

要减少和管理社会冲突，首先要解决的问题是如何解释当代的社会冲突。这是一项很重要的具有深刻政治和政策含义的学术任务。海内外的一些观察家往往对当今中国社会的冲突作出过度政治化的解释。对政府持批评态度的人经常把各种类型的社会冲突和中国政府所实施的政策、非民主化的状况、党政官员的腐败等政治因素联系起来。而政府方面也经常过于敏感，视社会冲突为洪水猛兽，不时把社会冲突和抗争、造反甚至暴动联系起来。这种情况在地方层面非常普遍，一旦冲突被定性，地方官员经常诉诸镇压的手段。但事情往往是，一方的暴力经常导致另一方的暴力，以暴制暴的局面经常发生。尽管到目前为止，大多数社会冲突和抗议还局限于地方层面，但如果不能走出这个恶性循环，更大规模的社会冲突将不可避免。

要解决社会冲突，就要对社会冲突有个比较客观的认识。有了一个客观的认识，就有希望找到有效的解决方式。不然，矛盾反而会激化。

导致中国社会冲突的因素很复杂，较为客观地说，社会冲突与中国目前所加速进行的“四化”，即工业化、城市化、全球化和信息化有紧密关系。这些宏观层面的变化都为社会冲突的发生和发展提供了客观的条件。但同时也表明，并非所有的社会冲突都具有政治性。如果对这些客观因素认识不清，就很难理解中国目前的社会冲突或者社会抗议运动的性质。

因为产生社会冲突的原因复杂，它们的性质和表达方式也不同，要对各种社会冲突作分类并非容易。总体上看，可以从两个维度来加以分类。第一个维度就是社会冲突的根源和目标，即为了什么而发生冲突，冲突是为了达到什么样的目标。从这个维度来分，可以有为了物质经济利益和为了非物质利益（如政治和信仰）两大类。第二个维度就是冲突发生的主体，就是发生在谁和谁之间。从这个维度来看，可以有社会群体之间的冲突、社会群体与政府之间也就是官民之间的冲突两大类。这样就有四大类社会冲突。

中国社会的四大类冲突

第一大类是非常一般性的社会冲突，发生在社会成员之间，或者社会群体之间。只要有人群的地方，就有冲突。一个村内部的一个家庭和另一个家庭之间经常为了一些事情发生冲突，两个家属之间也会发生冲突。这里的利益概念是个笼统的概念，包括非常多的东西，有物质上的，也有非物质上的。这种冲突在传统中国经常由地方士绅阶层来调解和解决，现在则由村委会、党组织来调解。无论是传统士绅还是现在的村委会和党组织，在冲突解决过程中扮演的是裁判的角色。如果裁判过程不公正，那么社会冲突有可能上升为社会与政府官员之间的冲突。

第二大类冲突是社会成员和地方官员之间的经济利益冲突，如非法收费、土地纠纷、公共利益分配，等等。这类冲突在当今中国社会很普遍。在这类冲突中，社会成员一般会先寻求经济解决方式，如果其经济利益得到了满足，冲突就可以得到解决。如果诉诸经济方式无效，那么这类冲突就很可能转化成为诉诸政治方式，包括正常的法律途径和非正常的暴力等。从这里可以看到，之所以转化成为公开冲突甚至暴力，是冲突双方互动的结果；从一般冲突发展到暴力有一个过程。双方的妥协不能达成，或者是因为地方官员凭借政权的力量，不想作出妥协；或者是因为这里涉及中央的政策（如计划生育、农业税等），地方官员没有权限作出妥协。用政治方式来争取经济物质利益的社会冲突仍然属于物质利益冲突，但如果解决得不好，就可能会转化成为非物质利益冲突。

第三大类的冲突表现为非物质利益的政治冲突。在这类政治冲突中，有一类就是上面所说的由于物质利益冲突解决不了演变而成的，这里有几个标志。第一个标志是在争取物质利益的过程中，社会成员不断组织化。一旦组织化，组织本身就有了利益，为了组织的生存，就必须寻找冲突的对象，这是政治利益。第二个标志是“旁观者”的介入。任何社会冲突或者社会抗议都有旁观者，并且是多数。旁观者的介入或者是因为社会组织的动员，或者是出于自愿。第三个标志就是另一方（这里当然指官方）对该社会组织的定性。在现代中国的政治环境中，一旦这样的组织被定性，往往被置于政府的“对立”面。

这一大类社会冲突中，还有一种是因为社会成员不同的意识形态或者政治意识而造成的，所谓的持不同政见者或者政治反对派就属于这一类。在中国，争取这类政治利益的主体主要是少数知识分子——右派或者左派，或者持其他政治意识的人。但是这些知识分子在一定条件下，可以与上面所说的由争取物质利益演变而来的社会冲突结合起来。如果这样，社会冲突就会演变成社会运动甚至政治运动。

第四大类是完全非物质利益的冲突。主要表现为信仰和宗教上的冲突。这类冲突背后或许有经济和政治的原因，但其组织原则是信仰和宗教。从冲突的角色来看，这类冲突也有两小类：一类是宗教派别之间的冲突，它们经常是为了不同的信仰或者理念；另一类是宗教和政治之间的冲突。在中国，各正教教派之间的冲突并不明显，如基督教和佛教之间并没有什么冲突。现有的冲突主要发生在正教和邪教之间，以及邪教和邪教之间。邪教之间的冲突在中国上升得很快，尤其在广大的农村地区，经常发生邪教之间互相打杀的事件。再者，无论是正教还是邪教，和政府之间的冲突都或深或浅存在着。这一大类的冲突最难处理，任何社会都一样。其中，邪教之间的冲突以及邪教和政府之间的冲突，既对社会生活构成挑战，也对政治权威构成挑战。

通过政治转型消化社会冲突

因此，有必要对社会冲突有个客观的认识。很多社会冲突不可避免,也是常态社会的一个标志。无论政治怎样变化,都会有这样那样的冲突。对这样的冲突,要坦然处之,加以管理。还有一些社会冲突,不管哪个社会、哪种政治制度,都必须加以控制,例如邪教。

更为重要的是,要意识到中国社会今天的很多社会冲突必须通过及时的政治转型而得到解决和控制。从世界范围来看,各个国家,无论何种政治体制,在发展的过程中都经历过不同阶段的社会冲突和抗议运动,所不同的是一些政治体系较之另外一些体系更能消化社会冲突和抗议运动。如果政治体系具有高度的消化能力,社会冲突和抗议运动往往会变成政治进步的动力。但如果政治体系没有消化能力,那么社会冲突和抗议运动就很容易成为政治社会不稳定的根源。中国也不例外。

原刊于《联合早报》2007 年 12 月 17 日

解决权、钱、民冲突刻不容缓

很多迹象表明，中国的社会冲突已经深入到社会生活的各个领域。这些年来，无论是官方还是民间，人们大多关注的是群体性事件。各种不同类型的群体性事件当然是社会冲突的主要表现形式。本文想从权、钱、民之间也就是权力、资本和老百姓之间的对立来理解中国的社会冲突。尽管这三者之间的对立出现初期可能表现为个体对个体的形式，但最后往往导向群体性事件的发生。

权、钱、民处于紧张状态

首先应当认识到，在中国，权、钱和民已经处于一种明显的对立状态。民和钱的对立已经有很多年了，不久前在浙江杭州所发生的富家子弟飙车撞死浙江大学毕业生而引起的民愤非常形象地说明了这一点。在民与钱的对立中，钱成了社会非正义的代名词。民与官对立的例子更多。湖北省巴东县一名乡镇官员在娱乐场被女服务员刺死，引发了社会普遍的对这位女服务员的支持和对被刺官员的谴责，北京律师在重庆被警察殴打而激怒了同行律师，雷洋案发生后公众广泛质疑警方通报，诸如此类的案例都说明了这种情绪。无论是民与钱的对立，还是民与官的对立，在这些案例中都表现为一种强烈的民愤，一种积累了很久和浓缩了的集体愤怒。这种民愤如果不能得到化解，就必然演变成为集体行动的动力。很多群体性事件的背后就是这样形成的集体愤怒。

如何理解这种对立？简单地说，当政府不能履行其政府职能，主要是不能为人民提供安全和社会正义时，民和官的紧张关系就会出现。尤其是当政府本身成为社会不安全和非正义的根源时，民与官的冲突就会随时爆发出来。

民与钱之间的紧张和冲突也同样不能被忽视。在中国，人们往往简单地以社会的“仇富”或者“绝对平均主义”的心态来解释两者之间的冲突，但很显然，这种解释抱有太多的偏见，过分站在钱的立场上说话。中国人并不一定是要“平均主义”的或者“仇富”的，两者之间的冲突是两者间失去均衡的产物。在改革开放初期，邓小平提倡“让一部分人先富裕起来，走共同富裕的道路”，中国社会都普遍接受这一政策导向。在这一政策指导下，确实很大一部分人先富裕起来了，但这并没有导致人们的“仇富”心理，因为当时社会大多数人的经济状况也在不断改变，变得好起来。但现在的情形则完全不同了，社会的收入差异越来越大，经济的高速发展不仅没有达到共同富裕起来的目标，而且很多人沦落为贫困状态，绝对贫困的人数也在增多。过去，“贫困”一词往往和农村居民联系在一起，但现在很多城市居民也已经沦落为贫困一族。

更为严重的是，当先富者占据了制度的居高点之后，他们就成了既得利益者，开始变得保守，排斥后来者。这样一来，受“钱”操纵的市场（如股票和房地产市场等）就成为转移社会财富的有效机制。当然，这是一种财富从多数人向少数人、从穷人向富人转移的过程。

民与钱之间的紧张关系也和官与钱之间的关系有关联。当钱和权结成联盟时，无论是民与官之间的冲突还是民与钱之间的冲突，都会呈现最大化。权（公共权力）的存在本来是为了公共秩序、公共安全和社会正义，但当权成为钱的俘虏的时候，民赖以生存和发展的公共秩序、安全和社会正义就荡然无存了。这样，民必然起来为自己的生存和发展而抗争，抗争的对象自然是钱和权。

须处理“官”“钱”本质的异化

那么，如何来化解民和官、民和钱的关系？不存在任何一种具有普遍意义的解决方式，不同国家、不同的制度形态有不同的解决方式。无论是民与钱的关系还是民和官的关系，都是社会群体间的冲突，要解决冲突，就要从这些群体间的关系出发。

从中国本身的历史经验和现状来说，最主要的是要处理官与民之间的关系。在传统中国，“官”的范畴又可分为“帝”（即皇权）和“官”（即官僚阶层）。在今天，这种分类表现在作为决策者的领导集体和作为政策执行者的官僚及其官僚机构的区分中。中国传统也有“大户”的概念，就相当于现在的“富人”或者“资本”，或者本文所说的“钱”。这样，中国社会至少有四个群体，即作为决策者的领导者、作为决策执行者的官僚、作为资本拥有者的富人和作为社会大多数的民。

中国目前最大的问题就是官僚和资本，也就是权和钱的结合。这种结合不仅产生了上述官与民和钱与民之间的冲突，而且也在促成官僚、资本和决策者之间的矛盾和冲突。很显然，整个政权的基础并非“钱”和“官”，而在于“民”。从本质上说，“官僚”和“钱”实际上只是领导者治理国家的工具和手段。这些不可或缺，因为社会的治理并非领导者和民之间的面对面的关系。现在的问题是，无论是“官”还是“钱”都异化了自身的本质，他们各自根据自身的私利而与“民”发生关系，“民”成了他们各自主宰的对象。或者说，决策者的权力实际上为“钱”和“官”所攫取，本来是执行政策的工具的“钱”和“官”，成为实际上的决策者和政策实施者。这同时也说明了，决策者本身与民失去了直接的关系。

赋权于社会

如果对这样的群体关系有了认识，那么解决问题的可能途径也会明确起来。很明显，主要是要重新调整决策者和民之间的关系。自改革开放以来，决策者所倚重的是官僚和资本。发展要依靠资本，稳定要依靠官僚，这也是可以理解的。问题是当这些关系严重失衡时，决策者如果继续过分倚重官僚和资本，那么就很难纠正和遏制群体关系的冲突，更不用说是解决了。就是说，决策者必须通过依靠民的力量来重新获得群体关系之间的均衡，也就是笔者多次讨论过的国家向社会的分权。在过去的 30 年间，国家向官僚分权，向资本分权。但现在在官僚坐大、资本坐大的情况下，要节制资本、节制官僚，就要向社会分权。如果不能向社会分权，决策者就很难控制官僚和资本。

如何赋权于社会？不外乎两种方法：一是给予社会更大的空间。在这方面，决策者是意识到这个问题的，因此才会出现“利益代表”的概念和以此概念为指导的改革。但是要在决策过程中反映民的利益，就必须给予社会利益表达和利益聚集的空间。二是要确立社会参与决策过程的制度机制。这两方面合在一起就构成了中国政治改革的社会动力。(应当指出的是,在这两方面,目前的趋势是向“钱”倾斜的。)

换句话说,决策者和民的联盟是政治改革的关键。决策者的选择并不多。没有民的支持,决策者本身很难对“钱”和“官”形成任何有效的制约,尤其是在后两者结盟的情况下。这种情况如果继续下去,最终受害的不仅仅是民,而且也是整个政权。如果决策者不能和民结成联盟,那么民本身可能成为变革的唯一主体,那就可能造成革命性的事件。尤其是当民处于非组织状态时,革命还极易表现出很强的暴力性。这在中外历史上屡见不鲜。

在任何社会,各社会群体间都会存在一定的张力,也就是说,它们之间处于一种非均衡状态。一定的张力属必然,也是社会进步的动力。但如果不能通过改革来达到一种新的均衡状态,社会就会失去和谐,稳定必然成为严峻的挑战。如何达成一种新的社会均衡则是中国改革的主要内容。近年来,中央容许甚至鼓励市民社会(包括非政府组织)的发展,实际上是既赋权社会,也赋权国家的双赢政策。可以说,中央权力和权威的强化取决于社会力量的壮大。这一点并不是所有人都看得清楚的。

原刊于《联合早报》2009 年 5 月 26 日

社会基层无政府状态令人担忧

中国社会基层干部是中国政权的基础，是政权和人民的连接点。基层社会希望这个群体能够代表他们的利益，保护他们的利益。但很多年来，这个群体的所作所为常常和人们所希望的相反，普通人民则找不到他们所想要的官员。就是说，对中国基层社会来说，并不存在着一般意义上的政府，是谓“无政府”。

最怕政府成为非正义的制造者

说中国基层的无政府状态有几层含义。首先，无政府可以指基层权力真空的出现。权力真空的出现给各种恶势力如黑帮团体和邪教组织提供了巨大的空间。在一些地方，恶势力主导地方政治，政府几乎成了恶势力的工具。在农村，家族势力也属于这一类。

其次，无政府也可以指地方政府职能失效、失控，甚至失败，导致恶性社会后果。在这个方面，无政府早已经不新鲜。早年的河南等省流行艾滋病与各级地方政府官员不当的经济发展政策有关。各地不断产生的特殊病村（如癌症村、肺炎村等）也同样与地方政府官员对经济发展的恶性追求有关。

更为重要的是第三类，就是上面所说的，政府本身所制造的无政府状态。在这里政府本身成了恶势力。

无政府状态并不是说在这些地方没有政府，而是说政府本身成了无政府最主要的根源。为什么需要政府？最根本的是因为人类需要安全的保障，而安全保障并不是其他各种私人机构所能提供的，体现公权力的政府的存在因此具有了合理性。

如果说在前两例中政府无能提供保障，那么这后一例指的是政府本身成了公共安全的最大威胁。在任何社会，政府本来应是社会正义的提供者，但在这里政府反成了非正义的制造者。

对中国来说，这第三类无政府状态已经成为政府的内在部分（而非偶然），从而对整个社会和政权构成最为严重的威胁。

恶势力世界各地到处都有。恶势力可怕，但可以整治。最可怕的是代表公权力的政府演变成了恶势力，或者被恶势力所利用，或者利用恶势力。在这里，不仅人民而且整个政府都成为受害者。

道德是政权的基石

在数千年的传统中国，社会基层处于高度的自治状态。皇帝统而不治，皇权深入不了社会。在基层，皇权只是一种象征。在这样的情况下，社会本身发展出了相当发达的自治共同体，有很多保护机制来保护地方社会的利益和安宁。

毛泽东领导的革命使得政权第一次有能力深入社会。在基层，毛泽东为中国社会建立了一种全新的统治机制。尽管一般认为毛泽东依靠权力管治基层官员，但实际上除了权力管治，毛泽东还发展出了其他很多机制，迫使基层干部不敢欺负老百姓。

例如，毛泽东一而再、再而三地强调意识形态和道德的功能，多少给基层官员一种道德感。更为重要的是，毛泽东式的民主，就是普通人民每隔几年可以对干部提意见，甚至批斗。尽管一些做法在今天看来过于极端，但毕竟维持了社会对基层干部的压力。

改革开放之后，中国的基层政权就开始出现危机。市场经济最终导致了农村的人民公社制度的解体。村民自治引入了民主方法，但现在看来，村民自治并没有解决农村问题。今天的村民自治既没有传统社会那样的具有实质性意义的自治，就是说，农村居民很难像在传统社会那样去实现和保护自己的利益；也不能像在毛泽东时代那样对地方官员的行为构成制约。同时，因为人口的流动，很多农村实际上一直处于衰败状态。不管中央政府推行怎样的政策，农村的衰败似乎不可避免。

但对基层政权冲击最大的莫过于金钱主义全面有效地取代了道德主义。基层政权高度非道德化或者道德虚无化。之前出现基层干部强暴幼女后对自己的兽行不仅毫无羞耻感，反而引以为豪、互相攀比的情况，就非常典型地说明了这一点。

在中国，无论是传统社会还是今天的一党执政，道德是政权的基石，道德甚至比政府的政绩更为重要。正是在这个意义上，中国老百姓视官员为父母官。但是一旦执政的道德解体，没有任何东西可以制约地方官员的行为了，所以才出现了父母官欺压人民、强暴民女的事件。

权和钱都被少数人所垄断

这并不是说，执政者忽视了基层政权建设。实际上，自改革开放以来，领导层也一直在强调基层政权建设。执政党能够接受农村的民主自治就是一个例子。但问题是，中央花了那么多的精力来进行基层政权建设，为什么效果反而变差了呢？

在传统社会，基层共同体能够抵御政权不合理的侵入。在毛泽东时代，老百姓还拥有应付基层官员的机制。但现在老百姓在一些地方官员面前赤裸裸、一穷二白。

权和钱都被少数人所垄断，他们还能做什么呢？实际上，一些基层官员把老百姓视为权和钱的奴隶，很多老百姓也事实上被迫沦为钱和权的奴隶。尽管有些民主机制，但微弱的民主机制在权和钱面前毫无价值，例如上访。上访可以说是基层人民发出声音的唯一办法。但是，有没有人统计过有多少上访者被地方政府关起来了呢？实际上，上访是地方无政府状态的一个很重要的标志，上访越多表明基层越是无政府。原因很简单，一些人在地方没有办法实现正义，只好往上面找。

因为缺乏有效的媒体，没有自下而上的压力和压力机制，对基层干部来说，“唯上”就成为他们唯一的责任。但是，“唯上”并不在任何意义上意味着基层干部的确可以对上负责。如果真能对上负责，那也不错，毕竟上级政府和官员还是希望下级做些好事情的。可惜的是，“唯上”的现实是“欺上”，就是欺骗上级政府。

这同样是因为缺少媒体监督，没有自下而上的压力。当基层人民不能给基层干部施予任何有效的压力的时候，当上级政府被欺骗的时候，基层干部自然就可以胡作非为了。

水能载舟，亦能覆舟，这个道理没有比从依靠民众打天下的共产党认识得更清楚的了。政权的支持力量是什么？对这个问题需要重新考量。基层是整个政权的基础。一旦失去基层，执政大厦就会摇晃起来，搞不好就会顷刻倒下。古今中外，这样的例子不胜枚举。

多少年来，有多少人沉醉于高速的经济发展和年年变化的GDP数据中。很少有人认识到，腐败、毫无羞耻感、粉饰太平，这些才是政权最可怕和最强大的敌人。因为这些敌人不是他人，而是自己。

在基层政权腐败迅速恶化的情况下，各级政府官员再也不可以这样下去，欺骗老百姓，更欺骗自己了。对执政者来说，应当认识到，走出体制，走出既得利益，直接面向人民，是改革的唯一办法。如果不能这样，到头来就会演变成为社会来改革政权了。

原刊于《联合早报》2009 年 5 月 12 日

暴力蔓延的社会起源

近年来，针对社会成员的各种暴力事件开始在中国社会蔓延。从狭义上看，这些暴力事件限于近年来新闻媒体频频曝光的校园血案、公共场合无特定目标的攻击、针对基层官员和国家执法人员的暴力寻仇，以及许多家庭伦理性质的“灭门”惨案。从广义上看，各种暴力体现各种角色之间的社会关系，包括自我关系以及与他人的关系。因此，日益上升的青壮年自杀、重度神经性疾病的蔓延，可以看成是一种“个体内在”的暴力；表现在暴力拆迁和公权力滥用行为中的官民和警民关系的紧张，可以看做是“国家权力”的暴力；而经常表现为暴力行为的大规模群体性事件和治安事件，则可以看做是一种“社会性”的暴力；最后，也许还可以算上因特网等媒体上频频出没的针对他人的“语言暴力”。中国社会科学院组织的《社会蓝皮书》，其撰稿人就一直注意着包括暴力犯罪的各种社会问题的迅速蔓延。尤其是 2009 年以来，很多人切身感觉到，中国的暴力犯罪和治安案件数目在经历了数年的相对稳定后，均显示出快速增长的趋势。无论海内外，人们对中国社会的犯罪频发和社会不稳表现出普遍的焦虑。

社会暴力蔓延只是中国社会问题的一个侧面，但已经成为当下全社会最为关注、也是政府最感棘手的问题。媒体、网络、学界和决策层对此都已有很多的讨论。社会暴力并非中国所特有，它是一种普世现象。从历史和比较的角度来看，当前中国的社会暴力既具有世界性，又具有中国特色。把握这两大特色很重要。人们既要理性理解社会暴力的起源，又要从其他国家学习控制、减少甚至化解社会暴力的经验。具体来说，当代中国社会暴力有两大类型的起源：一方面它是现代化的必然社会结果，就像 19 世纪下半叶到 20 世纪初工业革命后的西方社会现代化过程中的“社会病”；另一根源则具有中国“特色”，它是最近十几年来中国发展模式带来的社会后果。可以认为，正是这两方面因素的互相作用，尤其是中国特有的发展模式直接和间接的影响，才导致了中国社会在转型过程中“暴力”的兴起。

作为“社会病”的社会暴力

首先必须意识到，社会转型不可能没有阵痛，这早已被西方、日本和亚洲“四小龙”的经验所证实。到现在为止，没有一个社会能够逃脱社会暴力的发生。尽管表现方式和暴力程度不同，但所有现代化社会都经历过社会暴力过程。就中国来说，20 世纪 90 年代初以来的市场化导向的改革，已经造成了中国社会结构前所未有的巨变。但是，所有变化对社会每个阶层甚至每一个体的影响程度非常不同。一些群体能够享受市场经济所带来的好处，却可以逃避市场竞争所带来的负面影响；而另一些群体则要承受市场经济无情的折磨，却得不到任何外在的保护。

伴随市场经济崛起的首先是劳动力和民生产业的市场化。随着社会劳动力从国家控制下的分配走向逐步成型的劳动市场，以及教育、医疗、住房和养老保险的全面市场化，对于大部分人而言，个体的社会地位和生活水平开始完全决定于个人的经济实力和劳动市场竞争力。竞争导致普遍的物质生活差距的拉大和压力的普遍加大。劳动力和民生经济的市场化又意味着社会关系全面货币化。原来温情脉脉的亲子、夫妻、朋友、同乡、同事和上下级关系，也逐步被各种赤裸裸的利益理性所渗透。社会经济竞争场上的弱者不仅逐渐失去来自社会的一般同情，即使是亲人、朋友和同乡之间也开始疏离，很多人甚至直接被隔绝在有意义的社会关系以外（如由于经济原因不能结婚者）。就算是颇具竞争力的职场强人，也必须面对社会单位日益原子化下的各种生存压力，不得不时时处于高度紧张和焦虑状态。所有这些都意味着毛泽东时代建立在单位和农村公社基础上的“半传统”社会形态的最终解体。对很多人来说，如果他们在计划经济时代的“城堡”内必须承受“不自由”的痛苦，那么现在在“城堡”解体之后，则必须承受市场体制下个体孤立的痛苦。

中国特色的暴力生成机制

如果只是以上的转型造成的社会变迁，那么中国社会虽然会面临目前的许多问题，如高自杀率、精神疾病多发、人际关系淡漠，以及普遍的社会压力，但也许还不会如今天这样面对社会暴力快速蔓延的局面，尤其是“社会化”的暴力。当前的社会暴力更多直接缘于社会公平正义的缺失和社会秩序某些道德“底线”的失守。这背后更深远的因素，就是中国 90 年代中期以来的经济社会发展模式。这种追求交易规模和发展速度的模式，一方面加快了社会转型的步伐，强化了社会转型中各种"压力"的生成机制；另一方面，也破坏了维系社会体系健康运转的根基，从而直接导致社会的暴力控制机能的失效。

从90年代初中国深化各项改革以来，在国家的各职能部门中，形成了一种内生的、强调GDP增长的系统动力，即人们所说的GDP主义。在这种动力的直接驱使下，各级政府在行为上开始一味地追求扩大货币"交易"范围和产能规模的增长（尤其是资源产业、民生产业和城市规模）。从权力部门寻租到疯狂的土地开发，从大规模的国有企业产权改制到经济的"金融深化"，从教育产业化到鼓励房地产投资（投机），从城市房地产热到大幅度压低要素价格以"招商引资"，种种行为一步一步地把GDP主义推向了社会各个角落。GDP来自交易，交易越多，GDP越大。

毋庸置疑，各种经济和社会因素的"交易"化对于促进国民经济发展和国家财政能力建设，起到了非常重要的作用，使得国民经济在短短十年内，取得了近乎年年两位数增长的奇迹。但与此同时，中国社会也发生了根本性的和不可逆转的变化，原来在西方国家可能需要上百年的市场化、货币化、原子化和共同体解体过程在中国大大地加速了。就这一点说中国社会变迁基本上是"经济驱动型"的，毫不为过。社会基本上被拖着向前走。这也使中国有别于西方许多"社会驱动型"国家（如新教驱动下的西北欧资本主义发展），或者经济社会发展较同步的东亚国家。应当指出的是，在西方，随着社会关系的市场化，社会保护机制也随之出现。教会等组织在市场化的早期扮演了保护社会的角色，而后来更多的社会保护功能是由政府来承担的，主要表现为通过社会改革和社会政策的确立，从原始资本主义过渡到了福利资本主义。而在中国，各级政府在大力促使社会关系市场化的同时，没有实施有效的作为来提供社会保护。在亲民和亲商之间，各级政府选择的是后者。

激进的“经济驱动型”社会转型的一个直接后果就是分配结构的严重扭曲。由于国家自始至终主导和控制着市场的开放与封闭，并始终按照国家财富至上（一种单面向的“国家能力”）的原则主宰收入和财富分配，因而财富的产生和收入初次分配很大程度上服从了“权力”和“资本”共同主宰的原则。这样留给社会大部分成员，包括中小企业、工薪阶层、农民和城市社会底层的所得就偏少甚至过少。与此同时，由于民生事业——实质上就是社会细胞赖以生存、发展和再生产的最基本的那些经济基础，大部分早在90年代中期就被大规模产业化，以便符合“做大做强”的GDP主义和减少国家负担的财政主义原则。在那些最需要福利保障，同时也是财政最难以自足的地方，如县、乡、村级基层政权，以及保障性住房这样的社会政策领域，政府反而退出了，留下一个强者通吃的“无政府状态”真空。随着国家公共品投入的相对减少，那些所得偏少的社会底层实际上不对称地承担了相对最大份额的改革成本。

这一切都导致经济起飞初期的一般性社会后果——生活成本的急剧增长和收入分配差异的拉大，在中国以前所未有的速度迅速产生。这其中，又以昂贵的生活成本——医疗、住房和教育价格的飞速提升，最为突出。畸高的房价和生存成本对改革开放后成长起来的年青一代的影响更大。它们不知扼杀了多少无权无钱的普通年轻人融入大城市的希望。扭曲的分配结构，使得大多数人无法充分享受经济发展的成果，而只能抱着挫败感和迷茫复杂的心情，接受一种充满“被”的生活。在这里，我们很容易看到无数个郑民生背后那千篇一律的故事：作为“专业人士”（如郑是社区医生），辛苦工作十几年、甚至二十年无法成家立业，最后心怀不满，怨恨社会。那些带着破碎的梦想一跃结束生命的富士康青工，当年又何尝不是坚信能够通过劳动改变命运、最终实现城市梦的年轻人？生活成本的提升和财富收入的畸形分配，构成了社会暴力滋生的经济背景。

社会暴力化的另一个主要机制是公权力的工具化。以国家代理人的身份为社会提供经济发展、福利保障、教育医疗、公共安全、基础设施、行政监督、经济秩序和公平正义等各种公共品的国家职能部门，在扭曲的激励机制和整个社会生态的作用下，很多都偏离了公平正义的原则，成为部门掌权者的利益最大化的工具。这并不难以理解，因为任何国家权力，无论是对暴力还是暴利的控制，虽然都是为了维护公共利益的公器，但反过来也可以成为寻租和暴力的工具。现在闹得沸沸扬扬的拆迁纠纷，就属于这个类别。普通居民对自家房屋拆迁的态度，由于自身经济条件和价值偏好的差异，可以说是千差万别，但行政当局的考虑却是整齐划一的城市扩建翻新。这种情形下本来应该通过公平协商的方式最大限度地保全双方利益，最后却常常变成一种全由行政力量主导的单方面强制行为；更有甚者，许多地方的拆迁以暴力掠夺的形式上演。久而久之，这必然激起利益受损一方的极大不满，这种不满一旦根深蒂固，就会埋下暴力的种子。

维护公平正义的公权力一旦失去规制，本来就存在于转型社会的各种“社会病”也就必然日趋严重。现在中国社会弥漫的浮躁心态、投机主义、暴力倾向、对权贵的攀附和虚无主义等社会取向和各种极端个人主义思想，源头正是权力偏离了公平正义，导致国家和社会规制能力的双重减弱。在极端的情况下，公权力的暴力还会引发个人直接针对公权力的暴力寻仇。在“躲猫猫”“喝水死”“自焚抗拆”和袭击警察、法官事件之间，看似毫不相关，实际上两种暴力行为正是一枚硬币的两面。一些社会成员把那些对公权力实施暴力的犯人视为英雄，可见社会和公权力之间的互不信任和矛盾已经发展到何等程度。

此外，十多年来中国狂飙式的经济增长，加上最近 30 年来的社会大变迁，在造成社会价值多元化的同时，也导致了整个民族主流价值的弱化和精神层面的混乱。最近 20 年来，中国人一直遵循一种经验主义和实用主义的原则——对于发展有效的，就是好的。从官方到民间，都缺乏一种强有力的、能够指导行动的主流价值观。今天，中国社会已经形成了不问是非，只问效果，“潜规则”横行的状态，“自我中心主义”和“价值虚无主义”成为一个时代的强大的思想潜流。这种状态可以说为暴力滋长提供了一个主观大环境。这种大环境一旦形成，就绝非少数个人的道德榜样，甚至大规模的道德宣传运动所能逆转。

抑制暴力需要道德共识

无论是历史上还是近十年前，中国社会抑制暴力行为的自发机制，主要源于人们有关共同体生活的一些基本道德准则，例如，在与人交往时，要求将心比心，要讲“情理”，要“有所不为”，要有“不忍之心”，不能为了一己之私为所欲为。但十多年来一直紧紧围绕着经济增长的 GDP 主义，早已将个体与集体割裂开来，将个人“原子化”为只有数量而没有本质差别的“劳动力”，以求最大限度地让个人发挥其经济价值；与此同时，却没有找到重构社会的办法，将原子化的个人重新变成完全的“社会人”。富士康的困局即在于此：以最大化劳动力效用为本的“功能完备”的工人社区，终究只能成为“宿舍”而不是“社区”。据说富士康正考虑把所谓的“社会服务”职能还给城市，可是中国城市的社会整合能力，却始终受到各种看不见的“社会墙”的限制——不同身份、不同地位、不同背景的人，享受着完全不同的“公民”权，处于天差地别的生存状态，不同社会群体间充斥着不信任甚至潜藏着仇恨。所谓存在决定意识，在社会高度分化和信任普遍缺乏的今天，重构“主流”价值和基本的道德共识这个关乎社会整合大局的重大问题，自然就成为摆在全社会面前的一道巨大的难题。

更使人忧虑的是，那些已经浮出水面的暴力事件，可能还只是冰山一角。从互联网上的言论反应看来，“仇富”“仇官”“仇社会”以及对政府公信力的怀疑情绪，都已经比几年前更激烈。在袭击警察、法官事件过后，被害的警察、法官得不到社会广泛同情，行凶者反而被许多人看做正义的化身。“杀贪官”成为一个最具时代性的网络情绪标签。诸如此类令人忧虑的趋势可能并不能完全以“经济发展导致两极分化”来理解。当前社会信任的解体和暴力蔓延的趋势，更应该放到中国现当代历史和社会心理框架中来理解。

普通中国人并非天生憎恨官员和富人；相反，普通中国人敬畏权力，向往富裕，为此也完全能接受权力和财富不均匀的分配。“父母官”“致富光荣”这些十几年前还耳熟能详的词汇，都反映了一种常态下的社会文化心态。问题是当代人对于“钱”“权”的社会期望与社会现实之间，逐渐形成了巨大的鸿沟。无论是成长于毛泽东时代的“50后”和“60后”，还是成长于改革初期的“70后”和一部分“80后”，每一代人大多发现自身早期熟悉和认同的一套公平正义的标准在被现实不断“更新”中，而自身（以及对于子女）改变命运、开创事业和幸福生活的理想，在现实中渐行渐远。相反，“钱”和“权”却可以不断改变规则，畅行无碍，并且已开始向下一代传递。本来应该有责任引导社会成员走向共同富裕的“领路人”和“先行者”，现在被社会广泛视为相对剥夺感的源头。

重建国家和人民的直接联系

不过，从经济和政治精英的角度来看，他们也有自己的苦衷。通过设计和灵活运用“规则”增加国家财富、推动经济发展，本身又有什么问题？难道经济增长不是让大多数人在绝对意义上获利？可以说，精英、中产阶级和社会底层生活在不同的世界，他们之间往往相互隔膜。一方面，生活在政治和经济“城堡”之内的精英，与生活在赤裸裸的市场经济里的普通人已经完全隔绝，前者根本不能体会到底层生存的切肤之痛。与普通中国人相比，国家和企业管理者生活在一个充满经济数字和语言符号的美丽世界中。很多人可能难以想到，决策当局的一念之差，在中国当前的政治经济体制下，可能会一层层放大，导致社会中下层付出难以想象的代价。

另一方面，十几年来的经济模式毕竟有其自身的制度逻辑，并非某个个人或者群体所能左右。尤其是当精英被自然定义为“受益者”的时候，面对很大程度上属于“体制外”的社会问题，体制内的改革动力自然就有捉襟见肘之忧。社会实体暴力的蔓延和与其相应的网络空间中的“暴力言论”，都说明体制本身的纠错机制已经失效。如何沟通体制内外的力量，推倒形形色色的“社会墙”，将极端的暴力行为与言论，变为促进社会公平和社会保障的渐进改革动力，从总体上进一步协调经济、社会和政治现代化，避免暴力积累导致总体社会危机，将是中国今后改革的重大课题。作为掌舵中国发展方向的政治、经济和知识精英，已经难以坐视形势继续恶化。

“发展”和“稳定”从改革开放以来一直就是国家的大计，两者互为基础，相辅相成。但最近十年来，两者之间的关系已经出现了某些微妙的变化。层出不穷的暴力事件是对“社会稳定”这一问题复杂性的最新注脚。如果说贫富分化、环境污染、贫穷落后、教育医疗投入不足等问题，还可以分别通过调整分配、加强环保、扶贫助困和加强社会政策等方法来治理，那么“暴力化”作为一个社会深层次问题，治理起来就困难得多了。只是通过“以暴制暴”来威慑暴力，就算是应付亡命之徒的困兽之斗都会很困难，因为个体随机的攻击可以随时随地发生，防不胜防，而对一个连身家性命都不要的人，除了发明一些更严酷的刑罚之外，大概是很难用一般的武力来威慑的。至于自杀和自残的行为，以及更多潜在的暴力倾向，不仅比犯罪行为更难以觉察和提防，而且导致其发生的深远社会根源更是难以根治。

社会暴力的泛滥和公平正义的缺位，既是影响中国当前稳定的两个相关的重大问题，也是难以治愈的体系痼疾。这两个作为“发展”带来的“稳定”问题，已经完全不能像其他问题那样，可以通过发展直接(积累财富)或间接地(政府用钱)解决甚至改善了。暴力现象的剧增，不能不说是对中国的社会政策乃至整个发展战略提出了质疑。

“解铃还须系铃人”。虽然社会暴力有复杂深远的系统性根源，但直接导致社会底线失守的，还是90年代中期以来社会领域的过度市场化以及保护性、矫正性社会政策的缺位。国家在退出社会领域的同时，却没有及时找到系统性重建社会的办法。笔者认为，积极推行在住房、教育、医疗和养老等领域的社会福利制度建设，以及针对社会底层的生活、教育和就业保障，已经到了刻不容缓的关头。

多年来，伴随着经济发展、国有部门改革和国家金融财政制度建设，中国的财政能力已经取得了长足的进步。到 2010 年，中国财政收入规模可能达到世界第二，仅次于美国。如果考虑国有垄断企业没有上缴的利润，中国其实完全有能力在下两个五年计划之内，大规模地重建以国家为主体的、覆盖全社会的福利和保障体系，并进一步将在城市初具规模的社会保险体系全面覆盖到农村和农民工。与此同时，要切实保证钱真正用在社会工程上。这就需要配套社会政策改革的行政和管理制度改革。为此，中央政府应当积极动员社会力量的参与和监督，充分利用媒体，让官方媒体成为社会理性声音的聚合器，同时通过有效的行政改革，约束和削弱地方和部门在社会领域的特权、行政干预和寻租能力，在建设平等的"公民权"的旗帜下重建国家和人民的直接联系。30 年来的历史经验告诉我们，改革是发展的根本动力和基础，没有改革的发展，必然是极不均衡的、自我击败式(Self-defeat)的发展。从当下的形势来看，通过社会改革及其配套的体制改革来促进发展，是中国逐步解决当前社会问题魔咒的唯一方案。社会暴力的滋生应该成为社会改革全面展开和深化的发令枪。

郑永年、黄彦杰合著，发表于《文化纵横》2010 年 8 月

当代社会暴力的制度基础

这些年来，社会各种形式的暴力案件快速上升，社会不稳定因素凸显。在种种暴力行为中，主要的是表现在政府官员与民众之间的暴力行为。当然，也存在着一个社会群体对另一个社会群体，或者一个社会成员对另一个社会成员等形式的暴力行为。不过，即使是后者，很大的责任也应当归咎于政府。很简单，在任何社会，政府存在的最大理性就是维持公共秩序。公共秩序的缺失，只能说明政府的失责。

当然，暴力不是中国社会所特有。今天，无论是发达国家还是发展中国家，历史的进步并没有减少社会暴力行为。在任何一个社会，暴力的根源都非常多。任何社会都不期望暴力行为的兴起。暴力产生了，就要分析暴力行为的根源，这样才能采取有效的举措来减少和控制。公权力的责任就是提供公共秩序，控制暴力行为，但公权力过大且缺乏制度约束，就会成为社会暴力的根源。因此有必要从公权力的暴力化来透视当代中国社会暴力行为的产生。在中国，暴力也具有深厚的社会根源，这需要专文论述。

中国社会暴力的大制度背景，就是国家与社会、政府与人民之间的制度空间分布的不均衡。在发达社会，往往是社会决定国家，人民决定政府；而在中国，社会和人民的存在空间基本上取决于国家和政府。在后发展中社会，典型的是亚洲的日本和后来的“四小龙”等，政府在社会方方面面的发展过程中，较之发达社会扮演了一个更为重要和关键的角色；在很长一段时间里，政府也决定了社会的生存空间。不过，随着社会本身的不断发展和成熟，政府和社会之间的制度空间分布逐渐趋于均衡，呈现出一个良性的互动方式。在学术界，人们经常把这样的社会称之为“强政府、强社会”模式。

中国在改革开放的早期，也提出了“小政府、大社会”的改革目标，试图改变改革前只有国家、没有市民社会的严重失衡情况。在很长一段时间里，社会得到迅速的成长和发展。在 20 世纪 80 年代，国家公权力首先从农村逐渐退出，在农村实践村民自治。城市改革也为城市市民社会造就了巨大的空间。20 世纪 90 年代中期之后所进行的国有企业“抓大放小”，更是为社会空间的成长打下了制度基础。

公权力扩大激化矛盾

应当指出的是，在政治领域，尤其在基层，尽管社会也具有了一些空间，但并没有得到具有实质性意义的空间。社会的成长和发展发生在除了政治以外的其他领域。邓小平南方谈话之后，正是因为社会在其他多个领域获得了很大的空间，在很长一段时间里，他们参与政治的要求得到缓解，因为人们把对政治的热情，转移到了经济和社会方面。

但是近年来，社会的生存和发展空间受到严重的挤压。和从前一样，在政治领域，社会依旧没有实质性的空间。更为严重的是，在非政治领域，社会空间也在迅速缩小。例如，在经济领域，国有部门的快速扩张，迅速挤占了原来民营企业的空间；在政治领域，随着多年维稳机制的推行，社会其他方面的空间也缩小。这就导致了很多负面的结果。首先是国家与社会、政府与人民之间空间分布的严重失衡，公权力迅速扩展，而社会空间缩小。其次，社会空间的缩小直接导致了社会不能正常发育，不能产生自我管理机制，自我约束能力弱。社会自治能力的弱化，表明社会无法自我解决很多问题，必须依靠公权力，从而为公权力的进一步扩展提供了机会。再次，无论是在经济还是其他领域，无论是国家、政府还是其代理人，都是以政治的方式来挤占社会空间的，这必然导致社会的政治性反弹。社会群体和成员的生存和发展空间受挤压，他们也必然诉诸政治的手段来面对其所面临的困难处境。针对政府官员的暴力只是其中一种政治表达方式。

政府和社会之间的这种关系，就构成了多年来社会暴力行为的大背景。具有同样重要性的另外一个因素，就是对“法制”和“法治”的忽视和漠视。法制是任何一个国家最为基础的制度，是其他所有基本国家制度的制度。尤其重要的是，国家暴力和暴力使用必须法制化。在这方面，中国走的路比较曲折。

总体上说，中国在20世纪80年代提出要建立法制，90年代在中共十五大上又提出了要建立“法治”，以“法治”为中国政治发展的目标。无疑，没有人会否认中国改革开放以来在立法方面的进步，但在司法方面仍然存在着很多的问题。如果司法有问题，那么立法方面再多努力也会无济于事。

对司法的破坏导致社会信任流失

在20世纪80年代，中央对法制的重视可以说是到了无以复加的程度。经历过“文化大革命”法制遭践踏的岁月，中央领导具有强大的政治意志来确立和发展中国的法制。20世纪90年代的大部分时间里，中央也是这样做的。无论是党的最高领导人还是人大系统都经常强调法治。中国没有法治传统，法治因此是个目标，它不是短时间内能够建成的。在建设法治过程中，政治和政策环境非常重要，无论对官员还是社会成员，法治教育可说是要天天讲、月月讲和年年讲。但十七大之后，各级政府对法治的强调消失了，重点转移到了其他政策目标，包括“和谐社会”“社会正义”“维稳”等。尽管这些目标和法治并不矛盾，这些目标的达成最重要的还是法治，但一旦政治和政策的重心转移到了其他方面，法治就遭冷落和忽视。在很多方面，实践已经表明，一旦失去了法治建设，这些其他目标不仅不可能实现，反而会走向反面。

在对法治强调得不够的同时，对司法的破坏趋向严重。司法的政治化已经成为一个普遍的现象。权势阶层使用各种方法来逃避司法，社会和人民对司法也失去最为基本的信任。一旦一件事情发生，人们常常不是诉诸法律，而是寻求其他方式来解决，如找领导人、走关系等，其中也包括暴力。在任何国家和社会，司法是社会和国家、人民和政府之间最为宝贵的中间或者缓冲地带。一旦失去这个地带，一个严酷的现实是，这些年来，很多本来可以通过司法途径解决的问题，最终演变成为暴力，不管是政府官员对老百姓的暴力还是老百姓对政府官员的暴力。

在这些政治和法制大环境下，人们还可以更进一步，从一些具体的制度因素寻找公权力的暴力行为根源。

国家垄断暴力是任何一个现代社会的标志性特征。尽管中国从法理上说也是这样，但在实际层面则不然。国家对暴力的垄断已经出现了很多的问题。可以从如下几个方面来讨论。

首先是国家暴力机器的多元化和分散化。近年来，随着社会暴力行为的增多，国家的暴力机器也在多元化，就是说倾向于设置越来越多的暴力机关来应对社会暴力。城管是一例，从中央到地方的"维稳办"也是一例。不过，多元化必然导致分散化。一旦缺少协调，就很容易导致暴力的滥用。例如，这些年城管制度就已经出现了不少问题，就是没有人去解决，没有其他的制度去制衡它。

与多元化同时存在的现象，就是暴力机器的分权化。如果多元化指的是同一政府层面的不同暴力机构，分权化指的是中央和地方关系。中央政府制定政策，但执行政策的是各级政府。因此，暴力机器的使用处于分权状态。地方政府负有地方社会稳定的责任，地方稳定可以说是地方政府的重中之重。尽管地方政府可以根据自己的情况，使用不同的方式来维持地方稳定，但一旦稳定被视为头等大事，地方官员可能就会倾向于使用甚至滥用暴力。

国家暴力私有化的隐患

这里，一个相关的现象就是法制的地方化。法制最能体现现代国家（中央政府）的权力。在大多数国家，法的权力大多由中央或者联邦政府垄断，尤其是单一制国家。地方政府只在涉及地方事务的领域具有法的权力。即使在联邦制国家，地方政府拥有更多的法律权力，但还是中央（联邦）法高于地方法，地方法要服从于国家法。尽管中国从理论上说属单一制国家，但地方政府拥有着实际上远较其他政治体系更大的法律权力。这主要是因为中国的司法系统，就中央和地方关系来说不是一个独立的系统，即没有与地方政权独立开来。地方政府可以通过不同的途径来影响法律的实施，司法因此往往成为地方政府的工具。

一种更为严重，也最令人担忧的现象是国家暴力的变相“私有化”。这种现象已经存在很多年了。主要表现为地方政府（尤其是基层政权）和黑势力的勾结，借用黑势力来解决自己不能解决的问题。例如，在城市拆迁方面，地方政府、发展商往往勾结在一起，“雇佣”黑社会势力来为拆迁清除障碍，而黑社会所用的暴力手段无奇不有。实际上，在一些地方，基层政权的黑社会化成为突出的现象。此外，有另外一个现象已经受到各方面的关注，那就是“黑监狱”现象。一些地方政府竟然容许一些社会利益群体建立“黑监狱”，来应对上访的社会成员。

社会暴力行为的增加无疑损害社会秩序。任其发展，就会摧毁整个社会秩序。显然，政府作为行使公权力的唯一合法组织，有责任来遏制、控制和管理暴力。如果这一目标不能实现，和谐社会无从谈起。要走向国家和社会、政府和人民之间关系的和谐，在政府层面，至少有两个方面的事情要做。

首先是要给社会松绑，建设成熟的市民社会。中国这样的大国，如果社会不能发展出自主组织，什么都需要依靠政府，那么政府负担就会不堪承受。一个具有自我管理能力的社会，可以大大减少政府的负担。市民社会的发展不是不需要政府，而是说政府要把传统上很大一部分权力让渡给社会本身，让社会发展出自我管理的能力。在市民社会建设的基础上，政府可以来规制社会，管理社会。

其次是大力强化法制和法治建设。政府要规制社会和管理社会,法制和法治是最有效的方式。这里同样重要的是,政府要用法制来管理体现公权力的暴力机器及其使用。如果暴力机器成为维持社会稳定的最主要手段,而且法律失去了对暴力机器本身的管理和控制能力,那么必然会导致无穷的政治后果。

原刊于《联合早报》2011 年 8 月 2 日

第九部分

如何保护和重建社会

国家发展权如何转化为社会民生权

目前中国社会最大的矛盾都聚焦于民生问题。民生问题是经济问题的核心，民生问题不解决，中国的消费社会就建立不起来，可持续经济增长就缺乏动力。民生问题是社会问题。包括中产阶级在内的越来越多的人，正在被方方面面的民生问题，包括住房、教育、社会保障和医疗卫生等所困扰。这在社会目前流行的一些新概念，如"房奴""孩奴"等中得到充分的反映。社会上抱怨的大都是有关民生问题的。实际上，即使是大部分公开的社会群体事件或者抗议运动，其核心也是民生问题。民生问题更是政治问题，民生问题解决不好，政治稳定就没有牢靠的保障。

中外对权利的不同理解

民生权是中国社会所高度认同的最基本的权利。自改革开放以来，西方在人权方面一直对中国构成很大的压力。中国政府持开放的态度与西方保持对话。在与西方的对话中，中国一直强调中国和西方在人权理解方面的不同。中国强调的是国家生存和发展权，而西方更多的是强调个人的政治权利。不同的文化体系导致了人们对权利的不同理解，而不同的社会经济发展阶段，这些权利的实现程度也是不同的。这些都是民众可以接受的说法。

中国目前最大的政治问题，就是国家发展权并没有转化成为社会民生权。一些人担心西方式的权利概念会对中国社会和政治稳定产生负面的影响。不过，实际上，人们对此并不用太过担心，因为文化认同的不同，西方式的概念对中国社会的影响并不会太大。在现阶段，对大多数中国老百姓来说，主要的问题并不在于是否能够实现西方人所界定的那些权利，而是能否实现中国社会本身所认同的民生权。人民所高度认同的权利如果不能实现，或者被剥夺，那么稳定就会成问题。

那么，什么是中国社会所认同的权利呢？很简单，就是民生，就是社会上所说的学有所教，劳有所得，病有所医，老有所养，住有所居。这些权利在几千年前的儒家经典《礼记》的《礼运篇》里面已经说得清清楚楚了，一直以来被视为中国人对理想社会的基本要求，直到今天，中国社会对这些权利的认同度还是非常高（应当指出，在中国文化传统中，社会稳定本身也是社会所认同的权利）。

在实现这些权利方面，中国也取得了一些进步，但不是很理想，尤其是与改革开放以来经济建设取得的巨大成就相比。就是说，改革开放使得国家实现了发展，但社会民生权则停滞不前；较之国家的富裕，人民还是很贫穷。

从政策层面来说，民生问题在很多年里一直是中央政府政策的首要议程，这方面出台的政策也不少。问题是对这些政策执行不力，很多政策仍然停留在纸面上。在领导层层面，这些政策是主要议程，但一旦到了官僚和地方政府层面，它们就不再具有重要性，甚至是可以忽略的。今天，中国社会各方面对民生问题已经有了很高的认同感，没有人会反对有关民生权政策的重要性。那么，为什么这些政策很难执行下去呢？主要是中国并不存在实现社会民生权的政策环境。要实现社会民生权，有很多方面的问题需要考量。

实现社会民生权需多管齐下

首先，要调整政策思路，把经济政策和社会政策明确区分开来。长期以来，在GDP主义的主导下，各级政府把所有领域的政策都视为经济政策。那些本来属于社会政策领域的，如教育、医疗和公共住房等，被视为仅仅是经济政策的一部分。实际上，到今天为止，中国还没有明确确立社会政策领域。正因如此，在各级政府那里，这些社会领域的GDP功能（对经济增长的贡献）被凸现出来，而其社会功能（社会成员的民生权）则被忽视。所有这些社会领域都要求政府和社会的大量投入，但在中国，这些领域多年来一直是政府和企业暴富的领域。很显然，如果政策思路不调整，社会政策就建立不起来，社会的民生权也无从谈起。

其次，要大量增加政府的社会性投资。在中国，生产性投资和社会性投资之间存在着严重的失衡。改革开放30多年来，中国的经济增长主要来自生产性投资，社会性投资一直没有得到重视，甚至每况愈下。教育、医疗卫生、社会保障、公共住房、环保等方面的社会投资严重不足。特别需要指出的是，每次经济危机总会导致生产性投资的激增和社会性投资的减少。1997年金融危机之后，教育领域变成各级政府经济增长的一个重要资源，教育产业化变得不可避免，而教育本属于社会领域，需要政府的大力投入。同样，2008年金融危机之后，各个生产领域的投资激增，已经导致很多工业领域的产能过剩，造成浪费和低效率。更为重要的是，房地产成为刺激经济增长的主要来源。这种局面必须改变。社会性投资严重不足，有助于实现民生权的社会制度就建立不起来。

第三，要调整中央和地方的财税关系，减少地方政府把社会政策“经济政策化”的动机。1994 年开始实行分税制以来，财力很快从地方政府上移到中央政府，但责任并没有同等上移。现在很多领域是中央政府出政策，地方政府出钱，这给地方政府造成了很大的财政压力，是地方官员努力把社会政策“经济政策化”的一个重要原因。如何解决？主要是要把中央和地方之间的责任和权利统一起来。方式有二：一是中央政府向地方分权，让地方政府拥有更大的财税权，使得地方政府有足够的财权来执行政策；二是中央政府把一些现在由地方政府担负的责任也收上来，由中央本身来执行这些政策。如果没有中央和地方关系的这种调整，不管中央政府如何努力来确定社会政策，地方政府都不会有任何动力来执行，相反，它们还会继续目前社会政策“经济政策化”的趋向。

第四，要充分利用国有企业这一经济杠杆来推进社会政策的实行。国有企业一直是实现政府目标的有效工具。但长期以来，国企仅仅起到了推进经济增长的作用；在社会政策领域，国企扮演的角色是相反的。例如，金融危机发生之后，国家组织了大量的财政和金融力量来对付危机，绝大部分流向了国有企业。这具有必然性，国有企业作为政府的一个强有力经济杠杆，在应付危机过程中发挥了重要的作用。但同时也应当看到很多负面效应。国有企业得到国家大规模的支持，扩张得很快，不仅本身造成了产能过剩，而且也在挤压非国有部门的空间，造成所谓的“国进民退”现象。当国有企业的资本过度时，国有资本会走向任何地方。既然房地产那么有利可图，那么国有企业为什么不可以进入呢？从2009年开始，国有企业很快成为中国房地产市场的一个主要角色。人们发现，房地产价格暴涨和国有企业的进入有很大的关联。

利用国有企业推进社会政策

如何把国企在社会政策领域的负面角色转型成为正面角色？其中一个有效的方法就是国家向国有企业，尤其是依赖于行政垄断的大型国有企业直接提取利润。国有企业属于全体社会，按理说应当有助于分配的公平性。但现在至少在事实上不是。当国有企业亏损时，国家就要用纳税人的钱来支持，但当国有企业赢利时，国企则不必向国家上缴利润，这是不公平的。实际上，国有企业已经成为中国社会收入不公平的一个重要根源。近年来，因为社会的抱怨增多，国企开始上交一些利润，但比例非常的低。国家必须向国企征收更多的利润。现在正在进行的社会改革和民生社会建设需要大量的财力，国企上交的钱可以用于这一改革事业。

因为拥有一个强大的国有企业部门，从理论上说，中国政府拥有了较之那些不拥有国有企业的政府更大的能力来实现社会民生权。但现在这个部门却扮演着破坏社会政策的作用，并且其力量无穷。可以相信，如果国有企业的角色不转型，必然走向国家和社会整体利益的反面。

无论是“小康社会”还是“和谐社会”，其核心都是民生权的实现。从国际经验来看，中国经过数十年的高速经济增长，已经有了充足的经济基础来实现民生权。民生权迟迟未能实现是因为缺乏有效的政策环境。如这里所讨论的，营造有利于民生权的政策环境或者政策机制也并非没有可能。无疑，这种营造过程本身就是中国现阶段政治改革的一项重要内容。

社会的稳定不能光靠政治控制，社会民生权的实现才是社会稳定的最重要的基础。

原刊于《联合早报》2010年3月10日

如何实现精准扶贫的可持续性

精准扶贫是近年来中国的重要政策议程之一。自改革开放以来，扶贫成就一直是中国的骄傲。在短短数十年里，中国已经使得近7亿人口摆脱绝对贫困，成为世界反贫困史上的奇迹。不过，新的反贫困运动仍然必要，因为全球化已经在全球范围内导致收入分化和社会不公平，社会矛盾激化，不稳定出现。

从这个角度来看，精准扶贫是中国政府保护社会的最基本手段，也就是说，扶贫的基本目标是实现基本社会公平和正义。任何社会都需要寻找有效的手段去实现社会公平与正义，但世界上并不存在一种普遍有效的手段。

就中国来说，扶贫这个"抓手"极其重要，也经常被认为反映了中国制度的优势。尽管这么多年来，中国在扶贫方面取得了很大成就，积累了宝贵经验，但在每一个新阶段，当出现新的贫困情况的时候，就要寻找新的方法。

不过，任何一种特定的扶贫方法，在执行过程中也都会出现问题，需要随时加以纠正。近年来的精准扶贫也不例外。一个显著的问题就是，精准扶贫能否实现原来所设想的基本社会正义呢？

从这些年的实践来看，已经出现了一些问题，有些地方问题严重，如果不纠正，不仅难以实现基本社会公平和正义，反而会恶化形势。

精准扶贫过程出现的问题

在精准扶贫中，最重要的就是对贫困的鉴定。有几个因素表明这是一件相当困难的事情。

第一，信息问题，即如何收集、鉴定、处理信息。在农村很难收集精确的信息，如有关资产（房屋）、牲口、土地、家庭成员、健康、教育等方面的信息即使存在，鉴定者在对其进行鉴定时也往往具有很大的主观性。

第二，基层政府与社会往往脱节，没有足够的能力掌握精确的信息。因为精准扶贫是自上而下的，官员最终需要依靠地方强人来掌握、鉴定和处理信息。这种情况就非常有利于地方强人。近来，有关部门也引入外来人员对实际贫困进行调查。不过，这种做法带来的问题更多。

一方面，因为缺乏对这么大规模的扶贫进行科学调查的人才，所以实际中往往派毫无经验的大学生入村调查。另一方面，问卷调查的设计往往脱离中国农村的现实（尤其是农民的理解水平），导致农民无法回答表中的问题，从而变成调查者自行填表。因此有人戏称，精准扶贫已经演变成为“精准填表”。

第三，因为农村存在“强人”（甚至“村霸”）因素，扶贫往往演变成扶“富”，即扶贫的大部分好处流向了地方强人（干部、干部家庭成员或者亲戚朋友、村霸等）。在基层，“黑白两道”经常竞争来自上面的利益分配，甚至因此导致冲突。

扶贫演变成扶富的另一个因素，是对脱贫时间上的限制。扶贫追求效率，就是要促成贫困者尽快脱贫。在执行过程中，扶贫者对那些真正需要帮助但很难脱贫的家庭或者个人并不感兴趣，而只对那些很快就可以脱离贫困，甚至并不是那么贫困的家庭和个人感兴趣。

第四，扶贫繁琐的手续。在一般情况下，在中国社会，贫困并非一件“光荣”的事情，而且鉴定贫困还有繁琐的手续，因为得到的好处并不多，即使是贫困户对此也不那么感兴趣。在基层，老百姓普遍相信，真正大的利益不会通过这种正常方式来分配。

所有这些因素无疑会影响社会公平的实现。此外，精准扶贫也产生着新的问题。因为精准扶贫基本上是一种财富再分配，就存在着一个分配给谁的问题。通过分配方式进行，经常会导致村民“阶级”的再分化，产生新一类型的社会不公平，这表现在不同宗族、家族、村民群体之间。

一旦涉及利益分配，这些传统的因素和新产生的因素都会卷进来。这样很容易产生新的“认同”政治。在很多地方，社会对基层官员的信任度本来就不高，精准扶贫搞不好会造成新的隔离和新的对立。

这种情况在少数民族地区还会造成新的民族对立。新疆、云南、四川等少数民族聚居的地方，精准扶贫很难规避民族矛盾。实际上，对民族干部是一个很大的考验。不难理解，这些干部必须面对“照顾哪一个民族”的问题。即使民族干部在分配扶贫资源上不偏不倚，做到尽量公正，不同民族成员还是会有不同的看法。

一些民族成员会问，为什么这个民族得到的多而我们这个民族得到的少？他们总是会怀疑民族干部把大量的好处分给了自己所属的民族，而他们受到“歧视”。实际上，这种看法在基层很普遍。因为干群关系的紧张和互不信任，很多人都会认为，只要和“上面”（指政府和政府官员）有关系，就会得到好处，否则就得不到。

必须注意到的是，精准扶贫很难覆盖到另外一个庞大的群体，即农民工。中国农民工的数量，比较有共识的大约是 2.7 亿人。这个群体很难说都是贫困人口，实际上他们因为外出务工，经济情况比留在农村的人员要好一些。不过，也不能否认他们之中很多人已经沦落为城市的新贫困人口。因为他们生活在城市，在农村推行的精准扶贫不会考虑到他们；同时，因为他们没有城市户口，在城市推行的精准扶贫也不会考虑到他们。

今天，第一代农民工逐渐老去，在城市里的是第二代和第三代农民工，他们在城市出生、长大和生活，没有农村生活经验，没有任何回到农村的意愿；即使回去了也做不了农活。也就是说，不管怎样，他们中的大部分人都将长期生活在城市，而没有城市户口。在很大程度上，这个群体甚至较之农村的贫困人口和城市的（具有城市居民身份）人口更为重要。一旦他们沦落为城市贫困人口，他们便有了很强的政治意义。

此外，精准扶贫的实施机制也需要改进。因为是国家动员型的反贫困运动，可持续性往往成为一个重大问题。这里有几个问题需要考量。第一，基层干部考核问题。基层干部是实施精准扶贫的主力，为了有效推进精准扶贫，在很多地方，脱贫成为考核干部的最重要的指标。通常的情况是，在贫困现状不能改变的情况下，干部就不能被提拔，不能换岗。这导致了至少两个合乎逻辑的结果。

首先，这种巨大的压力为干部造假提供了较强的动力机制。一些干部抱着“赶紧脱贫和赶紧走人”的态度，在扶贫方面造假。尽管现在也在实行扶贫责任制，提拔干部时上级部门可以回溯他们以前的成绩，不过很多干部只看眼前的利益，而不会考虑长远的利益。其次，与之相关的是，干部往往采用“用尽现有所有资源”的办法来体现自己的政绩。因为要尽快脱贫，干部往往千方百计动员一切可能的资源，而这种动员是否可持续不是他们所考虑的。这样，他们往往把“债务”和问题留给后来者。

其次，干部任期过短，也造成短期行为，不利于扶贫的可持续性。近年来，干部加速轮换，往往是两年左右的时间就被调离。一些干部赴任的时候，带去很多项目（往往通过政商关系，如带去一些商人搞当地建设），但往往还没有做完就被调离。这种因频繁人事变动所造成的浪费和腐败是惊人的。

如果让干部在一个地方继续下去，他们的确也有做好的可能。因为是短期，一些干部就变得好大喜功，一会儿叫农民种植这种经济作物，一会儿叫农民种植那种经济作物，因为不尊重市场规律，所生产的农产品往往卖不出去，造成农民和国家双方的损失。由干部推动的农业生产项目全国到处开花，但比较成功的例子并没有很多，更多的是失败的例子。

扶贫的可持续性

对任何国家来说，扶贫都是一项永恒的事业，因此扶贫的可持续性非常关键。在基层，一些有识之士已经开始担心，这样大规模的扶贫，尽管产生了正面的短期效应，但在资源耗尽之后又会出现什么样的情况呢？如果没有充足的资源来继续用于扶贫，返贫情况会变得很严重。这种情况在世界各国扶贫史上都发生过。同样需要注意的是，扶贫引发的基层政治有可能导致基层政权的进一步弱化。可以预见，在接下去的一段时间里，随着“拍苍蝇”运动即基层反腐败运动的推进，基层扶贫干部会面临更大的压力。如果基层反腐败也是通过基层干部之间互相揭发和告发，或者号召民众来揭发和告发这样的方式，基层干部之间的互相怨恨和民众对基层干部的怨恨，必然会趁机爆发出来。处理不好，一场“四清”式的社会运动也是会爆发的。

精准扶贫需要很多条件，如果能够顺利实施，将会是扶贫历史上的一个奇迹。新加坡就是一个很好的例子。新加坡的扶贫以选区为单位，选区议员的一项任务是找出真正需要帮助的人（穷人）。新加坡没有实行西欧国家那样的被认为具有普世性的福利制度，因为从西方的经验看，普世性的福利制度往往导致滥用。但新加坡成功的背后是有很多条件的，如下几个条件非常重要：第一，基本的社会福利政策的到位，包括住房、医疗和教育。在新加坡，80％以上的公民居住在政府组屋。第二，健全的财务制度，政府掌握每家每户的经济状况。第三，透明的制度，在每一个选区内大家都互相了解。第四，不腐败的官员队伍。

在很大程度上，新加坡之所以能够这样做，是其城市国家的性质所致。相比之下，至少到现在为止，这些制度尽管在中国发展，但仍然处于早期阶段。不过，随着技术条件的改进，中国也可以完善这些制度，只是需要很长时间。

实际上，中国需要在总结20世纪80年代以来的扶贫经验基础上，考虑其他更符合国情和社情的方法。扶贫需要考量到很多的发展大趋势，包括政府责任、社会流动、基本人权的实现等。简单地说，政府有责任促成所有其管辖下的居民（无论是流动人口还是固定人口）基本公民权的实现。

如果从这个角度来看，中国可能需要实行更具普惠性质的社会政策。这就需要提高政府社会政策的统筹级别。到现在为止，中国的统筹只是市一级，连省一级统筹都还没有实现，更不用说国家一级了。发达国家甚至很多第三世界国家，基本社会政策都是国家统筹的。

中国的国家统筹不是不能实现，而是首先需要解决一个思想意识问题。早期经济社会发展水平不高，低级别的地方化统筹不可避免。但经过数十年的经济快速发展，现在已经具备足够条件来提高统筹的级别。这需要通过顶层设计来达成，逐步地从市一级提升到省一级，最终实现国家层面的统筹。统筹制度建设对扶贫所带来的效果，会远远超过20世纪80年代以来到现在为止的各种扶贫方法。

原刊于《联合早报》2018年1月16日

强政府、强社会当是社会管理的方向

社会管理近年来已经提到中国政治的最高议程。社会管理概念的提出，反映出要对以往政策作转型的一种要求，意味着国家发展的新方向。近年来，随着中国社会不稳定因素的凸现，各级政府把“维稳”提到一个无以复加的高度。从中央到地方设立了一个庞大的维稳机构，各级政府投入大量的资源、过分依赖暴力机器来维持社会稳定。但很显然，维稳的手段缺少创新，不仅成本极高，而且显现出越维越不稳的趋势。

这并不难理解。每一个官僚机构产生之后，都会产生其自我利益。这种自我利益不仅会促使这个机构趋于膨胀，而且会与其设立的目标背道而驰。因为维稳机构的利益在于社会的不稳定，社会稳定了，这个机构就会变得不相关了。所以，从长远来看，这个机构反而会成为社会不稳定的根源。这种事例在中外历史上比比皆是。维持社会稳定是每一个政府的责任，但中国目前那种缺少制度创新的维稳手段，如果不能及时转型，不仅不可以持续，其后果也会不堪设想。

要创新社会管理，首先要对社会管理的概念有一个理性的认识。历史地看，社会管理有两种方式，一种是社会的自我管理，另一种是社会的“被”管理。在任何社会，这两种情况都存在。在我国，大家比较不重视的是前一种，即社会的自我管理。中国传统上一直是一个家长式社会，这种传统不仅没有随着社会的发展而变化，反而在得到强化。一提到社会管理，各级政府官员很自然地把它理解成为自上而下的控制。十八大之前的维稳思路就是这种传统的延续。

社会如果要发展出一个自我管理的秩序，那么就要求国家和政府给予社会很多空间，有了空间才能发展出真正意义上的社会；有了社会，才能发展出社会的自治组织或者自下而上的秩序。很多发达国家就是这种情形。

对“regime change”的误读

在社会管理方面，中国存在着一种很不好的现象，就是没有在国家和社会、政府和人民之间形成一个良性循环。政府官员经常视社会为自己的对立面，动用政府力量对社会进行管制。在国家不给社会发展空间的情形下，社会很难发展出有效的自治能力，更无法产生一个自觉的秩序。社会没有这种能力，只好高度依赖政府对所有社会事务进行管理。所以，在社会管理上，中国政府的负担远远重于其他很多国家的政府。但政府并不是永远有能力来管理社会的。

不管是社会自我管理，还是“被”管理，都涉及一个关键问题，就是国家和社会、政府和人民之间的关系问题。这种关系在学术界被称为 regime，或者政权形态。西方社会所讨论的“regime change”，中文翻译成为“政权更替”，这个译法并不是很确切。在一些非民主国家，西方政府利用那里越来越壮大的非政府组织搞政权更替，这使得“公民社会”这个概念在国内变得非常具有政治上的敏感性。一些人简单地认为，公民社会的发展不仅不利于社会稳定，反而会对政权构成威胁。但是“regime change”比“政权变更”具有更丰富的含义。如果“regime change”仅仅是“改朝换代”，那当然比较敏感。实际上的情况并非如此，这个概念更多指的是政权形态的变化，也就是要改变国家与社会、政府与人民的关系。这种变化不是革命，而是改革，就是对现存的国家与社会、政府与人民之间的关系进行变革，使其走上一个良性的互动关系，因此对政权和社会都有好处。

在学术界，几十年来，人们对国家和社会、政府和人民之间的关系一直有很多争论。两者之间的关系基本上可以归纳为四种情况：一是强政府、弱社会；二是强社会、弱政府；三是弱政府、弱社会；四是强政府、强社会。很显然，最差的情况是弱政府和弱社会，而第四种情形即强政府、强社会是最理想的。

中国属于哪一种？很多人肯定会说是“强政府、弱社会”。但实际上，要回答这个问题并不容易。一方面，无论在理论还是实践上，中国体现出典型的强政府现象。中国政府很强大，具有强大的社会动员能力来达成其政策议程，似乎都能“从容”应付来自社会的各方面挑战。但从另一方面看，中国不仅社会很弱，政府也很弱。政府的很多政策推行不下去，往往停留在字面上。为什么会这样？

弱社会不利政府

这和社会弱有关系。社会对政府很难施加影响力，中央政府只有依赖官僚机构来推行政策。但没有社会对官僚机构的压力，官僚机构就没有动力来实施政策。而弱社会本身更是没有力量来实施政府政策。中国政府的强大动员能力来自政治方面的动员。不过，政治方面的动员一旦使用过度，就会产生很多负面效应，其中最大的负面效应就是使得本来已经很弱的制度变得更加弱了，例如法制。法制是任何一个国家制度能力的保障。中国各种形式的政治动员经常是超越甚至是破坏法制的。在很多地方，一些领导人尽管也强调法制，但往往更热衷于通过政治动员来做政策执行，这使得中国社会法治化目标的实现还是遥遥无期。

很明显，在社会管理方面，人们应当争取的是第四种情况，就是强政府和强社会。国家和社会、政府和人民不是一场零和游戏，可以是双赢游戏。中国需要的是一个具有自我组织化能力的社会。没有社会，政权就没有基础。如果社会是脆弱的，政府必然是脆弱的。

那么，如何实现"强政府、强社会"的目标？经验地看，这样一个社会必须是以下三种秩序的共存：

第一个也是最重要层面的社会秩序是社会的自我管理。社会如果没有自我管理的能力，什么都必须依赖政府。政府什么都管的话，必然超出政府的能力，管理也必然无效。要社会形成自我管理，必须赋予社会足够的空间。这就要求政府必须放权给社会。政府必须把那些社会可以自我管理的领域开放给社会本身。此外，政府也应当把那些自己管理不好的领域让渡给社会。不过，应当强调的，社会的自我管理并不是社会的放任自由，政府要对涉及公共利益的社会领域进行规制。

第二个层面是政府和社会的伙伴关系。在一些政府必须参与管理的领域，也不见得政府要亲自管理，而是可以委托给社会组织来进行管理。就是说，政府和社会可以是伙伴关系。委托给社会管理可以减少管理的成本，使得管理更加可以持续。政府以各种形式“收购”社会服务已经成为世界的一大趋势。

第三个层面才是政府管理的社会秩序。尽管近现代国家最大的特征就是垄断暴力，使用暴力机器来维持社会秩序，但从大多数先进国家的经验看，政府在社会管理方面的作用主要体现在制度建设上，包括法制、社会制度（社会保障、医疗、教育、住房）等。使用暴力是维持社会秩序的最后一种也是不得已的方式，政府应当把重点放在制度建设上。制度就是社会个体和群体活动的舞台。

在中国，政府显然把重点放在第三个层面。就第一个层面而言，尽管社会自治也具有意识形态的合法性，例如表现在村民自治的概念中，但在政策层面，自治的范围非常狭小。因为不能充分放权社会，社会发展缺少空间。但在一些地方，官员把自治理解成为放任自由，缺失规制，导致黑社会盛行和无政府状态的出现。在第二个层面，政府和社会的伙伴关系不是中国的传统。在中国的传统中，社会历来就是政府的附属品，被管理的对象。政府和社会平等的观念的出现尚需时日。

不过，政府所强调的第三个层面的问题似乎更为严峻。一方面是维稳过程经常倾向于过度使用暴力机器；另一方面，甚至出现了国家暴力“私有化”的现象，最明显的就是这些年曝光的“黑监狱”事件。而暴力的“私有化”更助长了维稳的暴力性。

很显然，前两个层面社会秩序的缺失和暴力机器的凸显，促使着国家和社会、政府和人民之间关系的对立化。而这种对立才是社会不稳定的真正根源。

但是，中国并不是一定要走上这样一条道路的，其他更有效、更符合人性的途径也是存在着的。实际上，改革开放以后，中国在社会管理方面积累了很多很好的经验。比如改革开放之后，容许在国有部门之外发展出一个非国有部门来，并容许民营企业家入党、参政。当时社会有很大的争议，但执政党还是为这个群体开放政治过程。无疑，容许民营企业家入党是共产党最具有创意的决策。在整个国际共产主义运动历史上，共产主义的目标就是要消灭资本主义，消灭资本家。容许民营企业家入党，是中国共产党的创举，也使得中国共产党和其他共产主义政党分开来。这种实事求是的做法，使得执政党本身可以生生不息。

同时，这些年来，政府也在努力进行社会制度建设。社会政策多年来是政府的头等重要的议程，在一些方面也取得了很大的进展。

由此看来，“社会管理”和“管理创新”往哪个方向发展，应当是很清楚的。如果是在加快社会改革的基础上，继续走20世纪90年代的路，即把新兴社会力量吸纳到政治过程中，就会促使社会管理走上一个可持续的道路，促成政府和人民之间的良性互动，最终造成强政府、强社会的局面。但如果是继续甚至强化这些年的“维稳”思路，那么就会出现更多的问题，使得基于暴力之上的社会管理更加不可持续，政府和人民陷入恶性互动，最终造成弱政府、弱社会的局面。

原刊于《联合早报》2011年5月26日

如何建设中国大社会

中国行政体制改革的目标是在实现政府向社会分权，在建设“大社会”和“强社会”的同时，也建设一个“好社会”。实现这些目标至少有三方面具有同等重要意义的内容：一是培植新的社会组织，二是改革现存社会组织，三是实现社会对政府事务的参与。

政府应积极培植社会力量

首先，需要培植新社会组织。很多地方在进行这方面的改革实践，进展不一。在很多方面，广东走在前列。为了培植新社会组织，广东省率先简化了社会组织登记条例，并且采取了很多举措，例如政府向社会组织提供活动场所、提供一定的经济支持、收购社会（组织）服务等等。广东的大部制改革正在进行的一步，就是政府向社会下放行政审批等权力。

不过，如果社会没有空间来组织自己，就会很难承担由政府下放而来的权力。这就首先要求给予社会自我组织的权利。只有有了自我组织的权利之后，社会才能发展出自我管理的能力。更为重要的是，政府不仅要向社会下放权力，更要花大力气来培植社会组织。政府向社会下放权力，不是说政府完全可以不管社会了。向社会分权只是政府转型，即从控制和直接管理，转型成为规制型政府的重要一环。

应当意识到的是，赋权社会并不只是简单地分权给社会，更重要的是要培植社会力量。社会组织和力量的产生和发展需要时间，政府要在这个过程中扮演重要角色，至少在初期。从其他国家的经验来看，如果政府积极参与社会组织和力量的产生和发展，就会有助于在政府和社会之间建立一个良性关系，也就是，说政府和社会组织结成伙伴关系。

今天，在很多国家，无论是发达国家和发展中国家，社会组织和政府之间越来越呈现出各种不同形式的紧张关系，甚至对立和敌视的局面。中国必须避免出现这样一个局面。如果要达到这一目标，政府必须积极参与社会组织和社会力量的培植。广东的做法就是，不仅让渡更多空间给社会，而且积极参与社会组织的形成和培植。从长远来看，这种实践具有很大的政治意义。

其次，改革现有的社会组织。现存社会组织实际上是很强大的，主要包括共青团、妇联和工会等。在新中国成立初期，这些组织在支持政府、动员社会力量参与国家建设方面扮演了很重要的角色。但在计划经济时代，这些组织逐渐成为执政党及其政府的附属组织，从而失去了和社会的关联作用。也就是说，它们成了执政党和政府的外围组织，代表的是执政党和政府的利益，而非它们所应当代表的社会利益。现在，其他社会力量已经崛起，这些传统社会组织也面临改革的压力。很显然，这些组织必须转型。它们要成为真正能够沟通执政党及其政府和社会之间的中介组织，而不是简单地依附于前者。也就是说，它们至少必须两条腿走路，一条腿在社会，一条腿在政府，是一种政府和社会之间的平衡力量。传统上，它们光依赖政府，和社会无关。但如果改革后它们光代表或者依赖社会，就会和新产生的其他社会组织没有什么差别。这些传统社会组织的改革目标应当是成为“中介”，即连接政府和它们所代表的社会组织。例如，工会在劳、资、政三方谈判过程中，不仅要代表工人的利益，也要考量到社会的整体利益（这也是政府所应当考量的）。

其三，实现社会的政治参与。社会管理要改变自上而下的思路，要强化社会对政治过程的参与。上面已经讨论过，传统的“维稳”思路已经证明走不通，因为它制造着越来越多的问题，使政府和人民陷入恶性互动，最终会造成弱政府、弱社会的局面。实际上，中国并不是一定要走上这样一条道路的，其他更有效、更符合人性的途径也是存在着的。

社会必须参与政治过程

改革开放以后，中国在社会管理方面也积累了很多很好的经验。在 20 世纪 90 年代，执政党通过开放政治过程、把社会力量容纳进政权的政治过程来管理社会。这主要表现在容许民营企业家入党、参政。改革开放之后，改革最成功的地方，就是容许在国有部门之外发展出一个非国有部门来，民营经济很快在很多指标上超越了国有部门。但是这里就出现了一个新问题：民营企业家怎么办？这是个很大的新兴社会群体，在社会上扮演着很重要的角色。对这个新兴群体，尽管当时社会有很大的争议，但执政党还是为这个群体开放政治过程。无疑，容许民营企业家入党，是中国共产党最具有创意的决策。

在整个国际共产主义运动历史上，共产主义的目标就是要消灭资本主义，消灭资本家。容许民营企业家入党，是中国共产党的创举，也使得中国共产党和其他共产主义政党区分开来。这种实事求是的做法，展示了执政党的开放性，使得其可以实现可持续发展。

在建设大社会过程中，人们也可以参照容许民营企业家进入政治过程的方法，容许和鼓励新型社会组织参与到政治过程中来。这方面，广东各地尤其是顺德已经有了很多创新。广东的经验，简单地说，就是“走出去、请进来”。“走出去”就是政府主动走向社会，和社会建立关联；“请进来”就是政府主动打开政府“城门”，让社会力量来影响自己。

在中国，社会的参与不仅仅是要实现公民的参政权，而且也是要解决执政党及其政府官员同社会的严重脱节问题。和社会脱节是我国政治目前面临的最为严重的问题。广东为了应付这个挑战，设计了“走出去”和“请进来”两个重要的制度环节。根据顺德、南海、惠州等地的实践，“走出去”就是建立“两代表一委员”（党代表、人大代表和政协委员）制度，借鉴中国香港地区、新加坡的议员密切联系群众的做法，以党代会常任制试点为契机，以党代表工作室为载体，党代表为核心，联合人大代表和政协委员，到社区定期听取群众意见，并跟进、督促政府解决问题。“请进来”的主要内容就是建设公共决策咨询机构，设立咨询工作各项制度，促进社会各界代表共同参与政府决策和公共事务的讨论，如顺德建立了区、镇、村三级咨询体系。

这里也有必要强调一下“走出去”和“请进来”制度的重要性。现在共产党面临的最大问题，就是跟社会脱节，听不到真正的民意。社会上怨气很多，很多怨气是因为社会经济的转型给人们带来了很多的不确定性、很多的困扰。也有很多怨气是冲着政府官员来的，是政府官员执政不当引起的。但不管哪一种怨气，政府都负有责任。对老百姓的怨气，很多政府官员爱理不理。很多地方政府实行的是“城堡政治”，党政干部把自己关在城堡里面，拥有各种特供系统，享受着各种特权，不关心城堡外面所发生的事情。这种局面持续不了多久的。如果你把自己关在城堡里面，老百姓总有一天要“围城”，造成政府官员和老百姓之间的高度对立。怎么办？这就要发挥基层党组织和党员的作用。中国共产党现在有8200多万名党员。人们不禁要问，这些基层党员在干什么？很显然，还没有有效的机制来发挥他们的作用。党不能发挥他们的作用，他们也不清楚到底要做什么，感觉被边缘化了。如果这8200多万名党员都能成为党联系社会的桥梁，执政党还有什么事情做不好呢？

因此，执政党要打开城门，走出去，沉下去，和群众打成一片。这是新加坡人民行动党长期执政的经验。听取民意要制度化。在新加坡，每一位部长和国会议员，每周都要定期接见选民，选民什么样的问题都可以提出来。在这个过程中，基层党员发挥了很大的作用。他们都是义工，帮助国会议员和部长，参与组织这些定期的见面会。在制度化的层面，广东实行的党代表工作室和人大代表工作室，是个结合中国实际的非常大的政治创新。

广东地方政府所设立的决策咨询委员会的做法（即“请进来”），也有助于加强执政党和社会的关联。专业人士的意见很重要，现代社会很复杂，政府不是所有方面都能做到专业，因此要倾听专家的意见。不过，也应当指出，咨询机构必须防止既得利益的固化。咨询专家不能是固定的，任何一位专家不是万能的，只能专注某个领域。所以咨询委员会的成员不能固定，应当具有灵活性和开放性。如果咨询委员会固定并且什么事都管的话，那又很容易变成一个既得利益了。要有开放性，不然又变成了一个官僚机构。任何东西固定化以后就又会产生它的既得利益，所以咨询委要引入开放性。

从长远来看，在社会力量建设一段时间之后，可以把一些具有重大影响的社会组织进行分类，作为功能界别，吸引到包括人大和政协等正式组织体系里面来，也就是说给予它们正式的参与渠道，参与到国家各个层面的事务中来。这可以通过将来的政治体制改革来进行。在目前和下一个阶段，主要是要通过行政体制改革来创造条件，在促成社会力量组织化的同时来有效监管社会力量。这是中国有序制度变革的有效途径。

原刊于《联合早报》2013年3月6日

改革传统“官民”关系

在今天中国社会科学的研究概念中，“国家”与“社会”的关系可以说是核心课题。人们可以问，如果去除这对关系，还有哪些概念能够支撑中国社会科学的研究呢？事实上，这对关系被重视是由于其在现实生活中的重要性，人们不得不深究其所面临的问题、探索其未来。但同时，从研究的角度来看，很多问题也产生了。

如果要研究“国家”与“社会”的关系，首先就得假定“国家”和“社会”的存在。近代以来，包括“国家”“社会”在内的大多数社会科学概念是从西方引入的，直接用于分析中国社会。问题在于，在人们把这些概念用于分析中国现象时，往往没有思考过这些概念是否适合中国，或者说，没有思考过西方概念所指称的这些社会现象在中国是否存在。

就“社会”这一概念来说，中国传统中有“社”的概念，也有“会”的概念，但没有“社会”的概念。“社会”这个概念是从日本传进来的。在亚洲，日本最早接受西方的思想和社会科学，在翻译英文society时，就把中国传统的“社”和“会”两字结合起来了。不过，这里已经出现了问题。在西方，无论是国家还是社会，都是建制或者制度，两者之间存在着边界及其各自内部的自主性。但一到中国，无论是“国家”还是“社会”，自主性就很难理解。

在中国，“国家”无所不在，用现代的概念来说，“国家”就是广义政府。在“普天之下，莫非王土”的传统观念里，政府一方面可以深入到社会的各个角落（至少从理论上说），另一方面也被视为负有无限的责任。在不存在任何制度约束的情况下，自主性的概念与“国家”毫不相关。同样，社会的自主性在中国很难理解。因为“国家”的无所不在，社会的自主性至少在现实生活中是不存在的，而只是作为近代以来人们追求的一种理想。因此，在研究分析中，人们只能假定其存在着。

在西方，“国家”存在的合理性就是其普世性。在近代国家产生以来，这种普世性表现在法律、就业、福利、社会政策等方面。如果说法律是国家的基础，人人在法律面前平等，也就是人人在国家面前平等。西方国家从抽象原则（如“一神教”和“自然法”）发展而来，代表的是一些抽象原则。

但正因为抽象，现实中的人们才假定各种权利的平等，近代以来各种与公民权有关的概念都是抽象概念。这种“假设”反过来又对现实发展产生巨大的影响。西方近代以来的所有发展，几乎都是这些抽象原则假设的产物。

西方和中国“国家”概念的变化

从现实来说，西方国家的这种普世性是一种“不得不”的结果。在漫长的中世纪，教会是西方的主体组织，教会声称其具有普世性。此外，在罗马帝国解体之后，西方发展出诸多城市，而城市的主体便是商人。所谓的“国家”是在众多其他组织（教会、商业组织、城市）中竞争产生的，也就是说，“国家”只是其中一个组织。为了和这些组织竞争，“国家”也不得不声称其普世性。在这种组织格局中，也很容易理解“社会”的自主性，所谓的“社会”，便是除了“国家”之外的其他组织。

和西方国家的普世性不同，在中国，“国家”表现出来的更多的是特殊性。中国在春秋战国时代结束了权力高度分散的封建体系，开始了从“家”到“国”的转型，秦始皇统一中国可以说是完成了这一转型，但这一转型并没有使得国家体现出普世性。即使被视为最具有普世性的科举制度，也仅仅是从“家”到“国”转型的一部分，就是说，皇权不想过多地受制于其家庭和家族，而转向向全社会录用官员。从这一角度说，较之西方长期的政治家族传统，中国的“国家”更具有社会性。

但问题在于，“国”的中心依然是皇帝个人。尽管历史上皇帝和官僚体制之间也形成了分权状态，但这种分权更多的是在操作层面，而非权力来源。官僚体制所有的权力根源依然是皇权，或者说，官僚体制是依附于皇权之上的，君臣关系就是这样一种体现。尽管存在着规范“君”与“臣”的制度（即“礼”），即君臣关系并非简单的两个个体之间的关系，但在实际运作过程中，只能表现为作为皇帝的个人和作为臣子的个体之间的关系。从理论上说，礼也是要约束皇帝的行为的，但在实践层面，礼被简化成为大臣对皇帝的忠诚。

这种依附关系也自然地延伸到“官民”关系。实际上，中国历史上从来就只有“官民”关系，而没有西方的国家社会关系。如上所述，在西方，无论是国家还是社会都具有自主组织性，而在中国，社会从来就没有这种自主组织性的。传统上，无论是“社”还是“会”，都是极其边缘的群体，无足轻重。只有到了改朝换代的时候，这些边缘群体才开始发挥作用。

在日常生活中，主导中国的是所谓的“四民”，即士、农、工、商。

在“四民”中，“士”被皇权所吸纳，是依附皇权的，“农”处于高度分散状态，“工”的大部分也是直接为皇族服务的，而最具有组织能力的“商”则被安置在社会的最底层，没有意识形态的合法性。西方的自主性概念与“四民”毫不相关。

这种关系维持了数千年，到了近代都没有改变。梁启超的观察是对的，他认为中国人只有皇帝观念，而没有国家概念，只有对皇帝个体的忠诚，而没有对国家的忠诚。的确，对大多数中国人来说，“国家”实在太抽象了，而皇帝则是实实在在的。孙中山先生说得更直接，他说中国人是一盘散沙。

大多数中国人的“政府”概念

到了今天，中国出现了“国家”和“社会”关系了吗？从研究文献上来说，这些早已经存在了。这么多年来，西方用什么概念，中国的学者也使用什么概念，步步紧跟。但从实践层面来说，传统的“官民”关系已经被改变了吗？答案并不是很清楚的。

大多数中国人并没有把政府视为一种制度，他们所看到的仅仅是一个个政府官员。而对政府来说，他们心目中也没有作为一种制度的社会，所看到的仅仅是一个个“民”。例如，就政商关系来说，两者的关系并非是两个实体组织之间的关系，即政府和企业，而是两个个体之间的关系，即政府官员和商人。即使在最能体现普世性的法律领域，尽管出台了各种法律法规，但并没有体现在各个社会群体的行为上。一旦出现事情，很多人依然不会首先去求助于法律，而是求助于人际关系，法律可能是最后“不得已”的选择。在这样的情况下，无论是政府权力的边界还是社会群体的权利概念，都很难确立起来。

不过，在社会实际运作过程中，尤其是在社会治理方面，已经体现出这种需求。理由很简单，在物质层面，现代社会已经来临。近代以来，众多的西方思想传入中国，但中国社会并没有深厚的土壤或者物质基础，因此思想仅仅停留在思想层面。但改革开放以来的实践已经改变了这种情况。由于工业化、人口流动、互联网等因素的出现，传统社会已经解体，社会发展不可避免地表现出“普世性”，就是说，西方社会曾经发生的诸多现象也在中国出现了。

在此情形下，改革传统“官民”关系成为必然。尽管如其他所有东亚社会变化所显示的，无论怎样的改革也不会促成中国“官民”关系完全演变成为西方那样的“国家社会”关系，但传统的“官民”关系难以为继，必须转型了，即必须从两个个体之间的关系转型到两个实体之间的关系。

这里的核心问题是“边界”。尽管中国还是无限政府，但这并不意味着政府和社会两者之间可以没有边界，没有各自的领域。今天中国和西方的社会发展呈现出相反的趋势。在西方，这种发展表现为国家的“社会化”。随着“一人一票”制度的确立，社会力量大肆进入政治领域，既不能产生有效政府，更难出现政府的自主性。在正常的情况下，民主成为最为保守的政体。尽管各种社会力量都希望变化，也能有效地把自己的意见表述在政治过程之中，但最终的结果是相反的，即什么变化都不会发生。

相反，在中国则呈现出社会力量“国家化”的趋向。在客观层面，随着传统社会结构的解体，具有自治性的社会力量也在自然产生，并且发展速度很快。不过，就政府而言，并没有做好准备；相反，仍然使用传统方式来吸纳社会组织，并把社会组织结合成为体制的依附物。随着经济和科技的发展，政府吸纳社会力量的能力在迅速强化，因此，社会没有自治空间，产生不了制度化的社会。

但社会力量的“国家化”并不能等同于国家力量的强大。恰恰相反，会导致“弱国家弱社会”的现象。一方面，无限政府，边界无限，什么都管。一个什么都管的政府一定是最弱的政府，什么都管，结果就会是什么都管不好，这个政府就会是弱政府。就社会来说，没有自治空间，不能组织自己，不能自己管理自己，一切都求助于政府，就是弱社会。

从长远看，“弱政府弱社会”的治理成本越来越高，就是说这种局面不可持续，难以为继。要改变这种局面，就是要把传统的“官民”关系转型成为现代的“国家社会”关系。如何转型？人们可以把中共十八届三中全会的处理政府和市场关系的原则应用到国家社会关系中。如果处理政府和市场关系的原则是“使市场在资源配置中起决定性作用和更好地发挥政府的作用”，那么处理国家和社会关系的原则，可以表述为“使社会在社会治理过程中起决定性作用和更好地发挥政府的作用”。

如果这样，政府就不仅应当容许、更应当鼓励自治社会的出现和发展。只有这样，社会才能自己组织自己、自己管理自己。而政府的更好作用则体现在对社会实行监管，以避免“坏社会”的出现。而这个“监管”方式就是中共十八届四中全会所说的“法治”。可以预见，在这个过程中，国家本身也会变得更为强大，因为当国家不再依靠传统方法来治理现代社会的时候，就必须创新和发展新的具有普遍性的、更为有效的方法来治理现代社会。

原刊于《联合早报》2018 年 7 月 24 日

如何重建中国社会信任

今天，中国社会面临严峻的社会信任危机。不信任存在于不同单位之间、政府与人民之间、不同社会群体之间、不同个人之间等，也存在于一个单元内部、政府内部、组织内部，甚至家庭成员之间。可以说，不信任无孔不入、处处都在。

说信任危机当然是比较而言的，既可以与其他社会比较，也可以与过去的中国社会比较。就中国自身而言，人们不要幻想从前的社会信任有多深厚。一谈到信任危机，一些人便指向改革开放，认为是改革开放以来的发展造成了今天的信任危机。实际上，自近代西方人开始接触中国社会，他们就发现东西方社会信任的不同程度和不同机制。

自启蒙运动以降，西方学者在论述西方的社会信任及其形成机制时，大多强调社会的“自然秩序”，因为这种“自然秩序”就是建立在社会成员的互相信任基础之上的；社会不仅仅是一个利益共同体，更是一个信任共同体。西方的法律就是建立在“自然秩序”基础之上的，也是为维护这个秩序而存在。相比较，在传统中国，无论是礼制还是法律，两者的目标都在于社会控制，是一种自上而下的控制。因为是自上而下的控制，缺失自下而上的自然秩序，社会信任危机随时都可能发生。

当然，“自然秩序”和社会信任之间的关联是可以争论的。即使在西方，法律体系的形成也并非如这些理论家所说的那么“自然”，而是当时统治阶级利益的反映，在很大程度上，也是自上而下施加的。不过，社会信任和社会利益之间的关联是很显然的。这里有一点值得强调，即凡是源于一方对另一方控制的，最终必然会发生信任危机。

那么，社会信任是如何形成和发展的呢？人们至少可以从如下三个层面来探讨。

第一，康德所言的内心“道德律令”。这是社会信任最深层的基础或者本源。“道德律令”来自于宗教、哲学或者民族精神，是一个国家或民族长期历史积淀下来的产物。

第二，社会共同体。社会共同体本身是变化的，从原始社会的面对面群体，到近代以前不同形式的地方共同体，再发展到近代以来以民族国家作为单元的大型共同体。无论什么样的共同体，都是由一整套规则和规范构成的，无论是成文的还是不成文的。没有这一整套规则和规范，就构不成共同体。

第三，法律。法律可以是积极诱导性的，即制定一个共同体所必须共同遵守的行为规则。很显然，不同的文明和社会具有不同的行为规范，它们之间的互动也会产生冲突。所以，像日本和韩国那样以单一民族为主体的社会，信任度就高；而多元民族社会或者移民社会，信任度相对较低，全球化导致越来越多的社会冲突也与社会信任有关，因为人口的流动往往造成不同群体之间的低信任度。

第四，惩罚性的法律，即对不遵守行为规范的行为进行惩罚，使之付出代价，从而迫使其遵守规范。这可以说是"被施加"的社会信任。即使人们内心不接受，但只要其行为符合社会规范，其行为也是可以预期的，因此也会具有一定的"可信度"。

中国传统的"礼"已进化到"党纪"

回到中国的例子。传统中国，"礼"与"法"都不具有普遍性，是专门针对不同社会群体的。如费孝通所言，"礼"本身就体现差序格局。皇帝和士、农、工、商四个阶层都有其自身的"礼"。尽管这四个阶层之间存在社会流动，即个体身份在这些阶层之间是相通的，但"礼"是不相通的。个体从一个阶层转向另一个阶层，其所遵循的"礼"也需要作相应的转换。"法"更是如此。"法"在中国文化中主要是指"刑法"，而"刑法"只是针对普通老百姓的，即所谓的"刑不上大夫"。

从这个角度说，中国不可能产生出西方意义上的"法"(Law)。西方的"法"是基于"上帝"和"自然法"之上的。因为无论是"上帝"还是"自然"都是形而上的(或者是想象的)，所以法具有普遍性。对西方来说，从"在上帝面前人人平等"转换到"在法律面前人人平等"很自然。当然，这并不意味着西方社会在现实层面实现了平等，因为法的意义对不同社会阶层全然不同。

中国文化强调的是特殊性，用今天的术语来说，这种特殊性是彻底的"现实主义"，因为现实就是不平等的。基于这个现实，中国社会的不同群体发展出了属于每一个群体自己的"礼"。(传统的"家法"更是一个典型，每家都可以根据自己的理念和需要来发展出"家法"。)在很大程度上，这种传统直到今天仍然在延续。

尽管近代以来，中国接受了类似西方意义上的“法律”概念，至少在理论上强调法律面前人人平等，但同时，中国又难以放弃传统文化上的积极面，即“礼”。“礼”统治中国“士”这个阶层（即统治阶级）数千年，不能说没有价值。很难想象没有“礼”的“士”会是一个怎样的阶层。今天，传统的“礼”已经进化到“党纪”。在中国文化中，没有人会否认“党纪”的合理性，也没有人会想象一个没有“党纪”的执政党。实际上，“党纪”就是执政党这个群体的“法”，所以有“党内法律法规”的概念。

西方人对这种形式的“法”很难理解。无论是“党纪”还是“党内法律法规”，对执政党的建设都至为关键。但同时，如果“党纪”和“党内法律法规”不能和具有普遍性的国家法律对接好，那么就会影响社会信任的建立。

到了当代，社会的高度世俗化也对社会信任带来负面影响。过度世俗化使得原本就缺失康德所说的“道德律令”的中国社会更趋于讲利益，而不讲精神。随着社会经济结构的变化，中国社会从固定变为流动。社会一旦流动，传统意义上的“礼”就失去了效用，更不用说传统的“礼”本身早已遭到摧毁。

五四运动以来的历次政治社会运动都对传统的所谓“封建礼教”构成了致命的打击。“阶级”作为一种社会分析工具概念被引入，用来处理社会阶层之间的关系，而这个概念本身就是意在破坏阶层内部或者阶层之间的社会信任，以实现社会冲突的目的。

经验地说，人为地制造社会群体（如地主和农民、有产者和无产者、政府和人民等）之间的不信任，是近代以来所有革命过程中最流行的手段。今天，阶级概念已经成为一种政治文化，在不同阶段以不同的方式呈现出来，甚至表现在追求民主的过程中。

没有任何信任度社会难以为继

不同社会有不同的社会信任度，但如果没有任何信任度，一个社会就难以为继。就中国来说，当代的诸多发展实际上也在为新的社会信任的产生和发展提供社会经济方面的基础，可惜的是，这些新产生的信任因素被人所阻断。

最显著的是表现在"市民社会"的发展上。"市民社会"这个概念尽管先在西方产生，但在实践层面，它不是西方的专有物。它是资本流动、工业化、城市化等过程的产物，或者说，是社会发展的必然产物，因此，本身并没有那么浓厚的政治性。很简单，传统共同体解体了，就会出现新型的共同体。中国改革开放以来的快速发展也催生了市民社会的出现，尤其在经济比较发达的地区。

新的共同体出现了，但被人们作过度政治性的解读，因此遭到人为的阻断。在这样的情况下，资本的"道德律令"、工人的"道德律令"、农民的"道德律令"、知识群体的"道德律令"从何而来呢？所有这些群体都是由分散的个体组成，或者由哲学家汉娜·阿伦特（Hannah Arendt）所说的"原子化"的个体所组成，那么道德从何而来呢？单独的个体是产生不了道德的，因为道德的本意是集体。

回到传统"礼"的角度看，如果不容许这些社会群体具有一定的自治性，成为"市民社会"，它们就很难发展出自身的"礼"。没有"礼"，它们就没有自我约束机制和规则。

对中国来说，要构建社会信任，更为重要的是要回到"人"的概念。这也是西方近代社会的起点。以人为本，人是社会的本体。尽管在现实中，人是不平等的，但人具有向往平等的人性。如何在不平等的现实基础之上追求平等？这在西方也经历了一个漫长的过程，而且将是一个永无止境的过程。说穿了，就是要实现“实际上的等级性社会”和“原则上的平等社会”两者之间的均衡。两者之间不可能完全一致，但两者之间的张力恰恰是社会进步的动力。人为地控制这种张力只会导致社会的更加不平等，从而是更低的社会信任度。

如果意识到“一方对另一方的控制”产生不了社会信任，人们就必须发掘社会发展中所产生的“自然”因素，因势利导，促使社会发展出“自然”的社会信任机制。尽管任何社会都需要控制机制，但控制机制的设定并不一定要根据政治上的需要人为设定，而应该根据社会自然的发展规律来设定，其控制成本将更低、更有效。

在一个日益世俗的社会，人们并不期待出现一个具有高度道德自律的“社会群体”（如早期欧洲式的“贵族”或者日本式的“武士”），但可以期待出现一个基于“规则”的社会。中国传统通过科举考试实行贤能政治，有效阻碍了欧洲式的贵族群体的出现，延续和强化了“士”这个阶层。“礼”就是“士”这个阶层的规则和规范，不仅成为这个阶层内部社会信任的基础，也是其他社会阶层对此信任的制度基础。

如果容许各个社会群体具有一定的“自治性”，形成现代版本的“礼”也并非完全不可能。例如，既然执政党具有“党纪”或者“党内法律法规”，那么是否也容许企业、农民、知识界具有自身的“法律法规”呢？

更为重要的是“法治”建设。各社会群体内部的规则和规范（或者“礼”）并不见得会与“法”发生矛盾和冲突，正如“党纪”与“国法”之间并不必然发生矛盾和冲突一样。现在，一些方面，“法”仍然不具有普遍性，这是因为两者之间的对接问题，例如“党纪”和

“国法”还没有有效对接。

当代中国社会，无论是社会群体内部的规范，还是具有普遍意义的法，都具备了形成的客观条件，工业化、城市化、商业化、流动社会等发展都要求具有普世性的法律的出现，作为社会整体的行为规范，但同时这些发展也要求各社会群体内部具有自身的规则和规范。这两者应当是同时进行的。广义上的“法治”包含这两个层面，而不仅仅指成文法律法规。

一句话，“法治”的重要性在于其是确立社会信任的制度基础，也是防止社会信任解体的最后防线。没有了这道防线，任何社会信任就会变得不可能。如果不能解决“法治”问题，社会信任危机的出现是必然的。对今天的中国社会来说，“从法治做起”，既符合执政党的需要，更符合社会发展的客观规律。

原刊于《联合早报》2019 年 10 月 15 日

重建社会对司法的信任

司法的相对独立性对社会建设的重要性怎么强调都不为过。在任何社会，司法是保障社会正义最重要、也是最后一道防线。说得简单一些，司法关乎人民的财产与生命。一旦司法失守，社会公正和正义就会荡然无存。同时，司法也是日常社会生活不同社会角色之间互动的中间或者缓冲地带。社会个体成员之间、社会群体之间、雇主与被雇佣者之间、政府与人民之间、国家与社会之间、政府与经济之间等都需要司法这个中间地带。一旦不同社会角色之间产生矛盾或者冲突，而双方不能自行解决，司法就可以作为公正的第三者而介入，保证基本的公正。一旦这个宝贵的中间地带失去，而各个社会角色之间的矛盾不能通过直接的沟通而得到解决，那么就很容易演变成对抗关系，甚至是暴力关系。这种对抗和暴力关系尤其容易发生在弱势社会群体和强势社会群体之间，例如人民对政府官员、雇员对雇主、个人对集体等。

再者，司法也是任何一个社会的社会信任的基础制度。在这个中间地带，发生矛盾或者冲突的社会角色，可以进行协商、谈判、和解，并且得到第三者（司法）公正的保障。在传统规模很小的地方共同体里面，人们可以通过日常经常性的互动建立社会信任。但在比较大的共同体尤其是在现代流动性社会，社会角色之间信任的建立和保障都必须依赖于法律，尤其是司法。

对执政者来说，司法更是社会和政治秩序的根本。法就是秩序，这是中国传统法家学说的核心。对任何统治者来说，对司法的信任是一个社会的最基本面，也是最后一根“稻草”。道理很简单，一旦社会失去对司法的信任，怀疑司法，那么这个社会就必然出现暴力横行的局面。所以，任何一个法治社会都会动用一切可以动员的力量，不惜成本来保障司法的公正和司法的尊严。不难观察到，在法治社会，统治者本身受到批评甚至攻击是小事，但帮助统治者统治国家的司法则是不可以遭到批评和攻击的。“藐视法庭”是一项非常严重的罪行。

司法衰败的根源

在很大程度上可以说，司法在当前我国社会中的价值，远未达到其应有的水平。无论是党政干部还是普通老百姓都没能足够尊重司法，而常常把司法当儿戏。这里主要是司法的政治化问题。法的特性是一致性和普遍性，即所谓的法律面前人人平等；而政治化的特性就是多样化和特殊性，不同的人在法律面前有不一样的待遇。如果有钱者可以通过钱、有权者可以通过权把司法过程政治化，那么无权无势者则可以通过花样繁多的形式例如集会、游行、抗议、暴力（包括自杀）来求助问题的解决。而这正是今天社会经常出现的情形。

司法不公正必然产生对司法的不信任。社会对司法公正的担忧已经到了什么样的程度？越来越多的人已经意识到，因为前些年的司法扭曲，社会上一些地方已经濒临无政府状态的边缘。在很多地方，无政府状态已经成形：政府依靠“维稳”来维持秩序，而社会则依靠暴力甚至自己的生命来争取他们所认同的社会正义。司法在这个过程中没有起到作用，因为没有一方相信司法，政府方不相信司法的有效性，而社会方则不相信司法的公正性。

司法衰败是司法政治化的结果。在这一过程中，社会对暴力的诉求只是对党政官员轻视司法的反应，也就是说，执政者要对司法衰败负责。尽管改革开放一开始，党中央立即就强调法制和法治，但很多官员至今对此还是一片空白，没有任何法治意识。无论从积极面还是消极面来看，都在导致司法的政治化。可以举两个性质不同的例子来看。第一是“严打运动”。在一些阶段，一些犯罪行为多了起来，造成社会的不稳定。在这个时候，从秩序维持的政治角度来看，严打成为必要，很多国家也都这么做。但在我国，严打不再是司法的动员，而是政治的动员，政治替代了司法，破坏了司法。历次严打因此产生了很多的司法不公。另一个例子是司法领域的先进评审。这样的评审也不是不可，但主要的目标应当是增进和强化司法人员的专业精神。但现实中，这个过程往往牺牲的恰恰是司法领域最为重要的专业精神，评审的过程使得司法的过程演变成为政治的过程。司法领域的 GDP 主义（即要求司法人员的办案“效率”）更是践踏了司法精神。

每一个组织（包括政党）都会有自己的纪律和行为规范，任何成员违反了这些纪律和行为规范，就要受到惩罚，这是最正常不过的了。不过，无论是纪律、行为规范还是惩罚都不能和国家的法律相悖。法律具有普遍性，而组织的纪律和行为规范则具有特殊性，这个特殊性必须从属于普遍性。很简单，任何社会成员，不管其属于哪个组织，都是这个国家的公民。

但在中国则常常相反。一些人认为，“党纪国法”中“党纪”先于“国法”。尽管从理论上说，这是因为执政党对自己的党员有更严格的要求，但在行为领域，这种排列次序实际上影响了法制的效力发挥和法治社会的建立。

司法衰败和社会不信任已经使得各种社会互动（人与人之间、政府与人民之间、国家与社会之间等）进入一个恶性循环。司法的衰败导致谁也不信任司法，都想用政治手段来求得问题的解决，而司法的信任危机、司法的政治化反过来又加剧司法的继续衰败。如果继续下去，很有可能导致大面积的无政府状态，也就是人人都没有安全感的“自然”状态。

要允许司法相对独立

如何避免这种趋势？除了容许司法相对独立，没有其他任何办法。根据马克思的观点，法律即是统治阶级意志的反映，也是其最有效的武器，任何统治阶级都不会放弃法律。但这并不是说，司法的相对独立就不可能了。统治阶级可以通过控制立法来体现自身意志。如果对一个现存法律不满意，代表统治阶级利益的执政党可以修改法律，甚至可以废除法律。当然，执政党也可以根据新的情况来制定新的法律。但法律一旦到位，政治就要休止，要让专业的法律工作者来执法。实际上，从政治上看，司法独立对统治者和被统治者来说，都是一场双赢的博弈。对民众来说，诉诸法律之外的暴力是没有其他任何选择之后的最差的选择。很简单，诉诸暴力的代价非常高，甚至是生命。只要司法能够保障基本的公正，司法还是民众的最佳选择和解决问题的最有效的方法。而对政府官员来说,如果没有司法这一中间地带,就要直接面对民众。任何政权不管其暴力机器有多么强大,光靠暴力来统治,最终都会被人民所推倒。司法独立,牺牲掉的只是少数权势人物,而赢得胜利的则是整个政权。

从社会建设的角度,在立法方面,中国仍然有巨大的空间。如前面所提到的,自改革开放以来,立法工作基本上都是围绕着经济工作而展开的,大部分立法都是有关经济工作的。相比之下,社会方面的立法非常少。社会秩序建设意味着要下大力气进行社会立法,保护社会。社会主义是保护社会的。如果一个国家的法律体系保护不了社会,那么这个国家如何能够被视为社会主义呢?

2014 年召开的中共十八届四中全会在探索司法相对独立的方向上迈出了很重要的一步。这次全会是中共历史上首次专门以一次全会的方式讨论中国的法治问题。其中有几个方面对司法制度的改善和改进具有深刻的意义,包括设立跨区域法院、巡回法庭、领导干部干预司法实行终身责任制度、司法人才的专业化等。如果这些改革举措能够切实落实下去,那么可以有效减少和避免司法地方主义,实现司法的相对独立性。更重要的,从政治上说,这些举措也表明执政党开始探索在中国共产党主导下的司法体系和法治体系建设。

选自郑永年《重建中国社会》一书

■ 中国需要建设一种安静的文化

随着国家的快速转型，整个社会和生活于这个社会之中的个人显得越来越躁动不安。尽管人们生活的各方面都在改善，但很难说有哪个阶层是满足的、快乐的和幸福的。和其他社会相比较，国人的幸福指数不高，甚至低于那些经济发展水平远没有中国这么高的社会。缺乏幸福感是导致社会不满甚至抗议的一个心理因素。

极端的贫穷不会导致老百姓的幸福感。这就是为什么改革开放以来，中国各方（不管是官员还是普通百姓）都在拼命追求 GDP。但到今天，人们已经明白过来，并不是说 GDP 越高，人们就会越幸福。实际上，当社会的一切由 GDP 来引导，社会的一切价值都由 GDP 来衡量的时候，这个社会的痛苦就开始了。由 GDP 主义产生的很多结构性因素，如收入分配不公、贫富分化和各阶层社会关系的紧张等，都与中国的低幸福指数有关。但是，缺少有效的文化建设，也是一个非常重要甚至是更为重要的因素。改革开放以来，也不能说不重视文化建设；不过，文化建设的功效显然非常有限。

文化建设的问题在哪里？简单地说，就是缺少一种我们可以称之为“安静文化”的东西。无论是对社会的和谐还是对社会成员的幸福来说，创造一种安静型文化最为关键。任何一种文明中，都有使大多数社会成员安静下来的安静文化。基督教文明、伊斯兰文明和印度文明都是如此。

中国传统中的安静文化因素

中国社会传统也如此，但进入近代之后，中国很快就失去了文化的安静因素。要重建一种安静文化，人们必须理解中国传统的安静文化是如何建立的，近代以来这种文化是如何被破坏的，今天应如何批判性地借用传统文化中的安静因素，如何克服倾向于导致社会躁动不安的文化。

中国传统农业社会数千年，其深厚的文化中积淀了丰富的安静文化因素，有哲学人文的，还有宗教的；但最为成功的就是数千年不变的阶层文化。传统中国，最顶端的是皇权，之下就是“士、农、工、商”。这种阶层文化有几个重要的特点。首先，每一个阶层都具有自己的边界。这个边界很重要，有了边界，边界之内的社会成员才能产生和发展其职业与专业认同。其次，每一个阶层都有其特定的行为规范和社会责任。例如，做“士大夫”的人应当想的事情是如何为政权服务，而不应当想着发财；商人应当想的是挣钱，不可以想着政治权力；同时，商人赚钱取之社会，也应当善待社会成员，做慈善等。再次，各个社会阶层之间是流动的。这是中国社会阶层的一个非常特别的现象。在大多数传统社会，社会阶层是固化的，不流动的。例如印度种姓制，一个人出身于哪个种姓，就一辈子属于这个种姓。在欧洲，社会阶层也相当固化，连贵族都是可以继承的。与这些社会相比较，中国传统社会非常开放和具有包容性。尽管皇权是垄断的，但相权是开放的。皇权属于皇帝个人，具有高度的垄断性。皇亲国戚尽管也是有权有势者，但这些人都不具有继承性，即是说只有皇帝这一职位具有继承性，较之欧洲，中国的家族世袭性范围较小。更为重要的是相权的开放性。用今天的话来说，皇权是统治权，而相权是国家管理权，就是说，传统社会，管理权是向整个社会开放的。皇帝通过各种机制，例如选拔制度和科举考试制度，把社会上优秀的人才吸收进政权里面来。管理权的开放性与中国传统教育哲学有很大的关联。在中国，社会成员只有受过教育和没有受过教育之分，或者文明人与野蛮人之分，但同时中国的教育哲学也假定任何人不仅有权利接受教育，并且也是可以被教育好的，这就是“有教无类”的思想。从这个意义上说，人人都可以成为士大夫这个阶层的一部分，士大夫这个阶层是开放的。事实上也是这样的，任何社会阶层，无论是农、工还是商，其子女都可以通过考试而成为士大夫阶层的一部分。

中国文明数千年，尽管皇权不断转换，但社会阶层的这种秩序始终没有变化。中国文明没有被中断过，这种社会阶层秩序是关键。皇权因为革命和造反而不断转换，但一旦新皇朝确立，原来的社会阶层秩序就会得以恢复。

阶级革命颠覆传统秩序

但是，这个社会秩序自近代以来发生了翻天覆地的变化。近代以后，帝国主义势力侵入中国，中国传统国家形式在帝国主义面前屡屡失败。当时，无论是政治精英还是知识精英，都对中国传统国家政权形式失去了信心，中国进入了一个漫长的转型时期。孙中山先生起初想学西方自由主义来改造中国，建立多党制基础之上的议会制，但很快就失败了。之后，中国走上了一条革命的道路，通过革命来建设新形式的国家政权。

毛泽东所领导的中国革命不仅仅是一场政治革命，更是一场政治社会革命。在同时进行这两场革命的过程中，共产党所依靠的是从西方引入的马克思主义的一个核心概念，即“阶级”。“阶级”是马克思理论的核心，但在马克思那里，“阶级”指的是“经济阶级”。“阶级”的概念到了中国之后有了激进的转型，从欧洲的“经济阶级”转型成为中国的“政治阶级”。从“经济阶级”到“政治阶级”的转型极为关键，因为前者是个客观现象，而后者则是一个主观判断。就是说，“经济阶级”是可以用客观经济数据来衡量的，但“政治阶级”则更多的是用意识形态、道德标准、正确与错误等主观性的指标来衡量的。

当“政治阶级”和“阶级斗争”的概念结合起来时，阶级就成为最有效的革命武器。毛泽东领导的以“阶级斗争”为工具的革命最具有彻底性。革命就是一个阶级“革”另一个阶级的“命”。阶级斗争的方法促使政治动员延伸到了中国社会的最底层。

1949 年之后，中国共产党成为唯一的执政党。本来共产党应当迅速从革命党转型成为执政党，把工作重心转移到建设事业上来，但在“继续革命”的政治理念指导下，政治上的阶级斗争得以延续。阶级斗争在“文化大革命”中达到了顶峰。在“文化大革命”中，不仅不同的政治阶级之间的斗争达到了狂热的程度，就连父子、兄弟等关系也被彻底破坏，中国数千年积累起来的阶层和谐遭到严重摧毁。

新的社会阶层身份仍未建立

1978 年中共十一届三中全会之后，党把工作重点从阶级斗争转移到经济建设。经过30多年的以市场经济为导向的经济建设，中国从一个建筑在意识形态之上的社会，转型成为一个建筑在经济利益之上的社会。从社会阶层的角度来看，中国正在快速地出现当初欧洲（马克思）意义上的经济阶级概念。今天当我们说中国的阶层分化，主要指的是经济上的，而非政治上的，尽管意识形态意义上的“阶级”概念的遗产仍然存在。

一方面，尽管执政党已经不再强调传统的“政治阶级”，但这一充满政治和意识形态味道的概念，还在很多人头脑里根深蒂固，他们中的一些人（无论是政治人物还是知识分子）还不时地试图诉诸“政治阶级”来分析和解决社会问题。每当这些人看到市场经济带来的一些负面影响时，有意无意地就想回到“政治阶级”的概念。政治意识形态仍然主导着很多人的思维。在一些社会群体尤其是知识分子当中，意识形态式的思维不仅表现在左派，也表现在自由派阵营。各派观点不同，但思维模式非常类似。

另一方面，在市场经济造就了经济阶层的同时，能够使得各社会阶层和谐共存的机制和规则却没有建立起来。从政府方面来看，还没有确立一整套保护社会的机制来调和阶层利益。从社会阶层来看，各社会阶层还没有发展出自身的认同及其责任感。这尤其表现在政治阶层和资本阶层。政治阶层并没有明确的概念应该做什么，不应该做什么。政府失效现象非常普遍，也就是说，应该做的没有做，不应该做的则做得过分。同样，资本阶层也没有确立其社会责任感。当这两个阶层更多想的是从社会汲取资源，而对社会缺失责任的时候，他们和其他社会阶层的冲突也就不可避免。

有人说，阶级斗争造就的是一种“狼文化”。政治斗争是一个阶级针对另一个阶级的斗争，是你死我活的斗争。同样，改革开放之后引入的市场经济文化，因为缺少社会建设，也演变成一种“狼文化”。因为缺少社会保护，市场经济表现为马克思所说的“弱肉强食”的社会关系。“政治阶级”斗争文化的遗产还没有清算，中国又迎来了市场经济文化。如果不能清算阶级斗争文化，不能应对和解决市场经济所带来的“狼文化”因素，很难造就一种安静文化。

如何建立新环境下的安静文化

那么，今天，我们该如何在新的环境下重建一种安静文化呢？可以从多个层面入手来努力。

首先是对传统意识形态进行调整和更新。改革开放以来，在实事求是精神的指导下，意识形态已经发生了很大的变化，但马克思主义仍然是官方主导意识形态。要建设安静型文化，需要对马克思主义进一步的中国化。马克思主义仍然是分析社会问题的科学方法，这部分应当坚持，有助于人们对市场经济发展对社会可能产生的负面影响有深刻的认识，从而在避免政府政策错误的基础上来保护社会。

不过，必须在两个方面大力改造和发展马克思主义。第一就是马克思主义对社会问题的解决方法。尽管马克思主义科学地分析了市场经济对社会的影响，但其提倡的以消灭资本和市场经济为导向的解决方法被证明是行不通的。贫穷社会主义不是社会建设的一部分。第二就是马克思主义提倡的阶级斗争。马克思主义所设想的一个完全人人平等的社会只是一种理想，更不可能通过阶级斗争的方式来实现这个理想。在重塑官方意识形态的过程中，必须尽量弱化阶级斗争因素，而确立阶层共处、妥协、和谐的价值观。

同样，在重建大众文化过程中，也必须弱化阶级斗争观念。现在的大众文化教育过于理想主义，显得空洞无物，并且里面包含有太多的“狼文化”因素。在各知识分子群体中，这种现象尤其明显。尽管左派、自由派的价值观不同，但他们都倾向于通过斗争的方式来实现其价值观。这和近代以来中国所接受的阶级斗争的观念有关。在很大程度上，阶级斗争的观念已经深深植根于社会的行为方式里面。要进行社会建设，必须花大力气来总结近代以来政治阶级斗争的历史遗产。如果对这份遗产没有清醒和深刻的认识，阶级斗争观念会继续主导人们的行为方式，不管它以何种方式表达出来。

要消除政治阶级斗争的近代文化传统，就要找到替代文化。经济意义上的阶级不可避免。只要有经济发展，社会就会在经济上分化，也就是利益的多元化。但经济阶级是可以改造成为经济阶层的。马克思强调“阶级”的概念主要是为了革命。可以说，“阶层”是客观存在物，而“阶级”是需要被塑造的，是政治过程的产物。也就是说，“阶层”观不见得一定要转变成为“阶级”观。要建设社会文化，人们必须在这方面做文章，努力建设新的阶层文化。

中国传统的士、农、工、商阶层文化，从社会治理和统治的角度来说塑造得非常成功。尽管中国现在的阶层关系远较传统复杂，但仍可以从中学到一些阶层文化建设的经验，主要有两个方面。第一，每个阶层都必须确立自己的行为规范。官员、专业人员、教授、技术工人等都必须建设与其职业和身份相适应的行为规范，这些行为规范就是职业文化。第二，各社会阶层之间必须是开放的，就是说保持社会的高度流动性。社会阶层的流动性是为保障社会成员的机会平等。任何社会都具有等级性，但等级的阶梯必须是开放的，要通过社会流动来达到社会的等级性和人人平等这一理念之间的妥协。社会成员在流动性中看到希望，也可以通过流动来实现希望。实际上，这是中国传统社会和谐的关键。

在建设阶层文化过程中，我们更可以向传统文化寻找资源。近代以来的阶级斗争文化已经持续一个世纪之久，但中国传统文化则已经生存了数千年。较之近代文化，传统文化中的很多因素在中国社会植根更深。再者，近代阶级斗争文化从西方输入，对中国来说只有工具作用，即为了建设一个可以抵御西方力量的新型国家。现在这个阶段性任务已经完成。无论是执政党还是社会都可以抛弃这个工具文化，而转向体现价值的阶层文化。

一旦阶层文化得到确立，传统文化资源就可以发挥巨大的效应。包括佛教、道教、儒学在内的中国文化都包含有巨大的安静型文化因素。尽管这些文化在改革开放之后也有了复兴，但因为阶层文化没有得到确立，它们仍然没有发挥应有的效用。当然，从更高层次看，我们也可以考量如何吸收和消化其他宗教因素的问题。传统中国文化是世界上唯一的世俗文化，具有开放性、包容性。历史上，它消化了佛教文化和犹太教文化。相信中国的世俗文化也能消化其他已经传入中国的宗教。当然，这是中国文化的长期的历史任务。提出这一点，主要想说明一个问题，那就是中国需要一种安静文化，中国也有条件和能力来建设这样一种安静型文化。

原刊于《联合早报》2012 年 6 月 5 日